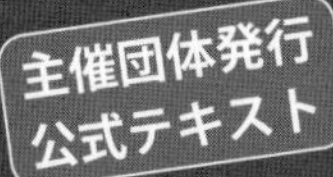


【働き方改革検定】

# ハラスメントアドバイザー 認定試験 公式テキスト

## ハラスメントアドバイザー認定試験　出題内容

| 課題 | 内容 |
| --- | --- |
| 第1課題<br>ハラスメントの理解 | 1. ハラスメントとは<br>2. ハラスメント対策の必要性<br>3. パワーハラスメントの理解<br>4. セクシュアルハラスメントの理解<br>5. 妊娠・出産・育児休業等に関するハラスメントの理解<br>6. その他ハラスメント |
| 第2課題<br>ハラスメントの法的責任等 | 1. 行為者の法的責任<br>2. 会社の法的責任<br>3. 行為者の社内処分<br>4. 労働紛争を解決するための手続 |
| 第3課題<br>雇用管理上講ずべき措置等 | 1. 事業主の方針等の明確化及び労働者への周知<br>2. 相談・苦情に応じ、適切に対応するために必要な体制の整備<br>3. ハラスメントに係る事後迅速かつ適切な対応 |
| 第4課題<br>ハラスメントの予防と再発防止対策 | 1. 総論<br>2. 従業員教育<br>3. 実態把握アンケートの実施 |
| 第5課題<br>ハラスメント相談について | 1. 相談員の職責<br>2. 相談対応時の注意<br>3. 相談者へのフォローアップ<br>4. 行為者へのフォローアップ |

## ハラスメントアドバイザー認定試験　試験概要

| | |
|---|---|
| 問題数 | 60問 |
| 試験時間 | 90分 |
| 問題形式 | 四肢選択式 |
| 正答率合格ライン | 70% |
| 受験料 | 11,000円(税込) |

※出題内容、試験概要は変更となる場合があります。

お問合せ先

一般財団法人　全日本情報学習振興協会

東京都千代田区神田三崎町 3-7-12　清話会ビル 5 階

TEL：03-5276-0030

http://www.joho-gakushu.or.jp/

# 目次

## 第５章　ハラスメント相談について



## 資料集

# 第１章　ハラスメントの理解

## 第１節　ハラスメント対策の必要性

### １　人権尊重の理念

職場におけるハラスメントについては、マスコミ等により、セクシュアルハラスメント（セクハラ）、マタニティハラスメント（マタハラ）、パワーハラスメント（パワハラ）のほか、パタニティハラスメント（パタハラ）、ケアハラスメント（ケアハラ）、アルコールハラスメント（アルハラ）、アカデミックハラスメント（アカハラ）など様々な種類のハラスメントがあげられている。

職場におけるハラスメントを一言でいうと、職場における労働者の就業環境を著しく害する発言や行動である。そのような言動が性的なものであればセクハラ、妊娠・出産・育休等に関するものであればマタハラ、男性労働者の育休等に関するものであればパタハラ、介護休業等に関するものであればケアハラ、優越的な関係を背景としたものであればパワハラとなる。

職場におけるハラスメントが許されないのは、人権尊重の理念に反するからである。態様が悪質なハラスメント（あからさまなハラスメント）は、ハラスメントを受ける人の人格権、性的自由、身体的自由といった人権を侵害する行為であり、違法行為でもある。したがって、企業は人権尊重の理念に反する従業員の言動を許すべきではない。

なお、企業が職場におけるハラスメント対策に取り組まなければならない直接の法的根拠は、男女雇用機会均等法 11 条・11 条の３や育児・介護休業法 25 条、労働施策総合推進法 30 条の２が、職場におけるハラスメント問題に関する雇用管理上の措置を講じることを事業主に義務付けていることにある。しかし、職場におけるハラスメントが許されないことの根本的理由が人権尊重の理念にあることを忘れてはならない。

### ２　被害者（受け手）の保護

職場は、人生の多くの時間を過ごす場所であり、様々な人間関係を築く場所でもある。

そのような場での人格や尊厳を傷つけるハラスメントにより、従業員は、意欲・自信をなくし、能力を十分に発揮することが妨げられてしまう。更には、心の健康を悪化させ、休職・退職を余儀なくされたり、自殺に追い込まれることすらある。

ハラスメントの被害者（受け手）を保護するために、職場における人格や尊厳を傷つけるハラスメントの対策が必要となる。

### 3　周囲への影響

職場におけるハラスメント対策を考えるにあたっては、職場環境の悪化やモチベーションの低下といった周囲への影響も見過ごせない。

あからさまなハラスメントに対して、周囲の従業員は、被害者（受け手）や行為者を会社がどのように扱うかに注目している。会社が被害者の救済や行為者への対応を怠って放置することにより、それを見ている周囲の従業員が上司や会社に対する信頼をなくしていく。

そして、ハラスメントに甘い職場は、職場環境が悪化していき、従業員が円滑で快適な人間関係を築くことができなくなっていく。また、あからさまなハラスメントが放置されるのを見聞きした周囲の従業員の仕事への意欲が低下し、職場全体の生産性に悪影響を及ぼしかねないともいわれる。

### 4　行為者にとっての不利益

態様が悪質なハラスメントは、行為者にとっては、会社から懲戒処分されたり被害者等から損害賠償請求されたりするリスクのある行為である。

また、懲戒処分や損害賠償の問題にならないまでも、ハラスメントをしたことにより、行為者の社内での信用・評価は低下しかねない。

このように、ハラスメントは、受け手だけでなく、行為者自身にも大きな不利益をもたらしかねない行為である。

### 5　会社にとっての問題

（1）態様が悪質なハラスメントの問題

以上と重複する部分もあるが、会社にとってのハラスメント対策の必要性につながるリスクについてみていく。

①人的損失

態様が悪質なハラスメント（あからさまなハラスメント）は、被害者が休職・退職に至る等の人的損失を招く恐れがある。

また、職場環境の悪化により、従業員の定着率が低下し、ひいては優秀な人材の流出に繋がりかねない。

②レピュテーションリスク

レピュテーションリスク（否定的な評価や評判が広まることによって、企業の信用やブランド価値が低下するリスク）も無視できない。

例えば、厚生労働大臣は、職場におけるセクシュアルハラスメント、妊娠・出産・育児休業等に関するハラスメントおよびパワーハラスメントに起因する問題に関して雇用管理上の措置を講ずる義務（男女雇用機会均等法 11 条・11 条の３、育児・介護休業法 25 条、労働施策総合推進法 30 条の２）や、婚姻・妊娠・出産等や育児休業・介護休業等の申出・取得等を理由とする不利益取扱いの禁止（男女雇用機会均等法９条３項、育児・介護休業法 10 条等）に違反している事業主に対する是正勧告に従わない場合に、その旨を公表することができる（男女雇用機会均等法 31 条、育児・介護休業法 56 条の２、労働施策総合推進法 33 条２項）。

また、ハラスメントの事実がマスコミにより報道されたり、SNS 等インターネットにより情報拡散することもありうる。

これらにより、企業の評判・評価（レピュテーション）、イメージが低下し、業績が下落したり人材確保に困難を来すことになりかねない。

③法的なリスク

ハラスメント行為者が被害者に対して不法行為責任を負う場合は、会社も使用者責任（民法 715 条）により行為者と連帯して損害賠償義務を負うことがある。

また、ハラスメント防止のための措置を怠った会社は、被害者に対して固有の損害賠償責任（民法 415 条または 709 条）を負うことがある。

④迅速な対応の必要性

態様が悪質なハラスメント（あからさまなハラスメント）は、それが発生してしまうと、受け手（被害者）の被害感情が強く、行為者や会社との関係修復が困難な傾向がある。話し合いが難しいため紛争性が強く、訴訟などの法的手続きに発展するリスクが大きい。

このため、あからさまなハラスメントは、それが発生してからの「危機対応」が重要になる。すなわち、会社としての迅速な対応（被害者救済や行為者処分）が求められる。

もっとも、あからさまなハラスメントは、それが発生してしまうと、訴訟などの法的手続きにまで発展してしまう可能性が高く、迅速な危機対応をしても訴訟等への発展を防げないことが多い。

したがって、あからさまなハラスメント対策としては、発生してからの危機対応だけでなく、そもそも危機が発生しないように予防するためのリスク管理（リスクマネジメント）、予防措置が特に重要になる。

（２）グレーゾーンにあるハラスメントの問題

①グレーゾーンとは

ハラスメントには、「グレーゾーン」がある（「現場で役立つ！セクハラ・パワハラと言わせない部下指導」による用語）。

ハラスメント問題のグレーゾーンとは、行為者にはハラスメントの意図・意識がなく、その言動も、事業主に対する雇用管理上の措置義務の対象となるハラスメント（違法なハラスメント）と断定することはできない内容であるが、行為の受け手がハラスメント等であるとして反応する状況であるといえる。

例えば、セクハラであれば、特定の女性従業員を「ちゃん付け」する（行為者の意図は、親愛の情やフランクな姿勢を示すことにある）、職場で軽い下ネタを言う（行為者の意図は、職場の雰囲気を和ませようとすることにある）といったものがグレーゾーンにあるといえる。パワハラであれば、上司から朝５時に進捗状況確認のメールが来たが、あと５時間もすれば会社で会うのにと部下が不満を抱く（上司の意図は、「忘れないうちにメールしておこう」という程度だった）といったものがグレーゾーンにあるといえる。

また、受け手の過剰反応ではないかと思われる場合もある。

②グレーゾーンを放置することのリスク

グレーゾーンにある言動は、「職場におけるセクシュアルハラスメント」や「職場におけるパワーハラスメント」に該当するとは断定できないことから、会社として対応せずに放置してしまうことがある。

しかし、こういったグレーゾーンにある言動を会社が放置すると、違法なハラスメントに発展しかねない。例えば、セクシュアルハラスメントが問題となった事例の中には、男性従業員が女性従業員に対して性的な発言を繰り返して、相手が拒否の姿勢を示さないことからエスカレートして、悪質な性的言動に及ぶケースがある（いわば「あたり行為」として、当初は軽い性的言動を受け手に投げかけている）。パワーハラスメントの事例でも、ミスを繰り返す部下に対する上司の指導が、当初は穏当なものであったものが、ミスを繰り返すために次第にエスカレートして、言動が人格的な攻撃にまで及んでしまったというものがある。

これらの事例は、違法なハラスメントに発展する前に会社が適切な対処をすることで、違法なハラスメントの発生を防ぐことができたはずである。

また、違法なハラスメントに発展しないまでも、グレーゾーンにあるハラスメントが放置されることで職場環境が悪化する可能性もある。違法なハラスメントと判断できないからとして会社が放置することで、放置された受け手のわだかまりが解消されずに残り、上司や会社に対する信頼が失われていくというリスクがある。受け手のストレスが蓄積してメンタルヘルスに不調を来す場合もある。

なお、グレーゾーンを放置することで、行為者とされた側のモチベーション低下を招く場合もあり得る。すなわち、「ハラスメント」だと言われた行為者が、（実際にはハラスメントには該当しないにもかかわらず）放置され糾弾された事実だけが残ることでやる気をなくし、部下等に対する指導や注意等に消極的になるというリスクである。

このように、グレーゾーンの問題を会社が放置することは、リスクを伴うことなのである。

③グレーゾーンへの対応

グレーゾーンのリスクを軽減するために、会社としては、違法なハラスメント（男女雇用機会均等法などの法律により雇用管理上の措置を講ずる義務の対象となるハラスメント）と断定できなくても、「その職場を運営していく上であってはならない言動・状況」と判断できるのであれば、速やかに適切な措置を講ずるべきである。

例えば、同様のミスを繰り返す部下に対して上司が叱責するケースでは、叱責は部下のミスを改善するための業務上の必要性に基づくものであり、叱責の内容も、ミスを指摘して厳しく改善を求めるものの、部下の人格否定・人格非難にまでは及んでいないのであれば、上司の言動は違法なパワハラと評価するのは難しい。しかし、そのために部下が心身に不調をきたしている様子が明らかで、異動を希望したり自殺をほのめかしたりしているような場合は、「その職場を運営していく上であってはならない状況」にあるといえる（部下が心身の不調を来したり、自殺したような場合には、会社が安全配慮義務違反の責任を問われる可能性もある）。このような場合には、会社は、上司と部下の話合いの調整を試みたり、部下を異動させるなどの措置を講ずるべきであるといえよう。

上記ほどの状況にまでは至っていない場合でも、ある従業員の性的言動に不快感を抱く従業員複数が相談してきた場合や、上司の部下に対する叱責を目撃した従業員が心配して相談してきたような場合（いずれも、違法なセクハラ・パワハラとはいい難い言動のケース）には、例えば、会社がハラスメントに関する方針を周知・啓発する際に、好ましくない例として相談事例を抽象化して提示することで行為者の気づきを促したり、今後の再発の防止に役立てるといった措置を講ずることが考えられる。

## ６　社会の動向や事業主の義務

### （1）働き方改革との関係

職場におけるハラスメントの対策は、労働者が働きやすい職場環境を維持する上で避けて通れない問題である。近時は、社内の相談窓口に寄せられる相談において、セクシュアルハラスメントだけでなく、パワーハラスメントの相談が増加している。

そこで、政府の「働き方改革実行計画（2017年３月）」でも、働き方改革の対応策として「健康で働きやすい職場環境の整備」を掲げ、その具体的な施策の１つとして、「メンタルヘルス・パワーハラスメント防止対策の取組強化」をあげている。

### （2）事業主の雇用管理上の措置義務等

職場におけるセクシュアルハラスメントと職場における妊娠・出産・育児休業等に関するハラスメントについては、これらに起因する問題に関して雇用管理上必要な措置を講ずべき義務が事業主に課されている（男女雇用機会均等法11条・11条の３、育児・介護休業法25条）。

職場におけるパワーハラスメントについても、2019年５月の労働施策総合推進法の改正により、パワハラに起因する問題に関して雇用管理上必要な措置を講ずべき事業主の義務の規定（30条の２）が盛り込まれた。

そして、厚生労働大臣は、これらの雇用管理上の措置を講ずる義務に違反している事業主に対する是正勧告をすることができ、勧告に従わない場合には、その旨を公表することができる（男女雇用機会均等法 31 条、育児・介護休業法 56 条の２、労働施策総合推進法 33 条２項）。

なお、使用者は、安全配慮義務を負う（労働契約法５条に「使用者は、労働契約に伴い、労働者がその生命、身体等の安全を確保しつつ労働することができるよう、必要な配慮をするものとする」との定めがある）。また、裁判例には、使用者は労働者が働きやすい職場環境を整備し保つように配慮したり、良好な職場環境を整備すべき信義則上の義務を負うとするものがある。従って、会社は、ハラスメントやハラスメント類似の言動（グレーゾーンの問題）がみられる場合には、これを放置せず、受け手の心身の健康が害されないように措置を講じ、働きやすい良好な職場環境を維持するように配慮しなければならないといえる。

### （３）国際的な動向

#### ①LGBT への対応

LGBT とは、性的マイノリティを総称する用語である。

LGBT 問題への対応は、1990 年代以降の国際的な潮流となっている。

すなわち、1990 年５月 17 日に世界保健機関（WHO）が同性愛を国際疾病分類から除外した。これをうけて、国際連合は、５月 17 日を「国際反ホモフォビアの日」と定めている。

2015 年には、米国の連邦最高裁判所が、同性婚を認めない州法を連邦憲法の法の下の平等原則に反すると判決している。

2019年５月には、台湾がアジアで初めて同性婚を認める法改正を行った。

現在、同性婚や登録パートナーシップなど同性カップルの権利を保障する制度を持つ国・地域は 26 にのぼる（2019 年５月時点。NPO 法人 EMA 日本発表）。

我が国でも、このような国際的な動向に対応して、地方公共団体における同性パートナーシップ証明制度の導入（渋谷区が 2015 年に導入し、2019 年６月時点で 20 以上の地方公共団体が導入している）などの動きがみられる。

（☞ P.22「第２節　9　LGBT に対するハラスメント」）

②ILO ハラスメント禁止条約

2019 年６月に、国際労働機関（ILO）で、ハラスメント禁止条約が採択された（賛成 439、反対７、棄権 30。日本から参加した政府と連合は賛成、経団連は棄権）。

同条約は、「労働の世界における暴力とハラスメント」を、「物理的、心理的、性的、経済的な損害を引き起こす受け入れがたい行動や慣行、脅威」などと定義している。そして、加盟国に対し、「労働の世界における暴力とハラスメント」を法的に禁止することや、監視のための仕組みを確立・強化すること、被害者の救済・支援措置の確保、罰則を設けることなどを求めている。

また、同条約は、「労働の世界における暴力とハラスメント」からの保護の対象を、労働者のほか、契約形態にかかわらず働く人々、インターンなど訓練中の人、雇用終了した人、職探し中の人などまで広く含め、適用場面についても、職場だけでなく、出張先や勤務中なども含まれるとしている。

同条約は 2021 年に発効したが、発効時点では日本の批准は未定である。なお、我が国では職場におけるハラスメントに対する罰則はないが、ヨーロッパを中心に職場におけるハラスメントの罰則を設ける国が増えている。

## 第２節　職場におけるセクシュアルハラスメントの理解

**男女雇用機会均等法 第 11 条**
（職場における性的な言動に起因する問題に関する雇用管理上の措置）
事業主は、職場において行われる性的な言動に対するその雇用する労働者の対応により当該労働者がその労働条件につき不利益を受け、又は当該性的な言動により当該労働者の就業環境が害されることのないよう、当該労働者からの相談に応じ、適切に対応するために必要な体制の整備その他の雇用管理上必要な措置を講じなければならない。

### １　職場におけるセクシュアルハラスメントとは

（１）意義

「職場におけるセクシュアルハラスメント」（セクハラ）とは、職場において行われる性的な言動に対するその雇用する労働者の対応により当該労働者がその労働条件につき不利益を受け、または当該性的な言動により当該労働者の就業環境が害されることである。

職場におけるセクシュアルハラスメントについては、事業主は、これに起因する問題に適切に対応するために必要な体制の整備その他の雇用管理上必要な措置を講じなければならない（男女雇用機会均等法 11 条）。

（2） ２類型

セクハラ措置指針※では、セクハラを次の２類型に分けている。

※セクハラ措置指針：「事業主が職場における性的な言動に起因する問題に関して雇用管理上講ずべき措置についての指針」（厚生労働省）

①対価型セクシュアルハラスメント

職場において行われる労働者の意に反する性的な言動に対する労働者の対応（拒否や抵抗）により、当該労働者が解雇、降格、減給等の不利益を受けること

②環境型セクシュアルハラスメント

職場において行われる労働者の意に反する性的な言動により労働者の就業環境が不快なものとなったため、能力の発揮に重大な悪影響が生じる等当該労働者が就業する上で看過できない程度の支障が生じること

## ２　対価型セクシュアルハラスメント

対価型セクシュアルハラスメントは、職場において行われる労働者の意に反する性的な言動に対する労働者の対応により、当該労働者が解雇、降格、減給その他の不利益を受けることである。

［該当例］

- 事務所内において事業主が労働者に対して性的な関係を要求したが、拒否されたため、当該労働者を解雇する。
- 出張中の車中において上司が労働者の腰、胸等に触ったが、抵抗されたため、当該労働者について不利益な配置転換をする。
- 営業所内において事業主が日頃から労働者に係る性的な事柄について公然と発言していたが、抗議されたため、当該労働者を降格する。

対価型は、態様が悪質なハラスメント（あからさまなハラスメント）であると判断しやすいといえる。

あからさまなセクハラについては、事業主は雇用管理上必要な措置を講ずる

必要があるから（男女雇用機会均等法11条）、会社として対応することが求められる。また、あからさまなセクハラは、被害者保護の必要性が大きいだけでなく、被害者の被害感情が強い場合が多く、話合いで解決できずに法的手続きに発展するリスクが高い（紛争性が強い）。したがって、あからさまなセクハラは、現場の管理職だけで扱う問題ではなく、会社として迅速に被害者救済・行為者処分などの対応をすべき重大事案と捉えるべきである。

### 3　環境型セクシュアルハラスメント

環境型セクシュアルハラスメントは、職場において行われる労働者の意に反する性的な言動により労働者の就業環境が不快なものとなったため、当該労働者の就業環境が害されることである。

労働者の「就業環境が害される」とは、能力の発揮に重大な悪影響が生じる等、当該労働者が就業する上で看過できない程度の支障が生じることである（厚労省セクハラ・マタハラ等パンフ※）。

※厚労省セクハラ・マタハラ等パンフ：「職場におけるセクシュアルハラスメント対策や妊娠・出産・育児休業・介護休業等に関するハラスメント対策は事業主の義務です！！」（厚生労働省 2018.10）

「就業環境が害される」かの判断は、女性労働者が受け手であれば「平均的な女性労働者の感じ方」、男性労働者が受け手であれば「平均的な男性労働者の感じ方」を基準とすることが適当である（厚労省セクハラ・マタハラ等パンフ）。

環境型セクシュアルハラスメントの状況は多様であるが、典型的な例として、次のものがあげられる。

［該当例］

- 事務所内において上司が労働者の腰、胸等に度々触ったため、当該労働者が苦痛に感じてその就業意欲が低下している。
- 労働者が抗議をしているにもかかわらず、事務所内にヌードポスターを掲示しているため、当該労働者が苦痛に感じて業務に専念できない。

「就業環境が害される」といえるためには、「労働者が就業する上で看過できない程度の支障が生じること」まで要するとされている点には注意を要する。

例えば、以下の言動は、一般的には、それによって就業する上で看過できない程度の支障が生じているとまではいえないから「就業環境が害される」とはいえず、事業主の防止のための措置義務の対象となるセクシュアルハラスメントにはあたらない。

［就業環境を害しているとまではいい難い例］

- 女性労働者に頼みごとをしたところ「いま手が離せないので」と断ったのに対し、「頼むよ。女の子はね、こういうときに気持ちよくやってくれると、いいなーってなるんだよ」と１回だけ発言した。

これに対し、以下の場合には就業環境を害すると判断しうる。

①意に反する身体的接触によって受け手が強い精神的苦痛を被る場合

この場合は、１回限りの行動であっても就業環境を害すると判断しうる。

［例］

- 事務所内において上司が労働者に抱きついてキスをしたため、当該労働者が強い精神的苦痛を感じている。

②上記以外は、継続性または繰り返しを要することが多い。

［例］

- 上司が労働者を侮辱する内容の性的発言を頻繁に繰り返したため、当該労働者が苦痛に感じて退職を考えている。
- 同僚が取引先において労働者に係る性的な内容の情報を意図的かつ継続的に流布したため、当該労働者が苦痛に感じて仕事が手につかない。

③ただし、「明確に抗議しているにもかかわらず放置された状態」または「心身に重大な影響を受けていることが明らかな場合」には、継続性・繰り返しがなくても、就業環境を害すると判断し得る。

［例］

- 労働者が抗議をしているにもかかわらず、当該労働者に関する不適切な性的発言をしたため、当該労働者が苦痛に感じて業務に専念できない。

当該言動が「職場におけるセクシュアルハラスメント」（措置義務の対象となるセクハラ、あからさまなセクハラ、違法なセクハラ）といえる場合は、被害者の保護や行為者の処分など、会社として迅速に対応すべき重大事案であるといえる。

なお、環境型のハラスメントは、意図的に行われる場合（辱めてやろう、貶めてやろう、ばかにしてやろう等の加害の意図を持って行われる場合）もあるが、行為者が無自覚である場合（意図的でない）場合もあるので、行為者に注意・指導等をする際は、行為者が問題点を意識できるように行う配慮が求められる（無自覚な行為者に頭ごなしに注意すると、行為者が受けいれることができず、問題が複雑化してしまうことがある)。

また、環境型には、事業主の防止のための措置義務の対象となる職場におけるセクシュアルハラスメントに該当するかの判断に迷う「グレーゾーン」の場合も多い。グレーゾーンの場合であっても、「その職場を運営していく上であってはならない言動・状況」と判断される場合は、迅速に何らかの措置を講ずる必要があるといえる。

例えば、ある男性労働者が、特定の女性労働者のみを「○○ちゃん」と呼び、「○○ちゃんのお茶が飲みたいな」「○○ちゃんはいいお嫁さんになるよ」などと頻繁に発言するが、他の女性労働者に対してはそのような言い方はせず、不愉快であるとの指摘が出たような場合は、このまま放置すると就業環境が悪化してしまうと判断される状況にあると判断されるのであれば、上司が指導したり、社内研修やパンフレットで事案を抽象化して注意喚起することで行為者の気付きを促すなどの対応を講ずるべきである。

なお、グレーゾーンの場合は行為者が無自覚な場合が特に多いので、注意・指導は行為者が問題点を意識できるように行う配慮が求められる。また、何が問題なのかについて認識を揃えるための職場の取り組みや、問題があれば指摘できる職場の雰囲気の醸成といった、意識的なコミュニケーションも求められる。

## 4　論点－労働者

職場におけるセクシュアルハラスメントの対象である「労働者」は、事業主が雇用する労働者のすべてをいい、いわゆる非正規労働者も含む。

派遣労働者については、雇用主である派遣元事業主だけでなく、派遣先事業主（労働者派遣の役務の提供を受ける者）も、その指揮命令の下に労働させる派遣労働者を雇用する事業主とみなされる（労働者派遣法 47 条の２)。したがって、派遣先事業主は、派遣先が雇用する労働者だけでなく、派遣労働者についても、職場におけるセクシュアルハラスメントから保護するために、事業主が雇用管理上講ずべき措置を講ずる必要がある。また、セクハラの対象は「労働者」であり、性別その他に限定はない。

したがって、男性も女性も加害者にも被害者にもなりうるし、部下から上司に対するセクシュアルハラスメントもありうる。

この他、同性に対する言動であっても、セクシュアルハラスメントになりうる。例えば、性的マイノリティの労働者に対して、同性の労働者がそれを揶揄する言動を頻繁に口にする場合は、セクシュアルハラスメントに該当しうる。

## ５　論点－職場

職場におけるセクシュアルハラスメントの要件である「職場」は、事業主が雇用する労働者が業務を遂行する場所を指すが、労働者が通常就業している場所以外の場所であっても、取引先の事務所や顧客の自宅、出張先等、労働者が業務を遂行する場所であれば「職場」に含まれる（セクハラ措置指針）。

［「職場」に該当する場合の例］

●取引先の事務所

●取引先と打合せをするための飲食店

●業務で訪問した顧客の自宅

●出張先で宿泊したホテル

勤務時間外の宴会であっても、実質上職務の延長と考えられるものは「職場」に該当するが、その判断にあたっては、職務との関連性、参加者の範囲、参加が強制的か任意かといったことを考慮して個別に行う必要がある。

［宴会が「職場」に該当しうる場合の例］

・当該部署の長が呼びかけて職場の者が参加して行われた打ち上げ

・社員旅行の宴会

なお、交際関係のもつれから行われた性的な言動は、それが職場で行われればセクシュアルハラスメントとして会社が対応すべきものである。相談対応時に、社員間の個人的な問題と即断しないように注意しなければならない。

［交際関係のもつれから行われたセクハラの例］

●交際していた同僚に別れを切り出したところ、諦めきれない相手が、業務中に頻繁に、復縁を求めたり性的な内容を含む内容のメールを送信してくるため、業務が手に付かない。

●交際していた同僚に別れを切り出したところ、相手が、同僚や取引先に「あの人は異性関係に奔放だから」などと言いふらし、強い態度をとる。

## ６　論点－性的な言動

職場におけるセクシュアルハラスメントの要件である「性的な言動」とは、性的な内容の発言及び性的な行動を指す。

### （１）性的な内容の発言

「性的な内容の発言」には、性的な事実関係を尋ねること、性的な内容の情報を意図的に流布すること等が含まれる（セクハラ措置指針）。

［該当例］

- ●「スリーサイズはいくつ？」「恋人はいるの？」などと執拗に尋ねる。
- ●恋愛経験を執拗に尋ねる。
- ●性的な発言をしばしば口にする。
- ●執拗に性的な内容のメールを送信する。

（2）性的な行動の内容

「性的な行動」には、性的な関係を強要すること、必要なく身体に触ること、わいせつな図画を配布すること等が含まれる（セクハラ措置指針）。

## 7　受け手が拒否しなかった場合

職場におけるセクハラ行為については、受け手（被害者）が内心でこれに著しい不快感や嫌悪感等を抱きながらも、職場の人間関係の悪化等を懸念して、加害者に対する抗議や抵抗、会社に対する被害の申告を差し控えたり、躊躇したりすることが少なくない。したがって、被害者が拒否の姿勢を明確にしていない場合でも、職場における性的な言動は、職場におけるセクシャルハラスメントに該当しうるとされている。また、懲戒処分等において、被害者が拒否の姿勢を明確にしなかったことを行為者に有利な事情として斟酌するべきではない（最高裁 H.27. 2 .26 判決同旨）。

よって、一般的にみて女性または男性に強い不快感を感じさせるような性的な言動をすれば、「何も文句を言われなかったので問題とは思いませんでした」という言い訳は通りにくいものと考えたほうがよい。

特に管理職にある者は、セクハラ防止のために部下職員を指導すべき立場にあるのだから、労働者の性的な言動が客観的にみて職場におけるセクシュアルハラスメントに該当し許されないものであるかどうかを判断することが求められる。したがって、特に管理職にある者は、自らが客観的にみて職場におけるセクシュアルハラスメントに該当するような言動をした場合には、相手が抗議や拒否の姿勢を明確にしなかったからといって、相手の同意があったと思っていたという弁解は通用しないというべきである。

## ８　ジェンダーハラスメント

「ジェンダーハラスメント」とは、「男らしさ」「女らしさ」という固定的な性差概念（ジェンダー）に基づく性差別、ハラスメントである。

［例］

- 上司が部下に対し、「男なんだから根性みせろよ。お客様が女性には任せられないというから、男である君に任せたんだぞ。」と発言する。
- 女性労働者に対して上司が業務を依頼したところ、他の業務をしていたため「いま手が離せないので」と依頼を断ったところ、「頼むよ。女の子はね、こういうときに気持ちよくやってくれると、いいなーってなるんだよ」と発言した。

ジェンダーハラスメントは、セクシュアルハラスメントの一態様であるといえるが、その多くが、事業主に対する雇用管理上の措置義務の対象となる「職場におけるセクシュアルハラスメント」（違法なセクハラ）であるかどうかの判断に迷う「グレーゾーン」にあり、行為者も問題点を明確に認識できていないことが多い。

ジェンダーに基づく言動を放置すると、職場におけるセクシュアルハラスメントだけでなく、職場におけるパワーハラスメントや職場における妊娠・出産・育児休業等に関するハラスメントに発展する可能性がある（上司が女性部下を「女の子」扱いして見下すことが常態化して業務上の必要のないことを命じたり、男性の育児に関する否定的な発言が繰り返されるために男性労働者が育休取得を断念せざるを得なくなるなど）。

従って、ジェンダーに関する言動も、グレーゾーンの対応をするべきである。セクハラ措置指針も、職場におけるセクシュアルハラスメントの発生の原因や背景には、性別役割分担意識に基づく言動もあると考えられるから、こうしたグレーゾーンにある言動をなくしていくことが重要であるといえるとしている。

従って、ジェンダーに基づく言動をなくしていくことについて、職場の共通認識を醸成する取り組みが行われることが望ましいし、職場におけるセクシュアルハラスメントに該当すると断定できない場合であっても、「その職場を運営していく上であってはならない言動・状況」と判断できるのであれば、事業主は、注意・指導を行うなど、適切な措置を講ずるべきである。

## ９　LGBT に対するハラスメント

「LGBT」とは、レズビアン、ゲイ、バイセクシャル、トランスジェンダーなどの性的マイノリティを総称する用語である。LGBT は、性的指向や性自認についてのマイノリティを総称する用語といえる。

LGBT に関連する用語には、次のものがある。

- ●レズビアン：女性の同性愛者（Lesbian）
- ●ゲイ：男性の同性愛者（Gay）
- ●バイセクシャル：両性愛者（Bisexual）
- ●トランスジェンダー：こころの性とからだの性との不一致（Transgender）<br>＝身体・戸籍上の性別と性自認とが一致しない者

- ●性的指向：恋愛感情または性的感情の対象となる性別についての指向（Sexual Orientation）
- ●性自認：自己の性別についての認識（Gender Identity）

なお、LGBT には、性自認や性的指向が定まっていない者（クエスチョニング：Questioning）や、男性・女性といった区分が容易でない中間的な性（インターセックス：Intersex）なども含まれる。クエスチョニングとインターセックスを含めた用語として、「LGBTQI」が用いられることもある。

近年、LGBT に対する人権保障の動きが世界的に広がっている。ヨーロッパでは多くの国が同性婚を認めており、2019 年６月には台湾がアジアで初めて同性婚を認める法改正を行った。我が国では、現時点では LGBT のパートナー関係を婚姻関係と同等に扱う法規定はないが、市区町村では、一定の要件を満たす同性カップルについて、公営住宅への入居や医療機関における面会や医療同意、職場における家族手当・慶弔休暇等についての待遇改善を認める動きがある。

近時は LGBT に対する職場環境を整備する動きが盛んであり、2018 年 10 月には、東京都で「東京都オリンピック憲章にうたわれる人権尊重の理念の実現を目指す条例」が可決され、「都、都民及び事業者は、性自認及び性的指向を理由とする不当な差別的取扱いをしてはならない」とする規定が盛り込まれた（４条）。

LGBT への差別は職場におけるセクシュアルハラスメントやパワーハラスメントにつながる。このため、セクハラ措置指針では、2016 年の改正時に、被害者の「性的指向または性自認にかかわらず、当該者に対する職場におけるセクシュアルハラスメントも、本指針の対象となるものである」との一文が追加された。また、パワハラ対策マニュアル※でも、性的指向や性自認についての不理解を背景として、「人間関係からの切り離し」などのパワーハラスメントにつながることがあるから、性的指向や性自認についての理解を増進することが重要であると解説されている。

※パワハラ対策マニュアル：「パワーハラスメント対策導入マニュアル」（厚生労働省）

このように、職場において行われるLGBTに関連したセクシュアルハラスメントやパワーハラスメントについて、事業主は雇用管理上の措置を講ずることが求められる。

なお、我が国のLGBTQ+層の比率は8.9%という調査結果もあり（電通ダイバーシティ・ラボ「LGBTQ+調査2020）、看過できない割合に達している。

このこともあり、LGBTQの問題は、ダイバーシティ経営（多様な属性の違いを活かし、個々の人材の能力を最大限引き出すことにより、付加価値を生み出し続ける企業を目指して、全社的かつ継続的に進めていく経営上の取組み）の視点からみても、積極的に取り組むべき課題であるといわれている。

## 第3節　職場における妊娠・出産・育児休業等に関するハラスメントの理解

**男女雇用機会均等法 第11条の3**

（職場における妊娠、出産等に関する言動に起因する問題に関する雇用管理上の措置）

事業主は、職場において行われるその雇用する女性労働者に対する当該女性労働者が妊娠したこと、出産したこと、労働基準法第六十五条第一項の規定による休業を請求し、又は同項若しくは同条第二項の規定による休業をしたことその他の妊娠又は出産に関する事由であって厚生労働省令で定めるものに関する言動により当該女性労働者の就業環境が害されることのないよう、当該女性労働者からの相談に応じ、適切に対応するために必要な体制の整備その他の雇用管理上必要な措置を講じなければならない。

**育児・介護休業法 25 条**
（職場における育児休業等に関する言動に起因する問題に関する雇用管理上の措置）
　事業主は、職場において行われるその雇用する労働者に対する育児休業、介護休業その他の子の養育又は家族の介護に関する厚生労働省令で定める制度又は措置の利用に関する言動により当該労働者の就業環境が害されることのないよう、当該労働者からの相談に応じ、適切に対応するために必要な体制の整備その他の雇用管理上必要な措置を講じなければならない。

## １　意義

「職場における妊娠・出産・育児休業等に関するハラスメント」とは、職場において行われる、妊娠・出産したことや育児休業等の利用に関する上司・同僚からの言動により、妊娠・出産した女性労働者や育児休業等を申出・取得した男女労働者等の就業環境が害されることである。

職場における妊娠・出産・育児休業等に関するハラスメントについては、事業主は、これに起因する問題に適切に対応するために必要な体制の整備その他の雇用管理上必要な措置を講じなければならない（男女雇用機会均等法 11 条の３、育児・介護休業法 25 条）。

**［参考知識：マタハラ・育児休業等に関するハラスメント］**
　「職場における妊娠・出産・育児休業等に関するハラスメント」には、（1）マタニティハラスメント（マタハラ。職場における妊娠・出産等に関するハラスメント）と（2）職場における育児休業等に関するハラスメントに分けることができる。
　もっとも、「マタハラ」と「育児休業等に関するハラスメント」には共通するところが多い。厚生労働省のパンフレットでも、マタハラと育児休業等に関するハラスメントを合わせて「職場における妊娠・出産・育児休業等に関するハラスメント」として解説している。このため、マタハラと妊娠・出産等に関するハラスメントを厳密に区別する必要はない。
　本書でも、両者を特に区別せずに「職場における妊娠・出産・育児休業等に関するハラスメント」として解説するが、以下では、念のため、両者の内容等について、参考知識として解説しておく。

（1）マタニティハラスメント

「マタニティハラスメント」とは、妊娠、出産、子育てなどをきっかけとして職場で行われるハラスメントを指す用語であり、明確な定義は確立していない。厚生労働省の指針（マタハラ措置指針※）は、「マタニティハラスメント」という語を用いず、「職場における妊娠・出産等に関するハラスメント」と呼ぶ。この場合の定義は、女性労働者が妊娠・出産したことその他の妊娠または出産に関する事由に関する言動により当該女性労働者の就業環境が害されることをいう。本書では、「職場における妊娠・出産等に関するハラスメント」をマタニティハラスメントと同じ意味の用語として扱うこととする。

※マタハラ措置指針：「事業主が職場における妊娠、出産等に関する言動に起因する問題に関して雇用管理上講ずべき措置についての指針」（平成28年厚生労働省告示第312号）

（2）職場における育児休業等に関するハラスメント

「職場における育児休業等に関するハラスメント」とは、職場における育児休業・介護休業その他の制度・措置の利用に関する上司・同僚からの言動により、制度等を利用した男女労働者の就業環境が害されることである。マタニティハラスメントと、パタニティハラスメント（男性労働者の育休等に関するハラスメント）、ケアハラスメント（介護休業等に関するハラスメント）を含む概念である。

（3）防止のための雇用管理上の措置義務

マタニティハラスメント（職場における妊娠・出産等に関するハラスメント）については、男女雇用機会均等法11条の3が、事業主に防止のための雇用管理上の措置を講じることを義務付けている。

「職場における育児休業等に関するハラスメント」については、育児・介護休業法25条が、事業主に防止のための雇用管理上の措置を講ずることを義務付けている。

［表：マタハラと育児休業等に関するハラスメント］

| | | |
|---|---|---|
| 職場における妊娠・出産・育児休業等に関するハラスメント | (１)マタニティハラスメント(職場における妊娠・出産等に関するハラスメント)<br>(対象)<br>●女性労働者<br>●妊娠・出産したことや妊娠・出産に関し男女雇用機会均等法施行規則が定める制度等（産休等）の利用に関するハラスメント | 男女雇用機会均等法11条の３ |
| | (２)職場における育児休業等に関するハラスメント(マタニティハラスメント+パタニティハラスメント+ケアハラスメント)<br>(対象)<br>●男女労働者<br>●育児・介護休業法による制度または措置の利用に関するハラスメント | 育児・介護休業法25条 |

## ２　２類型

厚労省セクハラ・マタハラ等パンフ※は、職場における妊娠・出産・育児休業等に関するハラスメントを、次の２類型に分けている。

※厚労省セクハラ・マタハラ等パンフ：「職場におけるセクシュアルハラスメント対策や妊娠・出産・育児休業・介護休業等に関するハラスメント対策は事業主の義務です！！」（厚生労働省 2018.10）

①制度等の利用への嫌がらせ型

労働者による男女雇用機会均等法が対象とする制度・措置または育児・介護休業法が対象とする制度・措置の利用に関する言動により、就業環境が害されるもの。

②状態への嫌がらせ型

女性労働者の妊娠または出産に関する事由に関する言動により、就業環境が害されるもの。

## ３　論点－労働者、職場

職場における妊娠・出産・育児休業等に関するハラスメントの要件である「労働者」や「職場」の意味は、職場におけるセクシュアルハラスメントの要件である「労働者」や「職場」と同じである。

（☞P.18「第２節　４　論点－労働者」およびP.19「５　論点－職場」を参照）

## ４　論点－制度等の利用への嫌がらせ型の対象となる「制度等」

「制度等の利用への嫌がらせ型」の対象となる「制度等」には、男女雇用機会均等法が対象とする制度等と育児・介護休業法が対象とする制度等がある。

［男女雇用機会均等法が対象とする制度または措置（同法施行規則２条の３）］

| | |
|---|---|
| ① | 妊娠中及び出産後の健康管理に関する措置（母性健康管理措置-同法12条、13条）<br>●妊産婦が保健指導または健康診査を受診するために必要な時間を確保することができるようにしなければならない（12条）<br>●妊娠中及び出産後の女性労働者が健康診査等を受け、医師等から指導を受けた場合は、その女性労働者が受けた指導を守ることができるようにするために、勤務時間の変更、勤務の軽減等必要な措置を講じなければならない（13条） |
| ② | ●妊娠中の女性等の坑内業務の就業制限（労基法64条の２第１号）<br>●妊産婦（妊娠中の女性および産後１年を経過しない女性）の母性機能に有害な業務（重量物を取り扱う業務、有害ガスを発散する場所における業務その他妊産婦の妊娠・出産・哺育などに有害な業務）への就業制限（64条の３第１項） |
| ③ | 産前休業・産後休業（労基法65条１項・２項） |
| ④ | 妊娠中の軽易な業務への転換（労基法65条３項） |
| ⑤ | 妊産婦の時間外労働・休日労働・深夜業の制限（労基法66条２項３項）、変形労働時間制がとられる場合における妊産婦の法定労働時間を超える労働の制限（労基法66条１項） |
| ⑥ | １歳未満の生児を育てる女性の育児時間（労基法67条）（１日２回少なくとも30分ずつ） |

※男女雇用機会均等法による制度または措置を利用できるのは女性労働者であるから、男女雇用機会均等法による制度等の利用への嫌がらせの対象となるのは、女性労働者である。

［育児・介護休業法が対象とする制度または措置（同法施行規則 76 条）］

| | |
|---|---|
| ① | 育児休業（同法５条） |
| ② | 介護休業（同法 11 条） |
| ③ | 小学校就学前の子を養育する労働者の、子の看護休暇（同法 16 条の２） |
| ④ | 介護休暇（同法 16 条の５） |
| ⑤ | ３歳未満の子を養育する労働者及び要介護状態にある家族を介護する労働者の、所定外労働の制限（同法 16 条の８・16 条の９） |
| ⑥ | 小学校就学前の子を養育する労働者および要介護状態にある家族を介護する労働者の、月 24 時間、年 150 時間を超える時間外労働の制限（同法 17 条・18 条） |
| ⑦ | 小学校就学前の子を養育する労働者および要介護状態にある家族を介護する労働者の、深夜業の制限（同法 19 条・20 条） |
| ⑧ | ３歳未満の子を養育し育児休業をしていない労働者の、育児のための所定労働時間の短縮措置（法 23 条１項） |
| ⑨ | 一定の要件を満たす３歳未満の子を養育する労働者の、始業時刻変更等の措置（法 23 条２項） |
| ⑩ | 要介護状態にある家族を介護し介護休業をしていない労働者の、介護のための所定労働時間の短縮等の措置（法 23 条３項） |

※育児・介護休業法による制度または措置は男性労働者も利用できるから、育児・介護休業法による制度等の利用への嫌がらせ型の対象となるのは、男女労働者である。

## ５　論点－状態への嫌がらせ型の対象となる事由

状態への嫌がらせ型の対象となる「妊娠又は出産に関する事由」（状態）は、次の事由である（男女雇用機会均等法施行規則２条の３）。

| | |
|---|---|
| ① | 妊娠したこと |
| ② | 出産したこと |
| ③ | 妊産婦の坑内業務の就業制限／危険有害業務の就業制限の規定により業務に就くことができないこと／これらの業務に従事しなかったこと（労基法64条の２ 第１号、64条の３ 第１項等） |
| ④ | 産後の就業制限の規定により就業できないこと／産後の就業制限の規定による休業をしたこと（労基法65条１項・２項） |
| ⑤ | 妊娠又は出産に起因する症状により労務の提供ができないこと若しくはできなかったこと又は労働能率が低下したこと（同法施行規則２条の３ 第９号）<br>※「妊娠又は出産に起因する症状」とは、つわり、妊娠悪阻（おそ）、切迫流産、出産後の回復不全等、妊娠又は出産をしたことに起因して妊産婦に生じる症状をいう。 |

※状態への嫌がらせの対象となるのは、女性労働者である。

## ６　論点－就業環境を害する

事業主の防止のための措置義務の対象となる「職場における妊娠・出産・育児休業等に関するハラスメント」は、制度等の利用への嫌がらせ型・状態への嫌がらせ型ともに、上司や同僚による言動が「就業環境を害する」ものであることを要する。

「就業環境を害する」とは、客観的にみて（一般的な労働者の見地から見て）、受け手の労働者が就業をする上で看過できない程度の支障が生じていることである。

### （１）制度等の利用への嫌がらせ型の場合

制度等の利用に関する上司や同僚の言動が「就業環境を害する」といえる場合の典型的な例として、次の①～③があげられる（①～③は限定列挙ではなく、これ以外にも「就業環境を害する」といえる場合はありうる。マタハラ措置指針・育介指針）。

①上司が解雇その他不利益な取扱いを示唆するもの

労働者が、制度または措置（制度等）の申出・利用をしたい旨を上司に相談したこと、制度等の利用の申出等をしたこと、または制度等の利用をしたことにより、上司が当該労働者に対し、解雇その他不利益な取扱いを示唆すること。

不利益な取扱の示唆に関する上司の言動は、１回でも就業をする上で看過できない程度の支障が生じ、「就業環境を害する」といえる。

［例］

- 産前休業の取得を上司に相談したところ、「休みを取るなら辞めてもらう」と言われた。
- 時間外労働の免除について上司に相談したところ、「次の査定の際は昇進しないと思え」と言われた。

②制度等の利用の申出等または制度等の利用を阻害するもの

（イ）～（ニ）は、客観的にみて、言動を受けた労働者の制度等の利用の申出等または制度等の利用が阻害され、「就業環境を害する」といえる。

（イ）労働者が制度等の申出等をしたい旨を上司に相談したところ、上司が当該労働者に対し、当該申出等をしないよう言うこと。

［例］

- 育児休業の取得について上司に相談したところ、「男のくせに育休をとるなんてありえない。」と言われ、取得を諦めざるをえない状況になった。

（ロ）労働者が制度等の利用の申出等をしたところ、上司が当該労働者に対し、当該申出等を取り下げるよう言うこと。

※労働者の事情やキャリアを考慮して育児休業等からの早期の職場復帰を促すこと自体は、申出・利用を阻害することには当たらないのが通常だが、職場復帰のタイミングは労働者の選択に委ねられなければならない。

（ハ）労働者が制度等の利用の申出等をしたい旨を同僚に伝えたところ、同僚が当該労働者に対し、繰り返しまたは継続的に申出等をしないよう言うこと（当該労働者がその意に反することを当該同僚に明示しているにもかかわらず、更に言うことを含む）。

［例］

- 育児休業を請求する旨を同僚に伝えたところ、「自分なら育休はとらない。自分だけとるべきではない。」と言われ、「でも自分は請求したい。」と伝えたのに更に同様のことを言われ、取得を諦めざるをえない状況になった。

(ニ) 労働者が制度等の利用の申出等をしたところ、同僚が当該労働者に対し、繰り返しまたは継続的に申出等を取り下げるよう言うこと（当該労働者がその意に反することを当該同僚に明示しているにもかかわらず、更に言うことを含む)。

③制度等の利用をしたことにより嫌がらせ等をするもの

以下は、客観的にみて、言動を受けた労働者の能力の発揮や継続就業に重大な悪影響が生じる等当該労働者が就業する上で看過できない程度の支障が生じ、「就業環境を害する」といえる。

- 労働者が制度等の利用をしたことにより、上司または同僚が当該労働者に対し、繰り返しまたは継続的に嫌がらせ等（嫌がらせ的な言動、業務に従事させないことまたは専ら雑務に従事させることをいう。）をすること（当該労働者がその意に反することを当該同僚に明示しているにもかかわらず、更に言うことを含む)。

［例］

- 上司・同僚が「所定外労働の制限をしている人にはたいした仕事はさせられない」と繰り返し又は継続的に言い、専ら雑務のみさせられる状況となっており、就業する上で看過できない程度の支障が生じている。
- 上司・同僚が「自分だけ短時間勤務をしているなんて周りを考えていない。迷惑だ。」と繰り返し又は継続的に言い、就業をする上で看過できない程度の支障が生じる状況となっている。

（２）状態への嫌がらせ型の場合

妊娠・出産等に起因する状態に関する同僚や上司の言動が「就業環境を害する」といえる場合の典型的な例として、次の①～③があげられる（①～③は限定列挙ではなく、これ以外にも「就業環境を害する」といえる場合はありうる。マタハラ措置指針)。

①解雇その他不利益な取扱いを示唆するもの

女性労働者が妊娠等したことにより、上司が当該女性労働者に対し、解雇その他不利益な取扱いを示唆すること。

［例］

- 上司に妊娠を報告したところ、「代わりの人を雇うから、早めに辞めてもらうしかない。」と言われた。

②妊娠等したことにより嫌がらせ等をするもの

以下は、客観的にみて、言動を受けた女性労働者の能力の発揮や継続就業に重大な悪影響が生じる等当該女性労働者が就業する上で看過できない程度の支障が生じ、「就業環境を害する」といえる。

- 女性労働者が妊娠等したことにより、上司または同僚が当該女性労働者に対し、繰り返しまたは継続的に嫌がらせ等をすること（当該労働者がその意に反することを当該同僚に明示しているにもかかわらず、更に言うことを含む）。

［例］

- 上司・同僚が「妊婦はいつ休むかわからないから仕事は任せられない」と繰り返し又は継続的に言い、仕事をさせない状況となっており、就業をする上で看過できない程度の支障が生じる状況となっている。
- 上司・同僚が「妊娠するなら忙しい時期を避けるべきだった」と繰り返し又は継続的に言い、就業をする上で看過できない程度の支障が生じる状況となっている。

## 7　論点－業務上の必要性に基づく言動

制度等の利用に関する言動や状態に関する言動であっても、業務分担や安全配慮等の観点から、客観的にみて、業務上の必要性に基づく言動によるものは、「職場における妊娠・出産・育児休業等に関するハラスメント」には該当しない（厚労省セクハラ・マタハラ等パンフ）。

例えば、育休を取得しようとする労働者に対し、上司が、業務体制を見直す必要があるため、いつまで育休を取得するつもりかを尋ねたところ、当該従業員が、育休は権利なのにこのような質問をするのは育休の取得を快く思わない上司による嫌がらせではないかと誤解するような場合がありうる。このような軋轢を防ぐためには､お互いにコミュニケーションをとることが必要であるし、制度等を利用する労働者の側も、上司らにはこのような質問をする業務上の必要性があるということを理解する（理解できるように事業者からも周知する）ことも大切である。

（１）制度等の利用に関する言動の場合

制度等の利用に関する上司・同僚の言動が業務上の必要性に基づくといえる場合の例として、次のものがあげられる。

［業務上の必要性に基づく言動の例］

- 業務体制を見直すため、上司が育児休業をいつからいつまで取得するのか確認すること。
- ある程度調整が可能な休業等（定期的な妊婦健診の日時等）について、業務状況を考えて、上司が「次の妊婦健診はこの日は避けてほしいが調整できるか」と確認すること（変更の依頼や相談は、強要しない場合に限られ、労働者の意をくまない一方的な通告・強要はハラスメントとなる）。
- 同僚が自分の休暇との調整をする目的で休業の期間を尋ね、変更を相談すること（同上）。

（２）状態に関する言動の場合

妊娠・出産等に起因する状態に関する同僚や上司の言動が業務上の必要性に基づくといえる場合の例として、次のものがあげられる。

なお、妊婦本人にはこれまで通り勤務を続けたいという意欲がある場合であっても、客観的に見て、妊婦の体調が悪い場合は、「業務上の必要性に基づく言動」となる（厚労省セクハラ・マタハラ等パンフ）。

［業務上の必要性に基づく言動の例］

- 上司が、長時間労働をしている妊婦に対して、「妊婦には長時間労働は負担が大きいだろうから、業務分担の見直しを行い、あなたの残業量を減らそうと思うがどうか」と配慮する。
- 上司・同僚が「妊婦には負担が大きいだろうから、もう少し楽な業務にかわってはどうか」と配慮する。
- 上司・同僚が「つわりで体調が悪そうだが、少し休んだ方が良いのではないか」と配慮する。

## ８　妊娠・出産・育児休業等を理由とする不利益取扱いの禁止

これまで説明してきたように、事業主は、労働者による他の労働者に対する職場における妊娠・出産・育児休業等に関するハラスメントを防止するための雇用管理上の措置を講じなければならない（男女雇用機会均等法 11 条の３、育児・介護休業法 25 条）。

それだけでなく、事業主は、自らも、労働者に対して妊娠・出産等を理由とする不利益取扱いや育児休業等の申出等を理由とする不利益取扱いをしてはならない（男女雇用機会均等法９条３項、育児・介護休業法 10 条等）。

［ハラスメント防止のための雇用管理上の措置義務と不利益取扱い禁止の関係］

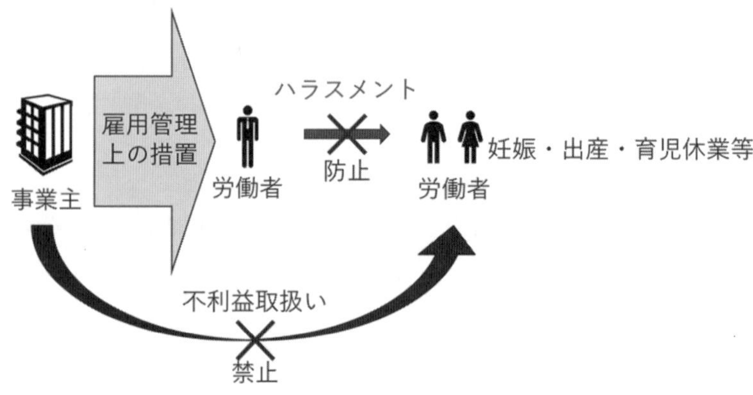


（１）妊娠・出産等を理由とする不利益取扱いの禁止

事業主は、その雇用する女性労働者が妊娠したこと、出産したこと、その他の妊娠又は出産に関する事由であって厚生労働省令で定めるものを理由として、当該女性労働者に対して解雇その他不利益な取扱いをしてはならない（男女雇用機会均等法９条３項）。

男女雇用機会均等法による不利益取扱いの禁止の対象となる「妊娠又は出産に関する事由」（同法９条３項、同法施行規則２条の３）は、以下の事由である。

［男女雇用機会均等法による不利益取扱い禁止の対象となる事由（同法施行規則２条の３)］

| | |
|---|---|
| ① | 妊娠したこと（１号） |
| ② | 出産したこと（２号） |
| ③ | 妊娠中及び出産後の健康管理に関する措置（母性健康管理措置）を求めたこと／受けたこと（男女雇用機会均等法 12 条、13 条）<br>●保健指導・健康診査を受けるための時間の確保（12 条）<br>●医師等の指導事項を守ることができるようにするための措置（13 条） |
| ④ | 妊産婦の坑内業務の就業制限／危険有害業務の就業制限の規定により業務に就くことができないこと／これらの業務に従事しなかったこと（労基法 64 条の２第１号、64 条の３第１項等） |
| ⑤ | 産前休業／産後休業を請求したこと／利用したこと、産後の就業制限の規定により就業できないこと／産後の就業制限の規定による休業をしたこと（労基法 65 条１項・２項） |
| ⑥ | 妊娠中の軽易な業務への転換を申し出た／転換したこと（労基法65条３項） |
| ⑦ | 妊産婦の時間外労働・休日労働・深夜業の制限、変形労働時間制がとられる場合における妊産婦の法定労働時間を超える労働の制限を請求した／利用したこと（労基法 66 条） |
| ⑧ | １歳未満の生児を育てる女性が育児時間を請求した／利用したこと（労基法 67 条） |
| ⑨ | 妊娠又は出産に起因する症状により労務の提供ができないこと若しくはできなかったこと又は労働能率が低下したこと（男女雇用機会均等法施行規則２条の３　第９号）<br>※「妊娠又は出産に起因する症状」とは、つわり、妊娠悪阻、切迫流産、出産後の回復不全等、妊娠又は出産をしたことに起因して妊産婦に生じる症状をいう |

（２）育児・介護支援措置の利用を理由とする不利益取扱いの禁止

事業主は、労働者が育児・介護休業法が定める育児・介護支援措置の申出等または取得等（育児休業等の申出等）をしたことを理由として、当該労働者に対して解雇その他不利益な取扱いをしてはならない（育児・介護休業法 10 条・16 条の４・16 条の 10・18 条の２・20 条の２・23 条の２)。

不利益取扱いの禁止の対象となる「育児休業等の申出等をしたこと」は、以下の事由である。

［育児・介護休業法による不利益取扱い禁止の対象となる事由］

| | |
|---|---|
| ① | 育児休業の申出をし、又は育児休業をしたこと（同法 10 条） |
| ② | 介護休業の申出をし、又は介護休業をしたこと（同法 16 条） |
| ③ | 小学校就学前の子を養育する労働者が子の看護休暇の申出をし、又は子の看護休暇を取得したこと（同法 16 条の４） |
| ④ | 介護休暇の申出をし、又は介護休暇を取得したこと（同法 16 条の７） |
| ⑤ | ３歳未満の子を養育する労働者および要介護状態にある家族を介護する労働者が、所定外労働の制限を請求し、又は所定外労働の制限により所定外労働をしなかったこと（同法 16 条の 10） |
| ⑥ | 小学校就学前の子を養育する労働者および要介護状態にある家族を介護する労働者が、月 24 時間、年 150 時間を超える時間外労働の制限を請求し、又は時間外労働の制限により時間外労働をしなかったこと（同法18条の２） |
| ⑦ | 小学校就学前の子を養育する労働者および要介護状態にある家族を介護する労働者が、深夜業の制限を請求し、又は深夜業の制限により深夜において労働しなかったこと（同法 20 条の２） |
| ⑧ | ３歳未満の子を養育し育児休業をしていない労働者が、育児のための所定労働時間の短縮措置の申出をし、又は所定労働時間の短縮措置が講じられたこと（同法 23 条の２） |
| ⑨ | 一定の要件を満たす３歳未満の子を養育する労働者が、育児のための始業時刻変更等の措置の申出をし、又は始業時刻変更等の措置が講じられたこと（同法 23 条の２） |
| ⑩ | 要介護状態にある家族を介護し介護休業をしていない労働者が、介護のための所定労働時間の短縮等の措置の申出をし、又は所定労働時間の短縮等の措置が講じられたこと（同法 23 条の２） |

（3）論点－不利益取扱い

育児休業等の申出等をしたことに対する不利益取扱いの例としては、次のものがあげられる。

［不利益取扱いの例］

- 解雇すること
- 有期契約労働者について契約の更新をしないこと
- あらかじめ契約の更新回数の上限が明示されている場合に、当該回数を引き下げること。
- 退職または正社員をパートタイム労働者等の非正規雇用社員とするような労働契約内容の変更を強要すること
- 就業環境を害すること
- 自宅待機を命ずること
- 労働者の希望する期間を超えて、その意に反して所定外労働の制限、時間外労働の制限、深夜業の制限または所定労働時間の短縮措置等を実施すること
- 降格させること
- 減給をし、または賞与において不利益な算定をすること
- 昇進・昇格の人事考課において不利益な評価を行うこと
- 不利益な配置変更を行うこと
- 派遣労働者について派遣先が当該派遣労働者に係る労働者派遣の役務の提供を拒むこと

### （4）論点－「理由として」

上記不利益取扱いは、妊娠・出産や育児休業等の申出等をしたことを「理由として」行われる場合に禁止される。

**[参考知識：「理由として」]**

妊娠・出産や育児休業等の申出等をしたことを「理由として」とは、妊娠・出産・育児休業等の事由と不利益取扱いの間に「因果関係」があることを指し、妊娠・出産・育児休業等の事由を「契機として」不利益取扱いを行った場合は、原則として、「理由として」いる（因果関係がある）と解され、法違反となる。

そして、妊娠・出産、育児休業等の終了から１年以内に不利益取扱いがなされた場合は、原則として「契機として」いる、すなわち、妊娠・出産・育児休業等を理由として不利益取扱いがなされたと判断される（不利益取扱いQ&A※）。

※不利益取扱いQ&A：「妊娠・出産・育児休業等を契機とする不利益取扱いに係るQ&A」（厚生労働省）

ただし、妊娠・出産・育児休業等の事由を「契機として」不利益取扱いが行われても、以下の場合には法違反にあたらないとされる（最判H.26.10.23）。

［例外１］

①業務上の必要性から支障があるため当該不利益取扱いを行わざるを得ない場合において、

②その業務上の必要性の内容や程度が、法の趣旨に実質的に反しないものと認められるほどに、当該不利益取扱いにより受ける影響の内容や程度を上回ると認められる特段の事情が存在すると認められるとき

［例外２］

①契機とした事由又は当該取扱いにより受ける有利な影響が存在し、かつ、当該労働者が当該取扱いに同意している場合において、

②有利な影響の内容や程度が当該取扱いによる不利な影響の内容や程度を上回り、事業主から適切に説明がなされる等、一般的な労働者であれば同意するような合理的な理由が客観的に存在するとき

### （5）不利益取扱いの効力

妊娠・出産・育児休業等を理由とする不利益取扱いの禁止規定に違反する不利益取扱いは、無効である。

従って、例えば、不利益取扱いが役職手当を失う降格の場合には、降格は無効であるから、事業主は当該労働者に対して役職手当を支払わなければならない。

## 第４節　職場におけるカスタマーハラスメントの理解

事業主が他の事業主の雇用する労働者等からのハラスメントや顧客等からの著しい迷惑行為に関し行うことが望ましい取組

### １　カスタマーハラスメントとは

［例］（多い順）

- （過度なもの）長時間の拘束や同じ内容を繰り返すクレーム
- 名誉毀損・侮辱・ひどい暴言
  ⇒ SNS への従業員の氏名投稿や会社・従業員の信用を毀損させる行為を含む
- 著しく不当な要求（金品要求、土下座の強要等）

（1）脅迫、暴行・傷害

- セクハラ（特定の従業員へのつきまとい、わいせつ行為や盗撮等）
- 対策の必要性
- 人権尊重：内部のハラスメントも外部からのハラスメントも同様に対処すべき課題

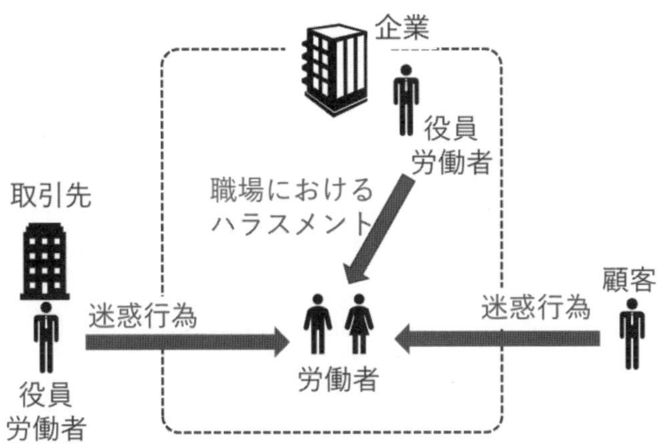

（2）定義（カスタマーハラスメント対策企業マニュアル：厚労省）

顧客等からのクレーム・言動のうち、

●当該クレーム・言動の要求の内容の妥当性に照らして、当該要求を実現するための手段・態様が社会通念上不相当なものであって、

●当該手段・態様により、労働者の就業環境が害されるもの

［パワハラ・セクハラと並び、相談が多い過去３年間のハラスメント相談件数の傾向（ハラスメントの種類別）］

図表８　過去３年間のハラスメント相談件数の傾向（ハラスメントの種類別）

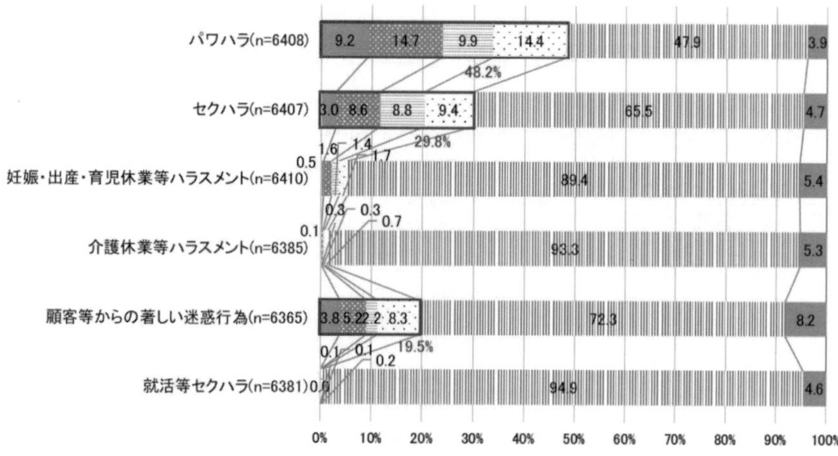


（対象：全企業）

※無回答、無効回答を除く（以下同じ）

※出典：厚生労働省　令和２年度委託事業「職場のハラスメントに関する実態調査」

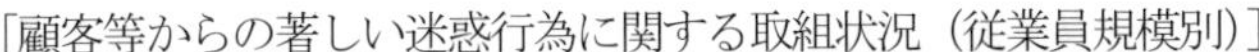
［顧客等からの著しい迷惑行為に関する取組状況（従業員規模別）］

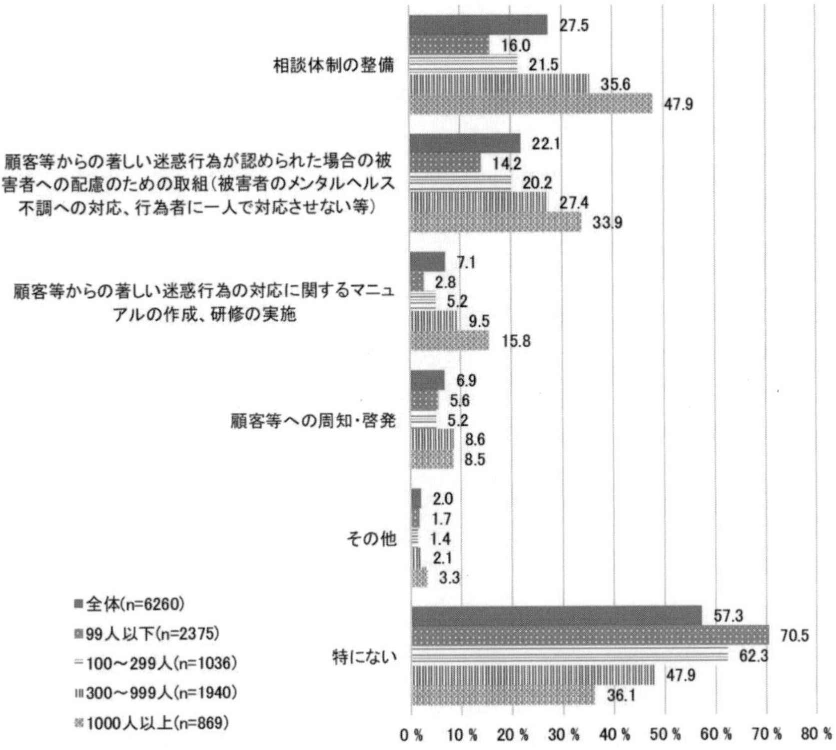

| | 全体(n=6260) | 99人以下(n=2375) | 100～299人(n=1036) | 300～999人(n=1940) | 1000人以上(n=869) |
|---|---|---|---|---|---|
| 相談体制の整備 | 27.5 | 16.0 | 21.5 | 35.6 | 47.9 |
| 顧客等からの著しい迷惑行為が認められた場合の被害者への配慮のための取組（被害者のメンタルヘルス不調への対応、行為者に一人で対応させない等） | 22.1 | 14.2 | 20.2 | 27.4 | 33.9 |
| 顧客等からの著しい迷惑行為の対応に関するマニュアルの作成、研修の実施 | 7.1 | 2.8 | 5.2 | 9.5 | 15.8 |
| 顧客等への周知・啓発 | 6.9 | 5.6 | 5.2 | 8.6 | 8.5 |
| その他 | 2.0 | 1.7 | 1.4 | 2.1 | 3.3 |
| 特にない | 57.3 | 70.5 | 62.3 | 47.9 | 36.1 |

0％　10％　20％　30％　40％　50％　60％　70％　80％

※出典：厚生労働省　令和２年度委託事業「職場のハラスメントに関する実態調査」

加害者が「顧客」であるため、未然防止の働きかけが難しく、事案発生後の対応も難しい（指導・懲戒などができない）社内の関係部門の連携、弁護士との連携、業界として所管官庁との連携が重要となる。

（３）要件について

①顧客等

- 今後商品・サービスを利用する可能性のある潜在的な顧客を含む。

②要件１（要求内容の妥当性，態様の社会通念上の相当性）

- 顧客等の要求の内容が著しく妥当性を欠く場合には、その実現のための手段・態様がどのようなものであっても、社会通念上不相当とされる可能性が高くなる。

- 顧客等の要求の内容に妥当性がある場合であっても、その実現のための手段・態様の悪質性が高い場合は、社会通念上不相当とされることがある。

③要件２（就業環境が害される）

「労働者の就業環境が害される」とは、労働者が、人格や尊厳を侵害する言動により身体的・精神的に苦痛を与えられ、就業環境が不快なものとなったために能力の発揮に重大な悪影響が生じる等の当該労働者が就業する上で看過できない程度の支障が生じることを指す。

④顧客等の要求が妥当性を欠く場合の例

- 企業の提供する商品・サービスに瑕疵・過失が認められない場合
- 要求の内容が、企業の提供する商品・サービスの内容とは関係がない場合

⑤要求を実現するための手段・態様が社会通念上不相当な言動の例（要求内容の妥当性にかかわらず不相当とされる可能性が高いもの）

- 身体的な攻撃
- 精神的な攻撃（脅迫、中傷、名誉毀損、侮辱、暴言）
- 威圧的な言動
- 土下座の要求
- 継続的な（繰り返される）、執拗な（しつこい）言動
- 拘束的な行動（不退去、居座り、監禁）
- 差別的な言動
- 従業員個人への攻撃、要求（要求内容の妥当性に照らして不相当とされる場合があるもの）
- 商品交換の要求
- 金銭補償の要求
- 謝罪の要求（土下座を除く）

厚生労働省「カスタマーハラスメント対策企業マニュアル」より抜粋

| 1 事業主の基本方針･基本姿勢の明確化、従業員への周知・啓発 |
| --- |
| ⑴ 組織のトップが、カスハラ対策への取組の基本方針・基本姿勢を明確に示す。<br>⑵ カスハラから、組織として従業員を守るという基本方針・基本姿勢、従業員の対応の在り方を従業員に周知・啓発し、教育する。 |
| 2 従業員（被害者）のための相談対応体制の整備 ※詳細は後述 |
| ⑴ カスハラを受けた従業員が相談できるよう相談対応者を決めておく、または相談窓口を設置し、従業員に広く周知する。<br>⑵ 相談対応者が相談の内容や状況に応じ適切に対応できるようにする。<br>⇒ 相談対応者が適切に相談対応するためには、人事労務部門や法務部門、外部関係機関（弁護士等）と連携できるような体制を構築するとともに、具体的な対応方法をまとめたマニュアルを整備し、相談対応者向けに定期的に研修等を実施することが有効である。<br>⑶ カスハラ対策を中心となって進める組織の設置<br>⇒ カスハラに対応する体制を構築する上では、相談対応者・相談窓口とは別に、カスハラ対策を推進し、取組全体を所管する組織があるとよい。 |

## 2．従業員（被害者）のための相談対応体制の整備」について

（1）相談対応者

①適任者

従業員からカスハラに関する相談を受ける相談対応者は、日頃から現場の状況に精通していることや、何かトラブルがあった際も現場に急行しやすいことから、相談者の上司、現場の管理監督者が担うことが考えられる。

②相談窓口

ハラスメント相談窓口や社内ヘルプライン等で対応できるようにするなど、社内関係部署（人事労務部門、法務部門等）や、外部関係機関と連携を取りやすくする。

（２）相談対応者の役割

相談の受付（一次対応），発生した事実の確認，関係部署への情報共有等

①事実確認の方法

相談者及び他の従業員に状況を確認する、店舗等における録画や録音が残っていれば相談者とともに内容を確認するなど

②関係部署への情報共有等

必要に応じて関係部署と連携しながら、顧客等への対応方法の検討・実施、相談者へのフォロー等を行う。

⇒相談対応者は、現場の状況把握や事実確認と報告、顧客等への対応、相談者へのフォローなどの役割を担い、状況によっては、その場でカスハラかどうかの判断やそれに応じた顧客対応を求められることもある。

⇒相談者への教育：定期的な研修が必要
相談対応者は、社内であらかじめ定めた基準や対応手順を理解し、ケーススタディ等を通して対応例を想定しておく必要がある。

（３）相談対応を行う上での留意点

カスハラが実際に発生している場合だけでなく、発生のおそれがある場合やカスハラに該当するか判断がつかない場合も含めて、幅広く相談に応じて迅速かつ適切に対応する。

- ●軽微と思われる事案であっても深刻な問題が潜んでいる場合がある。
  ⇒初期対応次第で、相談者の不信感を生むことや問題解決に支障が出ること、会社や上司に不信感を生じさせる可能性があるので、丁寧な対応が望まれる。
- ●相談者の話を傾聴する姿勢が重要で、詰問にならないように留意する必要がある。
- ●相談者から「死にたい」などと自殺を暗示する言動があった場合は、相談対応者は人事部門と連携し、直ちに産業医、産業カウンセラー等の医療専門家につなぐことが求められる。

（4）カスハラ対策を中心となって進める組織

カスハラ対策を中心となって進める組織を設置し、企業として一体的に対応できるようにしておくことが望まれる。

①カスハラ対策を中心となって進める組織の役割

- ●本社組織（人事労務部門、カスタマーサービス部門、法務部門など）が中心となって対策推進チームを設け、基本方針や対応方法・手順の作成、教育や周知、再発防止策の検討・実施を取りまとめる。
- ●相談対応者や相談窓口等から受けた情報をもとに、法的対応や外部機関との連携が必要となる事案について判断、アドバイスを行う。

| 3　対応方法、手順の策定 |
|---|
| ⑴ 現場での初期対応の方法、手順<br>●カスハラを受けた際に慌てず適切な対応が取れるように、対応方法等をあらかじめ決めておく。<br>⑵ 内部手続（報告・相談、指示・助言）の方法、手順（本社･本部との連携が必要な場合）<br>●法的な手続や、警察や弁護士等との連携が必要な場合等、現場対応だけでは解決できないケースのように、本部･本社への報告が必要な事項・報告する場合の手続を事前に決めておく。<br>⇒ 顧客対応を行った従業員から、相談を受けた現場監督者、または相談窓口から状況に応じて本社･本部へ情報共有を行い、指示を仰ぐ形となる。<br>⇒ クレーム対応の延長として、カスハラの相談手続を扱うようにしておくとよい。 |

### 4　社内対応ルールの従業員等への教育・研修

●可能な限り全員が受講し、かつ定期的に実施することが重要

⇒ 中途入社の従業員や顧客対応を行うアルバイト等にも入社時に研修や説明を行うなど、漏れなく全員が受講できるようにする。

⇒ 経営層のメッセージ（基本方針・基本姿勢）を含めることや、あらかじめ定めた対応方法や手順、顧客等への接し方のポイントといった接客実務に関する内容を盛り込むことが求められる。

⇒ 階層別に経営層や相談対応者（上司、現場監督者）への教育・研修を行うことも重要である。

### 5　事実関係の正確な確認と事案への対応

顧客等の主張をもとに、それが事実であるかを確かな証拠・証言に基づいて確認する。

事実かどうかの判断については、周囲や管理者に相談する等、複数名で判断する。たとえ、「今すぐ答えを出せ」と言われても、明らかな事情がない限り、極力その場で答えを出さないようにする。

顧客等の主張が事実と異なる場合には指摘をし、事実ならば企業として適切な対応を検討する。

(1)　事実関係の整理・判断

従業員から相談を受けた場合、まずは事実関係を整理し、顧客等から受けた言動がハラスメント行為にあたるかどうか判断する必要がある。

(2)　事実関係の確認後の事案への対応

事実関係の確認が完了したのち、カスハラであると判断するに至った場合には、あらかじめ策定した手順・基準に沿って判断、対応する。

(行為者への対応事例)

●責任のある立場の者から行為者へ帰ってもらう旨を伝える。

●出入り禁止を通告する。

6 従業員への配慮の措置

●従業員の安全確保の配慮

顧客等が、殴る、蹴る、物を投げるといった暴力行為や身体に触るといったセクハラ行為を行ってくる場合、従業員の安全確保を行わなければならない。

(例)

●現場監督者が顧客対応を代わり、顧客等から従業員を引き離す。

●状況に応じて、弁護士や管轄の警察と連携を取りながら、本人の安全を確保する。

●精神面への配慮

(従業員にメンタルヘルス不調の兆候がある場合の配慮の例)

●産業医や産業カウンセラー、臨床心理士等の専門家に相談対応を依頼してアフターケアを行う。

●専門の医療機関への受診を促す。

(その他、従業員の心の健康の保持増進を図る配慮の例)

●定期的にストレスチェックを行う等、従業員の状況を確認し、問題がある場合は産業医への相談を促す。

(被害内容に合わせた配慮の例)

●セクシュアルハラスメントを受けた場合に、同性の相談対応者が対応する。

**7　再発防止のための取組**

●接客対応の改善

従業員の接客態度によりクレームがカスハラに発展するようなケースについては、その接客対応の改善によって再発防止を図ることが可能である。

（接客対応の改善のための方法の例）

●現場を預かる管理職が現場の従業員に注意喚起をする。

●接客対応に関する研修やＥラーニングによる周知

●社内事例ごとに検証し、新たな防止策を検討し、毎年のトップメッセージやクレーム対応マニュアル、研修などの見直し・改善に役立てる。

●プライバシーに配慮しつつ、同様の問題が発生しないように、社内会議等で情報共有する。

（再発防止のための取組事例）

●朝礼をはじめとした従業員が集まる場で、トラブル事例を共有するようにする。

●報告書等をまとめ、社内関係者に共有する。

●多発するトラブル事例については、勉強会を行い、関係部署に情報共有する。

●個人情報には触れないような形で、トラブル事案を類型化し、ガイドラインなどでまとめて従業員に共有する。

（５）カスハラの発生状況の迅速な把握と情報の記録の工夫

①ハラスメント発生状況の迅速な把握

（能動的に情報を取得する取組・仕組の例）

●緊急事態報告メールを専門部署に連絡させる。

●現場従業員から上長への電話（不在時にはエリア担当者への電話）を徹底する。

●担当部門の部門長が事例発生後すぐに情報共有する。

●事故報告書作成前に、関係部署へで相談し、対応方法を検討し、早期に対応する。

●通話内容を文字化するシステムで、テキストをリアルタイムにチェックする。

- 現場では上長が把握し、本部には上長から報告を入れる。
- 本社で警察 OB を雇い、現場を巡回させて状況を把握するようにする。
- 年に１・２回上長と従業員の間で面談を実施する。
- LINE グループを作成し、悩み事や気づいたこと等は随時共有する。
- 必要に応じて電話を録音する、接客の状況を録画する。

②事案発生後の振り返りのための情報の記録・管理

（共有・報告の例）

- 緊急システムで直接事案の概要等を入力させる。
- レポートを上げるように指示を出しておき、起票されたものを担当者が確認する。
- 事件発生を事故報告書に記録する。
- 営業日誌で共有する。

［東京地判 H30.11.2］

買い物客とトラブルになった小売店の店員が、会社に対し、安全配慮義務違反を理由として、損害賠償請求した。

⇒ 会社が以下の措置を講じていたことから、店員に接客トラブルが生じた場合の相談体制が十分整えられていたとして、会社の安全配慮義務違反を否定した。

- 誤解に基づく申出や苦情を述べる顧客への対応について、入社時にテキストを配布して初期対応を指導していた。
- サポートディスクや近隣店舗のマネージャー等に連絡できるようにしていた。
- 深夜においても店舗を２名体制にしていた。

# 第５節　職場におけるパワーハラスメントの理解

> **労働施策総合推進法**
> 30 条の２　（職場における優越的な関係を背景とした言動に起因する問題に関する雇用管理上の措置等）
> 　事業主は、職場において行われる優越的な関係を背景とした言動であって、業務上必要かつ相当な範囲を超えたものによりその雇用する労働者の就業環境が害されることのないよう、当該労働者からの相談に応じ、適切に対応するために必要な体制の整備その他の雇用管理上必要な措置を講じなければならない。

## １　意義

「職場におけるパワーハラスメント」とは、職場において行われる優越的な関係を背景とした言動であって、業務上必要かつ相当な範囲を超えたものにより、その雇用する労働者の就業環境が害されることである。

近時、職場におけるパワーハラスメント（パワハラ）が社会問題化しており、「働き方改革実行計画（2017 年３月）」でも、具体的な施策の１つとして、「メンタルヘルス・パワーハラスメント防止対策の取組強化」をあげている。

パワーハラスメントの相談は増加傾向にあり、都道府県労働局では、「いじめ・嫌がらせ」に関する相談件数が 10 年間で２倍以上に増えており、民事上の個別労働紛争相談件数に占める「いじめ・嫌がらせ」の割合も 20%を超えている。会社の相談窓口においても従業員から相談の多い上位２テーマをあげたアンケートでは、パワーハラスメントの相談が最も多いというデータもある。

こうした中、2019 年５月に労働施策総合推進法が改正され、事業主は職場におけるパワーハラスメントに起因する問題に適切に対応するために必要な体制の整備その他の雇用管理上必要な措置を講じなければならないとする規定が新設された（同法 30 条の２）。

［民事上の個別労働紛争｜主な相談内容別の件数推移（10年間）］

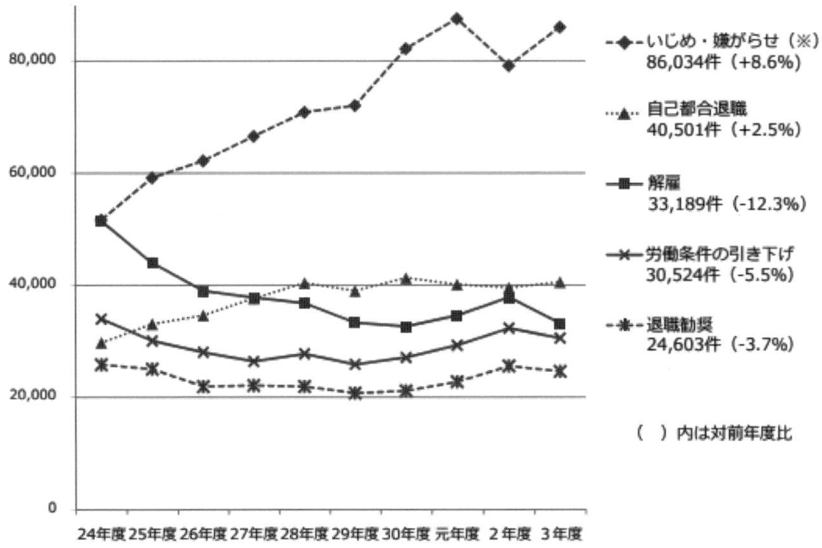


※出典：厚生労働省「令和３年度個別労働紛争解決制度の施行状況」

［従業員から相談の多い上位２テーマ］

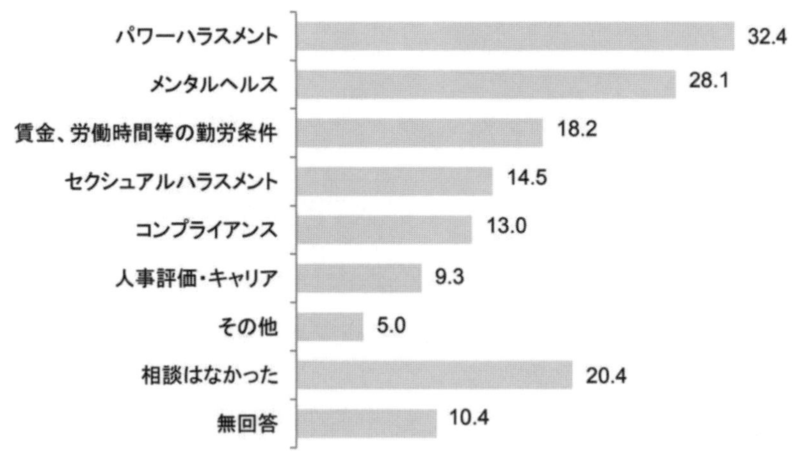


※出典：厚労省「職場のパワーハラスメントに関する実態調査」報告書（2017.3）図表27

## ２　６類型

職場におけるパワーハラスメントの行為類型は大きく６類型に分けられる（パワハラ対策マニュアル※）。

※パワハラ対策マニュアル：「パワーハラスメント対策導入マニュアル 第４版」（厚生労働省）

但し、これら６類型が職場におけるパワーハラスメントのすべてを網羅するものではなく、これ以外の言動は問題ないということではないことに留意しなければならない。

①身体的な攻撃（暴行・傷害）

［該当例］

- 指示に従わない部下を殴打する。
- 不手際のあった部下の頭を丸刈りにする。

②精神的な攻撃（脅迫・名誉棄損・侮辱・ひどい暴言等）

［該当例］

- 部下を何度も大声で怒鳴る、激しい叱責を執拗に繰り返す等により、恐怖を感じさせる。
- ミスの目立つ部下に対し、「新入社員以下だ」「なんでわからない。お前は馬鹿だ」「役立たず」「給料泥棒」「死ね」等の人格否定、名誉感情をいたずらに害するような発言を繰り返す。
- ミスをした部下を同僚の目の前で執拗に叱責したり、同僚も宛先に含めてメールで繰り返し罵倒する。

③人間関係からの切り離し（隔離・仲間はずし・無視）

［該当例］

- 意に沿わない部下をプロジェクトから外し、長期間にわたり、別室に隔離したり自宅研修させたりする。

④過大な要求（業務上明らかに不要なことや遂行不可能なことの強制、仕事の妨害）

［該当例］

- １年以上にわたり、他の従業員より高いノルマを課し、達成できないことに対して人前で叱責する。
- 退職させるため、本人の希望や具体的な業務の必要性を考慮せず、十分な指導を行わないまま、過去に経験のない業務に配転し、些細なミスを叱責する。

- 販売目標未達成の罰として、研修会にコスチュームを着用して参加することを実質的に強要する。

⑤過小な要求（業務上の合理性なく、能力や経験とかけ離れた程度の低い仕事を命じることや仕事を与えない）

［該当例］

- 管理職である部下を退職させるため、誰でも遂行可能な受付業務を行わせる。
- 内部通報した社員を新入職員と同じ職務に配置転換する。
- 事務職なのに倉庫業務だけを命じられる。

⑥個の侵害（私的なことに過度に立ち入る）

［例］

- 学歴や容姿に言及しつつ、執拗に笑い者にする。
- アルコール耐性が弱い部下に対し、出張先のホテルで、「少しぐらいなら大丈夫だろ」「俺の酒は飲めないのか」などと語気を荒げ、執拗に飲酒を要求する（いわゆる「アルコールハラスメント」の事案である）。
- 社員旅行への参加を強要する。
- 部下に上司の私用を繰り返しやらせる。
- リフレッシュ休暇取得後間もない時期に年次有給休暇取得の申請をしたことに対して、「そんなに休むと、上は必要ない人間だと言う」などの発言をし、休暇申請取下げに至らしめる。
- 特定の政党の党員であることを理由として、職場内外で継続的に監視したり、他の従業員に接触しないよう働きかけたり、ロッカー等を無断で開けて私物の写真撮影をしたりする。

### ３　論点－優越的な関係を背景とした言動

職場におけるパワーハラスメントの要件である「優越的な関係を背景とした言動」とは、行為を受ける者が行為者に対して抵抗または拒絶できない蓋然性が高い関係に基づいて行われる言動である。

「優越的な関係」は、業務上の地位のほか、人間関係や専門知識、経験などからくる様々な優位性が含まれる。従って、上司から部下に対する言動だけでなく、次のような同僚間の言動、部下から上司への言動、非正規社員から正社員への言動も、パワーハラスメントとなりうる。

［上司以外に職場内の優越的な関係が認められる場合の例］

- ●同僚または部下が業務上必要な知識・経験を有し、その者の協力を得なければ業務の円滑な遂行を行うことが困難である場合
- ●同僚または部下からの集団による言動で、これに抵抗又は拒絶することが困難である場合

［上司以外の者による言動のパワハラ該当例］

- ●初めて現場に移動してきた正社員が、経験豊富なパート社員たちに経験者でないと分からないことを質問したところ、パート社員たちが、「上司のあなたが知らないことを私達パートが知ってるわけないじゃない。」と言い続けて相手にしなかったために、正社員がストレスを受けて休職してしまった。

なお、同僚同士で業務上関係のない喧嘩になったような場合は、特に優越的な関係はみられないから、事業主の防止のための措置義務の対象となる「職場におけるパワーハラスメント」には該当しない。もっとも、事業主は安全配慮義務（労働契約法５条）や労働者が働きやすい職場環境を整備し保つよう配慮すべき義務を負うとされるから、同僚同士の喧嘩であっても放置すべきではない場合もある。

## ４　論点－業務上必要かつ相当な範囲を超えたもの

職場におけるパワーハラスメントの要件である「業務上必要かつ相当な範囲を超えたもの」とは、社会通念に照らし、当該行為が明らかに業務上の必要性がない、またはその態様が相当でないものであることである。

すなわち、その言動に客観的な業務上の必要性があり、態様が社会通念上相当であれば、受け手が不満を感じたとしても、事業主の防止のための措置義務の対象となるパワーハラスメントには該当しない。

［業務の適正な範囲を超えて行われる例］

- ●業務上明らかに必要のない行為
- ●業務の目的を大きく逸脱した行為、業務遂行の手段として不適当な行為
- ●行為の回数、行為者の数、態様・手段が社会通念に照らして許容される範囲を超える行為

［身体的な攻撃について］

- ●指示に従わない部下を殴打するような「身体的な攻撃」は、客観的な業務

上の必要性すら認められず、原則として「職場におけるパワーハラスメント」に該当する。

［精神的な攻撃について］

●部下の業務上のミス等を厳しく叱責することがあったとしても、人格否定・人格攻撃の内容を含んでいたり、名誉感情をいたずらに害したり恐怖を感じさせるような言動になったりしていなければ、その態様が社会通念上相当でないとまではいえないから、「職場におけるパワーハラスメント」には該当しない。
例えば、遅刻や服装の乱れなど社会的ルールやマナーを欠いた言動がみられ、再三注意してもそれが改善されない部下に対して上司が強く注意をすることや、不正経理の是正を指示したのに１年以上是正されなかったため上司が叱責することは、通常は「職場におけるパワーハラスメント」には該当しないといえる。

［人間関係からの切り離しについて］

●新入社員を育成するために短期間集中的に個室で研修等の教育を実施するという程度では、その態様が社会通念上相当でないとまではいえないから、「職場におけるパワーハラスメント」には該当しない。
●しかし、意に沿わない部下をプロジェクトから外し、長期間にわたり別室に隔離するといった態様は、社会通念上相当でないといえるから、「職場におけるパワーハラスメント」に該当する可能性が高い。

［過大な要求について］

●社員を育成するために現状よりも少し高いレベルの業務を任せる程度では、社会通念上相当でないとまではいえないから、「職場におけるパワーハラスメント」には該当しない。
●しかし、１年以上にわたり、他の従業員より高いノルマを課し、達成できないことに対して人前で叱責するような場合は、客観的な業務上の必要性が認められないか、またはその態様が社会通念上相当でないといえるから、「職場におけるパワーハラスメント」に該当する可能性が高い。

［過小な要求について］

●経営上の理由により、一時的に、能力に見合わない簡易な業務に就かせたり、管理職を権限のない役職に降格するような場合は、客観的な業務上の必要性と社会通念上の相当性が認められ、「職場におけるパワーハラスメント」には該当しない場合が多い。

- しかし、管理職である部下を退職させるために誰でも遂行可能な受付業務を行わせる場合や、内部通報した社員を新入職員と同じ職務に配置転換する場合などは、客観的な業務上の必要性が認められないか、またはその態様が社会通念上相当でないといえるから、「職場におけるパワーハラスメント」に該当する可能性が高い。

［個の侵害について］

- 社員の業務分担や時間外労働への配慮を目的として、社員の家族の状況等についてヒアリングを行うことは、客観的な業務上の必要性と社会通念上の相当性が認められ「職場におけるパワーハラスメント」には該当しない場合が多い。
- しかし、興味本位で出身校や家庭の事情等をしつこく聞き、受け手が抗議してもやめないような場合は、客観的な業務上の必要性が認められないか、またはその態様が社会通念上の相当でないといえるから、「職場におけるパワーハラスメント」に該当する可能性が高い。

## ５　就業環境が害されること

職場におけるパワーハラスメントの要件である労働者の「就業環境が害される」とは、行為を受けた者が身体的もしくは精神的に圧力を加えられ負担と感じること、または行為を受けた者の職場環境が不快なものとなったため、能力の発揮に重大な悪影響が生じる等、当該労働者が就業する上で看過できない程度の支障が生じることである。

「就業環境が害される」かの判断は、「平均的な労働者の感じ方」を基準とすることが適当であるとされる。

例えば、部下に至急の業務を命令した上司が、自らは進捗を確認することなく、部下から進捗を報告しなかった旨を責めるメールを送信して帰宅したというような場合は、部下が強い不満・不快感を抱いたとしても、一般的にみて、それだけでは就業する上で看過できない程度の支障が生じたとまでは言い難い（「就業環境が害される」とまではいえない）から、「職場におけるパワーハラスメント」には該当しないといえる。

## 6　論点－労働者、職場

職場におけるパワーハラスメントの要件である「労働者」や「職場」の意味は、職場におけるセクシュアルハラスメントの要件である「労働者」や「職場」と同じである。

（☞P.18「第2節　4　論点－労働者」およびP.19「5　論点－職場」を参照）

## 7　注意・指導とパワハラ

（1）グレーゾーンの問題

「職場におけるパワーハラスメント」に該当することが明らかな悪質な態様の言動（あからさまなハラスメント）は、会社として、被害者の保護や行為者の処分など、迅速に対応すべき事案であるといえる。

ここで、職場におけるパワーハラスメントの要件には、「業務上必要かつ相当な範囲を超えたもの」と「労働者の就業環境が害されること」という、社会通念や一般の労働者を基準とした判断をしなければならないものがあるため、当該言動が事業主の防止のための措置義務（労働施策総合推進法30条の2）の対象となる「職場におけるパワーハラスメント」であるかどうかの判断に迷う「グレーゾーン」にあるものが多い。行為者も明確なパワハラの認識がなく、「受け手に業務上のミスがあるのだからこれくらい言われても当然」等と考えている場合もある。

しかし、グレーゾーンの問題を「パワハラとは断定できない」として会社が放置すると、行為者の歯止めが利かなくなって「職場におけるパワーハラスメント」に発展する場合がある。また、パワーハラスメントが問題となる事案には、受け手の側に注意・指導の対象となる原因があり、それが改善されないために、行為者が忍耐しながら注意・指導を続けてきたというケースがある。このようなケースを放置していると、やがて上司の我慢の限界（決壊点）を超えて「職場におけるパワーハラスメント」といえる言動に発展してしまう場合がある。上司の部下に対する叱責が日常化すると、職場環境が悪化していき、労働者が円滑で快適な人間関係を築くことができなくなっていくおそれもある。

従って、「職場におけるパワーハラスメント」と断定できないグレーゾーンの言動であっても、「その職場を運営していく上であってはならない言動・状況」と判断できるのであれば、会社としては、行為者への注意・指導や席替え・配置転換の実施など、何らかの措置を講ずるべきである。

グレーゾーンの問題については、行為者が無自覚な場合が特に多いので、注意・指導は行為者が問題点を意識できるように行う配慮が求められる（無自覚な行為者に頭ごなしに注意すると、行為者が受けいれることができず、問題が複雑化してしまうことがある）。また、何が問題なのかについて認識を揃えるための職場の取り組みや、問題があれば指摘できる職場の雰囲気の醸成といった、意識的なコミュニケーションも求められる。

（２）注意・指導の必要性

個人の受け取り方によって、指示や注意・指導に不満を感じる場合でも、業務上の必要な指示や注意・指導が適正な範囲で行われている場合には、厳しい指導があったとしてもパワーハラスメントにあたらない。

しかし、グレーゾーンの問題については、部下に対する注意・指導が実際には社会通念上相当な態様であったにも関わらず「パワハラだ」と非難され、会社がフォローすることなく放置してしまうことで、上司が部下に対する注意・指導に消極的になってしまうといったリスクもある。

組織においては、上司は、自らの職位・職能に応じて権限を発揮し、部下に対して業務上の指揮監督や教育指導を行い、上司としての役割を遂行することが求められる。この上司の役割が遂行できなくなると、その組織は組織としての体をなさなくなってしまう。

従って、職場のパワーハラスメント対策は、上司の適正な指導を妨げるものではないということには留意しなければならない（パワハラ対策マニュアル同旨）。

［注意・指導とパワハラの例］

- 得意先との重要なアポに遅刻した部下に対し、上司が「何やってるんだ」と叱責することは、通常は、業務上の必要性・社会通念上の相当性が認められ、「職場におけるパワーハラスメント」には該当しない。
- ミスの目立つ部下に対し、叱責にとどまらず、「お前みたいなのと仕事したくないよ」「仕事しなくていいよ。もう帰れ」「小学生でも間違えないよ」などと人格攻撃にわたったり名誉感情をいたずらに害する罵倒を繰り返すことは、社会通念上の相当性を認めがたいから、「職場におけるパワーハラスメント」に該当する可能性が高い。

# 第２章　ハラスメントの法的責任

## １　行為者の法的責任

### （１）民事責任

職場におけるハラスメントは、それが被害者の身体的自由、性的自由、人格権などを侵害する場合は、当該言動は不法行為となり、行為者は被害者に対し、不法行為責任として損害賠償義務を負う（民法709条）。

不法行為に基づく損害賠償の内容は、主に慰謝料であるが、被害者が退職した場合などには、逸失利益（退職後１年分の賃金相当額、退職後再就職までの賃金相当額など）まで認められることもある。被害者が自殺してしまった場合には数千万円の損害賠償が認められるケースもある。

［行為者の損害賠償責任が認められた裁判例］

※会社の損害賠償責任については、後述する。（☞P.62「２　会社の法的責任」）。

●東京地裁H26.２.28判決

取締役が女性従業員Xに対し、約２か月間にわたって「１度寝てみたい。２回も夢を見た」と発言したり腕・胸などを触るなどしたが、Xからの明確な拒否はなかった事例で、「真意に基づく承諾なしに」性的羞恥心を害する言動をしたとして、66万円の損害賠償（慰謝料60万円＋弁護士費用６万円）を命じた。

●広島地裁H19.３.13判決

忘年会で、営業所長らが保険外交員女性複数名に対し、背後から羽交い締めにしてカニばさみして脇の下から両手を回して抱きつく等の行為をしたが、明確な拒否はなかった事例（嬌声をあげて騒ぎ立てる場面もあり）で、被害者側の落ち度を考慮して過失相殺のうえ、132万円の損害賠償（慰謝料120万円＋弁護士費用12万円）を命じた。

●広島高裁H16.９.２判決

営業所を統括するブロック長が女性従業員に対し、性的会話を頻繁にしたり卑猥なメールを十数回送信したりして度々性交渉を求め、やむなく了承した女性従業員と性交渉を持ち、再度ホテルに誘ったが拒否されたため、営業所内で自身の性器を露出して見せたり逃げる女性従業員を机の上に押し倒すなどした事例で、145万円の損害賠償（慰謝料130万円＋弁護士費用15万円）を命じた。

●東京地裁 H22.１.29判決

パソコン作業が不可欠である事業部門にパソコンに対する能力不足のまま配属された契約社員Ｘに対し、Ｘが業務について満足な指導を受けることができていないことを知りうる状況にあるＹ部長が、会議の席上で、厳しく、仕事ぶりが稽古事のようであると揶揄し、金員を要求するような言動をしたり、退職を勧めるような言動をしたことについて、不法行為を構成するとした。

会社の使用者責任については、Ｙ部長の不法行為は、勤務時間中に、職場で行われたものであるから、Ｘが被った損害は、Ｙ部長が使用者の事業の執行について加えた損害にあたり、会社は使用者責任を負うとした。

Ｙ部長及び会社は連帯して55万円（慰謝料50万円＋弁護士費用５万円）の損害を賠償するよう判示した。

●仙台高裁秋田支部 H４.12.25判決

鉄道会社勤務の労働者が労働組合のマークが入ったベルトを着用していたところ、上司が就業規則違反を理由に、就業規則全文の書き写しを命じ、手を休めると怒鳴ったり、用便に行くことも容易に認めず、湯茶を飲むことも許さず、腹痛により病院に行くこともしばらく聞き入れなかった。この上司の行為は、合理的・教育的意義を認め難く、人格を徒らに傷つけ健康状態に対する配慮を怠るものであったこと、教育訓練は見せしめを兼ねた懲罰的目的からなされたものと推認され、目的においても不当なもので、肉体的精神的苦痛を与えて労働者の人格権を侵害するものであり、教育訓練についての企業の裁量を逸脱、濫用した違法なものであるとした。

上司と会社（使用者責任）は連帯して25万円（慰謝料20万円＋弁護士費用５万円）の損害を賠償するよう判示した。

●東京地裁八王子支部 H２.２.１判決

工場に勤務していた労働者の後片付けの不備、伝言による年休申請に対し、上司が、①注意し叱責するとともに、②反省文の提出や後片付けの再現等を求める注意指導を行ったことに対し、①は指導監督上必要な範囲内の行為とした上で、②は、指導監督権の行使としては裁量の範囲を逸脱し違法性を帯び不法行為が成立するとした。

上司と会社（使用者責任）に対し、連帯して15万円の損害の賠償をするよう判示した。

●大分地裁 H25. 2 .20 判決

販売目標未達成の罰として、研修会にコスチューム（ウサギの耳の形のカチューシャ、上半身は白い襦袢の上に紫の小袖と青色の肩衣、下半身は黄色の袴）を着用して参加させた（被害者の明確な拒否はなし）。その後、他の研修会でその際に撮影したスライドが投影された。判決は、コスチューム着用をその場で拒否することは非常に困難であった等として、22 万円の損害賠償（慰謝料 20 万円＋弁護士費用２万円）を命じた。

●福井地裁 H26.11.28 判決

仕事のミスに対する叱責の域を超えた人格否定・威迫のパワハラにより、被害者が自殺したため、遺族が損害賠償請求をした事件で、判決は、行為者に対し、約 7260 万円の損害賠償（逸失利益約 4360 万円、慰謝料約 2300 万円、弁護士費用約 600 万円）を命じた。

（2）刑事責任

職場におけるハラスメント行為を犯罪とする法律はないが、職場におけるハラスメントが以下の犯罪行為に該当する場合がある。

なお、職場におけるハラスメントは、事業者による相談対応や自主的解決の努力等により刑事事件になることは多くないと思われる。しかし、社外の者が被害者となる場合は、加害者従業員が逮捕されて報道されることも多い（女子大学生が就職活動で OB 訪問をした際に大学 OB である男性従業員からわいせつ行為をされたとして、当該従業員が不同意わいせつ罪で逮捕されたという報道がしばしばみられる）。

①不同意わいせつ罪（刑法 176 条）
②不同意性交等罪（刑法 177 条）
③傷害罪（刑法 204 条）
④暴行罪（刑法 208 条）
⑤強要罪（刑法 223 条）
⑥名誉毀損罪（刑法 230 条）

※①～⑥は、資料集（P.202～204）を参照

## ２　会社の法的責任

### （１）使用者責任

ある事業のために他人を使用する者は、被用者が「その事業の執行について第三者に加えた損害を賠償する責任を負う」(民法715条本文)。すなわち、従業員や役員の言動が不法行為に該当する場合には、当該言動が「その事業の執行について」行われたものである場合には、会社（使用者）は、従業員や役員と連帯して損害賠償責任を負うことになる。この責任を「使用者責任」という。

注意しなければならないのは、裁判例が、被害者保護の見地から、「その事業の執行について」の意味を緩やかに解していることである。すなわち、勤務時間外・業務外であっても、職務（事業）と「密接な関連性がある行為」であれば、使用者の「事業の執行について」行われたとして、会社の使用者責任を認めている。

例えば、会社の忘年会におけるわいせつな言動が「職務と密接な関連性がある」として、会社の使用者責任が認められた裁判例がある。また、人事権を有する役員が勤務時間外に女性従業員宅を訪問して行ったわいせつ行為が役員の地位を利用して行われた「職務と密接な関連性がある」行為であるとして、会社の使用者責任が認められた裁判例もみられる。

[会社の使用者責任を認めた裁判例]

●東京地裁 H15.６.６判決

商品開発チーム編成顔合わせ懇親会の三次会の終了後（午前１時ころ）に、帰宅のために呼んだタクシーに同乗した女子従業員Ｘ(女性)に対し、Ｙ取締役が、覆いかぶさるようにして執拗に唇にキスをするなどした事例で、判決は、Ｘの人格権を侵害するとしてＹ取締役の不法行為責任と、会社の使用者責任を認めた。会社の使用者責任に関して判決は、Ｙ取締役によるセクハラ行為は、会社の業務に近接して、その延長において、上司としての地位を利用して行われたものであり、会社の職務と密接な関連性があり、会社の事業の執行につき行われたというべきであるとした。

Ｙ取締役と会社で連帯して、約291万円の損害賠償（治療費約１万円＋退職による逸失利益120万円（手取り月給約20万円だったが再就職までに６か月要した）＋慰謝料150万円＋弁護士費用20万円）を命じた。

●東京高裁 H24. 8 .29 判決

就職内定を得た女子大生Xが卒業前から社宅に入居してアルバイトとして勤務し始めたところ、妻子ある代表取締役 Y が社宅を訪問して X と性交渉を持った事例で、東京高判 H24.8.29 は、代表取締役 Y の不法行為責任を認めた（被害者 X は明確には拒否をしていなかったが、被害者の自由な意思に基づく同意があったとはいえないと認定）。会社の使用者責任について、判決は、代表取締役 Y が女子社員 X 宅を訪問した行為は会社の事業と密接に関連していると認定して肯定した。

代表取締役 Y と会社で連帯して、330 万円の損害賠償（慰謝料 300 万円＋弁護士費用 30 万円）を命じた。

（2）会社固有の損害賠償責任

会社は、使用者責任（行為者の言動が不法行為に該当することが前提）だけでなく、固有の責任として損害賠償義務を負うことがある。

すなわち、会社は、労働者の生命、身体等の安全に必要な配慮をする義務（「安全配慮義務」。労働契約法５条）や、信義則上、労働者が働きやすい職場環境を整備し保つように配慮すべき義務（「職場環境配慮義務」）等を負い、義務違反があるときは、会社は、固有の責任として損害賠償義務を負う（厚生農協連合会事件・津地判 H ９.11. ５（セクハラ）、福島地郡山支判 H25. ８.16（パワハラ））。

これらの義務を怠ってハラスメント行為を放置するなどした場合には、使用者は、被害者に対し、使用者責任とは別に、損害賠償義務を負う。

なお、会社固有の責任は、行為者の言動が不法行為に該当するか否かは問わないから、行為者の言動が不法行為とはいえない場合であっても、損害予防のための対応を怠った会社には固有の責任が認められる可能性がある（ゆうちょ銀行（パワハラ自殺）事件・徳島地判 H30. ７. ９）。

[会社固有の損害賠償責任を認めた裁判例]

●徳島地判 H30.7. 9

入社約 16 年で事務センターに異動した男性従業員 A の業務処理が遅く、書類作成のミスが頻発していた。書類審査担当の主査２名が、ミスのたびに、「ここのとこって前も注意したでえな。確認せえかったん。どこを見たん。」「どこまでできとん。何ができてないん。どこが原因なん。」「何回も言うよな。マニュアルをきちんと見ながらしたら、こんなミスは起こるわけがない。きちんとマニュアルを見ながら、時間がかかってもいいからするようにしてください。」等と叱責した。Ａは複数回元の部署への異動を申し出るも認められず、異動後約１年半で体重が 15kg 減少し（70kg→55kg）、同僚に「死にたい」と言うようになり、同僚が係長に伝えるも係長は真剣に受け止めなかった。Ａは異動後約２年で実家にて縊死した。

判決は、主査２名が頻繁にＡを叱責したのはＡの書類作成上のミスが頻発したからであり、主査２名の言動も人格的非難に及ぶものとまではいえないから、主査２名の一連の叱責は、業務上の指導の範囲を逸脱し社会通念上違法なものであったとまでは認められないとした（主査２名の一連の言動は不法行為とはいえない。このため会社の使用者責任も認められない）。

しかし、会社固有の責任については、係長がＡの体調不良や自殺願望の原因が主査２名との人間関係に起因することを容易に想定できた以上、係長ら上司は異動を含めた対応を検討すべきであったとして、それをしなかったのだから、会社は安全配慮義務違反による債務不履行責任として、遺族に対し約 6142 万円の支払義務を負うとした（逸失利益約 3582 万円＋慰謝料約 2000 万円＋弁護士費用 560 万円）。

※行為者の言動は不法行為とはいえない（違法なパワハラとはいえず行為者に法的責任はない）としつつ、受け手が自殺したことについての会社の固有の損害賠償責任を認めているところに特徴がある。

●富山地裁 H17.２.23 判決

勤務先の闇カルテルを新聞や公正取引委員会に告発した労働者に対し、会社が転勤や昇格停止、長期間にわたる個室への配席等を行ったことについて、人事権行使が裁量を逸脱する違法なものであるとして、不法行為責任（民法 709 条）及び債務不履行責任（民法 415 条）を認めた。

会社に対し、約 1360 万円（慰謝料 200 万円＋財産的損害約 1050 万円＋弁護士費用 110 万円）の損害賠償をするよう判示した。

●さいたま地裁 H16.９.24 判決

看護師が、先輩看護師から飲み会への参加強要や個人的用務の使い走り、何かあると「死ねよ」と告げたり、「殺す」などといった暴言等のいじめを受け、自殺した。この先輩看護師の行為について判決は、遺族に対する不法行為責任を認めた。

また、勤務先の病院固有の責任として、安全配慮義務の債務不履行責任

（民法 415 条）を認めた。

先輩看護師が遺族に対し負うべき損害賠償額を 1000 万円とし、病院は先輩看護師と連帯して 500 万円の損害を賠償するように判示した。

### （3）労災の問題

うつ病などの精神障害を発症した労働者が、ハラスメントにより精神障害になったとして休業補償給付などの労災保険給付の請求を行うことがある。

うつ病等で長期療養（休職）後、解雇・退職となり、精神障害はパワハラによるものだとして労災申請するといったパターンが考えられる。

労災（＝「業務による」強い心理的負荷による精神障害）が認められれば、事業主の安全配慮義務違反等による債務不履行責任などの民事責任も認められやすくなるといえる（労災保険給付の範囲で事業主は損害賠償責任を免れるが、労災保険給付は、例えば休業補償給付は平均賃金の６割であるなど、損害の一部しか填補されないから、その差額について、労働者が民事上の損害賠償請求権を行使することになる）。

また、使用者は、労働者が「業務上」の負傷・疾病の療養のために休業する期間及びその後 30 日間はその労働者を解雇してはならないとされていることから（労基法 19 条１項）、解雇・退職の後に労災が認められると、労働者の職場復帰を準備しなければならなくなるといった問題も生じる。

なお、心理的負荷による精神障害の労災認定については、「心理的負荷による精神障害等に係る業務上外の判断指針」（H11. 9 .14 基発第 544 号）に基づいて、業務上であるかないかの判断が行われている。

これによると、以下のいずれの要件もみたす対象疾病は、「業務上の疾病」（労基法施行規則別表第１の２第９号）として取り扱うものとされている。

①対象疾病（精神障害）を発病していること。

②対象疾病の発病前おおむね６か月の間に、業務による強い心理的負荷が認められること。

③業務以外の心理的負荷及び個体側要因により対象疾病を発病したとは認められないこと。

このうち、②の「心理的負荷」を判断するために、「心理的負荷による精神障害の認定基準」（平成 23 年 12 月 26 日基発 1226 第１号）が策定され、同基準中の「業務による心理的負荷評価表」において、対象疾病の発病に関与したと考えられる業務による出来事等による心理的負荷の程度が「強」「中」

「弱」の三段階に区分されている（総合評価が「強」と判断される場合には、②の認定要件をみたす）。

この「業務による心理的負荷評価表」中に、ハラスメントに関連する出来事の類型と心理的負荷の強度が掲載されており、当該言動がハラスメントに該当するかの判断の際に参考になるため、該当箇所を抜粋して掲載する。

［パワハラ］

<table>
<tr><th rowspan="2">具体的出来事</th><th rowspan="2">心理的負荷の総合評価の視点</th><th colspan="3">心理的負荷の強度を「弱」「中」「強」と判断する具体例</th></tr>
<tr><th>弱</th><th>中</th><th>強</th></tr>
<tr><td rowspan="2">上司等から、身体的攻撃、精神的攻撃等のパワーハラスメントを受けた</td><td rowspan="2">①指導・叱責等の言動に至る経緯や状況<br>②身体的攻撃、精神的攻撃等の内容、程度等<br>③反復・継続など執拗性の状況<br>④就業環境を害する程度<br>⑤会社の対応の有無及び内容、改善の状況<br>（注）当該出来事の評価対象とならない対人関係のトラブルは、出来事の類型「対人関係」の各出来事で評価する。<br>（注）「上司等」には、職務上の地位が上位の者のほか、同僚又は部下であっても、業務上必要な知識や豊富な経験を有しており、その者の協力が得られなければ業務の円滑な遂行を行うことが困難な場合、同僚又は部下からの集団による行為でこれに抵抗又は拒絶することが困難である場合も含む。</td><td colspan="2">【解説】<br>上司等による身体的攻撃、精神的攻撃等が「強」に至らない場合、心理的負荷の総合評価の視点を踏まえて「弱」又は「中」と評価</td><td rowspan="2">上司等から、身体的攻撃、精神的攻撃等のパワーハラスメントを受けた<br>【「強」である例】<br>●上司等から、治療を要する程度の暴行等の身体的攻撃を受けた場合<br>●上司等から、暴行等の身体的攻撃を執拗に受けた場合<br>●上司等による次のような精神的攻撃が執拗に行われた場合<br>◆人格や人間性を否定するような、業務上明らかに必要性がない又は業務の目的を大きく逸脱した精神的攻撃<br>◆必要以上に長時間にわたる厳しい叱責、他の労働者の面前における大声での威圧的な叱責など、態様や手段が社会通念に照らして許容される範囲を超える精神的攻撃<br>●心理的負荷としては「中」程度の身体的攻撃、精神的攻撃等を受けた場合であって、会社に相談しても適切な対応がなく、改善されなかった場合</td></tr>
<tr><td>【「弱」になる例】<br>●上司等による「中」に至らない程度の身体的攻撃、精神的攻撃等が行われた場合</td><td>【「中」になる例】<br>●上司等による次のような身体的攻撃・精神的攻撃が行われ、行為が反復・継続していない場合<br>◆治療を要さない程度の暴行による身体的攻撃<br>◆人格や人間性を否定するような、業務上明らかに必要性がない又は業務の目的を逸脱した精神的攻撃<br>◆必要以上に長時間にわたる叱責、他の労働者の面前における威圧的な叱責など、態様や手段が社会通念に照らして許容される範囲を超える精神的攻撃</td></tr>
<tr><td rowspan="2">同僚等から、暴行又は（ひどい）いじめ・嫌がらせを受けた</td><td rowspan="2">①暴行又はいじめ・嫌がらせの内容、程度等<br>②反復・継続など執拗性の状況<br>③会社の対応の有無及び内容、改善の状況</td><td colspan="2">【解説】<br>同僚等による暴行又はいじめ・嫌がらせが「強」の程度に至らない場合、心理的負荷の総合評価の視点を踏まえて「弱」又は「中」と評価</td><td rowspan="2">同僚等から、暴行又はひどいいじめ・嫌がらせを受けた<br>【「強」である例】<br>●同僚等から、治療を要する程度の暴行等を受けた場合<br>●同僚等から、暴行等を執拗に受けた場合<br>●同僚等から、人格や人間性を否定するような言動を執拗に受けた場合<br>●心理的負荷としては「中」程度の暴行又はいじめ・嫌がらせを受けた場合であって、会社に相談しても適切な対応がなく、改善されなかった場合</td></tr>
<tr><td>【「弱」になる例】<br>●同僚等から、「中」に至らない程度の言動を受けた場合</td><td>【「中」になる例】<br>●同僚等から、治療を要さない程度の暴行を受け、行為が反復・継続していない場合<br>●同僚等から、人格や人間性を否定するような言動を受け、行為が反復・継続していない場合</td></tr>
<tr><td>達成困難なノルマが課された</td><td>①達成できなかったことによる経営上の影響度、ペナルティの程度等<br>②事後対応の困難性等<br>（注）期限に至っていない場合でも、達成できない状況が明らかになった場合にはこの項目で評価する。</td><td>【「弱」になる例】<br>●ノルマが達成できなかったが、何ら事後対応は必要なく、会社から責任を問われること等もなかった<br>●業績目標が達成できなかったものの、当該目標の達成は、強く求められていたものではなかった</td><td>【「中」である例】<br>● ノルマが達成できなかったことによりペナルティ（昇進の遅れ等を含む）があった</td><td>【「強」になる例】<br>● 経営に影響するようなノルマ（達成できなかったことにより倒産を招きかねないもの、大幅な業績悪化につながるもの、会社の信用を著しく傷つけるもの等）が達成できず、そのため、事後対応に多大な労力を費した（懲戒処分、降格、左遷、賠償責任の追及等重いペナルティを課された等を含む）</td></tr>
<tr><td>顧客や取引先からクレームを受けた</td><td>①顧客・取引先の重要性、会社に与えた損害の内容、程度等<br>②事後対応の困難性等<br>（注）この項目は、本人に過失のないクレームについて評価する。</td><td>【「弱」になる例】<br>●顧客等からクレームを受けたが、特に対応を求められるものではなく、取引関係や、業務内容・業務量に大きな変化もなかった</td><td>【「中」である例】<br>●業務に関連して、顧客等からクレーム（納品物の不適合の指摘等その内容が妥当なもの）を受けた</td><td>【「強」になる例】<br>● 顧客や取引先から重大なクレーム（大口の顧客等の喪失を招きかねないもの、会社の信用を著しく傷つけるもの等）を受け、その解消のために他部門や別の取引先と困難な調整に当たった</td></tr>
</table>

［セクハラ］

| 具体的出来事 | 心理的負荷の総合評価の視点 | 心理的負荷の強度を「弱」「中」「強」と判断する具体例 | | |
|---|---|---|---|---|
| | | 弱 | 中 | 強 |
| セクシュアルハラスメントを受けた | ①セクシュアルハラスメントの内容、程度等<br>②その継続する状況<br>③会社の対応の有無及び内容、改善の状況、職場の人間関係等 | 【「弱」になる例】<br>●「〇〇ちゃん」等のセクシュアルハラスメントに当たる発言をされた場合<br>●職場内に水着姿の女性のポスター等を掲示された場合 | 【「中」である例】<br>●胸や腰等への身体接触を含むセクシュアルハラスメントであっても、行為が継続しておらず、会社が適切かつ迅速に対応し発病前に解決した場合<br>●身体接触のない性的な発言のみのセクシュアルハラスメントであって、発言が継続していない場合<br>●身体接触のない性的な発言のみのセクシュアルハラスメントであって、複数回行われたものの、会社が適切かつ迅速に対応し発病前にそれが終了した場合 | 【「強」になる例】<br>●胸や腰等への身体接触を含むセクシュアルハラスメントであって、継続して行われた場合<br>●胸や腰等への身体接触を含むセクシュアルハラスメントであって、行為は継続していないが、会社に相談しても適切な対応がなく、改善されなかった又は会社への相談等の後に職場の人間関係が悪化した場合<br>●身体接触のない性的な発言のみのセクシュアルハラスメントであって、発言の中に人格を否定するようなものを含み、かつ継続してなされた場合<br>●身体接触のない性的な発言のみのセクシュアルハラスメントであって、性的な発言が継続してなされ、かつ会社がセクシュアルハラスメントがあると把握していても適切な対応がなく、改善がなされなかった場合 |

（厚生労働省「精神障害の労災認定」より作成）

## 3　行為者の社内処分

職場におけるハラスメントが生じた事実が確認できた場合には、会社は、行為者に対して、注意・指導するとともに、社内処分を行うことが多い。

事業主は、職場におけるハラスメントにより当該労働者の就業環境が害されることのないよう、雇用管理上必要な措置を講じなければならない。この雇用管理上の措置について、厚生労働省の指針は、事業主の方針等の明確化及びその周知・啓発や相談に応じ、適切に対応するために必要な体制の整備といった予防措置だけでなく、ハラスメントの事実が確認できた場合における被害者に対する配慮のための措置や行為者に対する措置を適正に行うといった危機対応も求めている（パワハラ指針、セクハラ措置指針、マタハラ措置指針、育介指針等）。

従って、会社は、雇用管理上の措置義務として、ハラスメントの予防だけでなく、実際にハラスメントが発生した場合の行為者に対する注意・指導や適正な処分を行うことが求められているといえる。

特に、あからさまなハラスメント（違法なハラスメント）は、被害感情が峻烈なため紛争性が強く、訴訟などの法的手続きにまで発展してしまう可能性が高いから、会社としては、迅速な対応による自主的な解決を試みることが必須といえる。また、あからさまなハラスメントを会社が放置・黙認してしまうと、職場環境が悪化するし、周囲の労働者の会社や上司に対する信頼も失われ、労働者の定着率の低下や優秀な人材の流出に繋がりかねない。

職場におけるハラスメントやそれに類似する行為を行われた場合、行為者に対して上司から注意・指導を行うほかに、会社の行為者に対する社内処分としては、次のものが考えられる。

（1）人事異動等

使用者は、労働契約に基づいて人事権を有し、配置、異動、人事考課、昇進、昇格、降格、解雇などの権限を有する。

ハラスメント行為者に対して、人事異動として配置転換を命じ、被害者と行為者を引き離すのは有効な方法である（配置転換とともに懲戒処分をすることも多い）。

もっとも、権利の濫用は禁止されているため（労働契約法３条５項）、ハラスメントの内容・程度に対し過剰な人事権の行使といえる場合は、権利の濫用と判断される可能性がある。

特に解雇については、客観的に合理的な理由を欠き、社会通念上相当であると認められない場合は、その権利を濫用したものとして無効となる（労働契約法16条）。従って、人事上の異動・降格などの解雇ほど重くない処分とするのが相当・可能なのに解雇をしたら、社会通念上相当であるとは認められず解雇権の濫用と判断される可能性がある。

［人事権行使が争われた裁判例］

●最判 H27.２.26（海遊館事件）

上司が女性派遣社員に対し、１年半余りにわたり極めて不適切なセクハラ発言※を繰り返し、それが一因として女性派遣労働者が退職した事案で、会社が当該上司に対して、懲戒処分としての出勤停止 10 日の処分に加え、給与の不利益を伴う人事上の降格をしたことが、社会通念上相当性を欠くものとはいえず、権利の濫用にはあたらないとした。

**［参考知識：上記判決で認定された極めて不適切なセクハラ発言の例］**

上記判決で認定されたセクハラ発言は、性的な発言というだけでなく、侮辱的内容を多分に含み名誉感情をいたずらに害するという点で、違法な言動であるといえる。

・「いくつになったん。」、「もうそんな歳になったん。結婚もせんでこんな所で何してんの。親泣くで。」
・「30 歳は、二十二、三歳の子から見たら、おばさんやで。」「もうお局さんやで。怖がられてるんちゃうん。」「精算室に V さんが来たときは 22 歳やろ。もう 30 歳になったんやから，あかんな。」
・「30 歳になっても親のすねかじりながらのうのうと生きていけるから、仕事やめられていいなあ。うらやましいわ。」
・「毎月、収入どれくらい。時給いくらなん。社員はもっとあるで。」、「お給料全部使うやろ。足りんやろ。夜の仕事とかせえへんのか。時給いいで。したらええやん。」、「実家に住んでるからそんなん言えるねん、独り暮らしの子は結構やってる。MP のテナントの子もやってるで。チケットブースの子とかもやってる子いてるんちゃう。」

●東京地判 H26. 2 .28

大学教授が恋愛関係にあると思い込んで、女子大学生Ｖ１に抱きついたり大量のメールを送信し、また、女子大学院生 Ｖ２にキスをしたり胸を触ったりした行為について、大学が解雇（普通解雇）した事例で、女子学生らの将来に禍根を残す精神的・肉体的な苦痛を与え、大学・大学院の社会的責任と信用を著しく損なう行為であり、教育者としての資質に疑義をいただかざるを得ないとして、解雇は客観的合理的理由に基づき社会通念上相当であり有効とした。

なお、本件はいわゆるアカデミックハラスメント（学術機関において、教職員の優越的な関係を背景とした学生等に対する言動であって、受け手の修学・教育・研究その他の就業環境が害されること）の事案である。アカデミックハラスメントは、パワーハラスメントまたはセクシュアルハラスメントの一態様またはそれらの複合形態といえる。

（2）懲戒処分

「懲戒処分」とは、使用者が労働者の企業秩序違反行為に対して科す制裁罰である。

企業秩序遵守義務違反に対する懲戒権は、あらかじめ就業規則に懲戒事由及び手段（懲戒の種別）を明定して初めて行使し得る（裁判例）。また、当該懲戒が、当該懲戒に係る労働者の行為の性質及び態様その他の事情に照らして、客観的に合理的な理由を欠き、社会通念上相当であると認められない場合は、その権利を濫用したものとして無効となる（労働契約法15条)。

**［参考知識：懲戒処分の要件］**

懲戒処分は、次の要件をみたすことが必要である。

①就業規則の根拠規定があること

あらかじめ就業規則において懲戒の種別と懲戒事由を定めておかなければならない。

②労働者の行為が就業規則に定められた懲戒事由に該当すること

行為者の言動が懲戒事由に該当すると、懲戒処分に客観的に合理的な理由が認められることになる。

③社会通念上の相当性を有すること（相当性）

懲戒事由に該当する労働者の行為の重大さとの関係で、懲戒処分の内容が不相当に重い場合には、当該懲戒処分は懲戒権の濫用として無効となる。

なお、ハラスメント行為が行われた事実が確認できた場合は、ハラスメント行為は就業規則に定める服務規律の違反（職場規律違反）として懲戒事由に該当するとされるのが一般である。従って、就業規則その他の職場における服務規律等を定めた文書において、ハラスメントに関する規定を明確に定め、ハラスメント行為が懲戒事由に該当することを周知しておくべきである。

**［参考知識：罪刑法定主義類似の諸原則］**

懲戒処分は制裁としての「罰」であるから、次の刑事法における罪刑法定主義類似の諸原則をみたすものでなければならないとされている。

・不遡及の原則

懲戒規定は制定前の事案には遡及的に適用されない。

・一事不再理の原則（二重処分の禁止）

１つの企業秩序違反行為に対して懲戒処分をしたらそれ以上は懲戒規定が適用されない。

・適正手続

本人への懲戒事由の告知と弁明の機会の付与等、適正手続を履践することが必要である。

［参考知識：懲戒の種別

懲戒処分の種別は、各社ごとに異なるが、一般的に次の種別を定めることが多い。

① 戒告・けん責

最も軽い懲戒処分の類型である。

戒告は口頭による注意であり、けん責は始末書を提出させて将来を戒める処分である。

② 減給

賃金を減額する処分である。

減給の制裁を定める場合は、減給は、１回の額が平均賃金の１日分の半額を超えてはならず、総額が一賃金支払期における賃金の総額の 10 分の１以下でなければならない（労働基準法 91 条）。

③ 降格

人事上の処分として降格がなされることもあるが、懲戒処分として降格がなされることもある。

懲戒処分としての降格については、給与上の不利益を伴う降格は、悪質な事案でないと、社会通念上相当であるとは認められず懲戒権の濫用（無効）とされる可能性がある。例えば、成果の挙がらない従業員らに対して、単にその結果をもって従業員らの能力等を否定し、それどころか、退職を強要しこれを執拗に迫った事例では、極めて悪質であり、懲戒処分としての降格処分は相当であり有効とした事例がある（東京地判 H27. 8 .7）。

④ 出勤停止

出勤を停止し、その間の賃金は支給しない処分である（ノーワーク・ノーペイの原則により、出勤停止中の賃金を支払わないのが一般である）。

なお、１年余りにわたる職場内での極めて不適切なセクハラ発言に対する 30 日間の出勤停止処分が有効と判断された判例がある（最判 H27. 2 .26）。これに対し、厳しい学生指導のため学生の軽症うつの可能性を示す診断書が示されたにもかかわらず、揶揄・叱責をした大学准教授に対する６か月の出勤停止処分は重きに失し、懲戒権の濫用であり無効とする裁判例がある（金沢地判 H23. 1 .25）。

⑤ 諭旨解雇（または諭旨退職）

労働者に退職を勧告し、労働者本人の願い出により退職させる処分である。退職金が全部または一部支払われる点で懲戒解雇より一段軽い処分であると位置付けられるのが一般である。

⑥ 懲戒解雇

懲戒処分として行う解雇である。懲戒処分の中で最も重い処分である。

ハラスメント行為が認められても、犯罪行為的なものとは一線を画し悪質・重大とまではいい難い場合は、他の事情（従前の会社への貢献、反省の情を示している、これまで指導・注意をされたことがない等）を考慮して、懲戒解雇が社会通念上相当であるとは認められず懲戒権の濫用（無効）

とされる場合もある（東京地判 H21.4.24、東京地判 H22.12.27、東京地判 H23. 7 .26 参照）。

なお、懲戒解雇の場合は、一般に、即時に（解雇予告無しで）、退職金を支給せずになされる旨が就業規則に定められている。もっとも、懲戒解雇であれば当然に即時解雇できるわけではなく、労働者の責に帰すべき事由に基づいて解雇する場合において、労働基準監督署長の認定を受けたときに限り解雇予告義務が適用されないとされている点に注意しなければならない（労働基準法 20 条）。

また、懲戒解雇の場合は当然に退職金不支給となるわけでもなく、就業規則の定めがあり、かつ、「それまでの勤続の功を抹消または減殺するほどの著しい背信行為」でなければならないとされる（裁判例）。

## ４　労働紛争解決のための手続

労働関係の紛争を解決するための手続を大きく分けると、行政による手続と司法（裁判所）による手続がある。

### （1）行政解決手続

労働者と使用者との個別労働紛争を扱う行政解決手続は、主に都道府県の出先機関と都道府県労働局がある。

都道府県の出先機関（東京都だと「労働相談情報センター」、大阪府だと「総合労働事務所」というように都道府県ごとに名称が異なる）は、相談やあっせんを行っている。

都道府県労働局には、相談やあっせんなどの紛争解決援助制度がある。

（☞ P.74「５　都道府県労働局による紛争解決援助制度」）。

この他に、労働委員会によるあっせんもあるが、労働委員会によるあっせんは、主に労働組合と使用者の間の紛争（不当労働行為が問題となる事案など）を扱っている。

### （2）司法解決手続

司法解決手続は、裁判所で行われる手続であり、判決で結論を出すことができる訴訟（本案訴訟）と、話合いの手続である調停、そして両者の中間的な手続である労働審判などがある。

［個別労働紛争を解決するための手続］

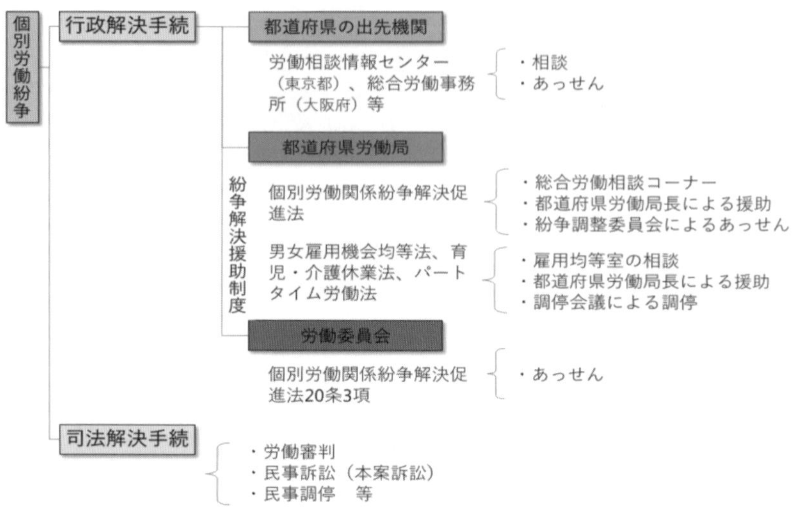


## 5　都道府県労働局による紛争解決援助制度

### （1）概要

都道府県労働局による紛争解決援助制度は、裁判所の紛争処理手続（司法手続）よりも簡単な手続きで、迅速に、行政機関の援助により紛争解決を図る制度である。

事業主は、労働者が都道府県労働局長による援助を求めたり調停申請したことを理由として、当該労働者に対して解雇その他不利益な取扱いをしてはならない（男女雇用機会均等法17条２項・18条２項、育児・介護休業法52条の４ 第２項・52条の５第２項、労働施策総合推進法30条の５ 第２項・30条の６第２項）。

### （2）指導・助言・勧告

都道府県労働局は、労働相談を受け付けている。

セクハラ、妊娠・出産・育児休業等に関するハラスメントおよびパワハラに起因する問題についての労働者と事業主間の紛争に関しては、当該紛争の当事者の双方または一方から解決につき援助を求められた場合には、当該紛争の当事者に対し、都道府県労働局長名で、必要な助言、指導または是正等の勧告をすることができる（男女雇用機会均等法17条１項、育児・介護休業法52条の４ 第１項、労働施策総合推進法30条の５ 第１項)。

具体的には、解決の援助を求められると、都道府県労働局の担当者が双方から事情を確認して、都道府県労働局長による助言・指導・勧告を実施し、助言・指導・勧告に沿った解決策の実行により手続きが終了する。

助言・指導・勧告によって紛争が解決しない場合は、当該紛争の当事者の双方または一方からの申請をうけてあっせんまたは調停（後述）に移行するか、または他の紛争解決機関の説明・紹介を行う。

（３）調停

都道府県労働局長は、セクハラ、妊娠・出産・育児休業等に関するハラスメントおよびパワハラに起因する問題についての労働者と事業主間の紛争に関し、当該紛争の当事者の双方または一方から調停の申請があった場合において、当該紛争の解決のために必要があると認めるときは、紛争調整委員会に調停を行わせる（男女雇用機会均等法18条１項、育児・介護休業法52条の５第１項、労働施策総合推進法30条の６第１項)。

紛争調整委員会による調停は、セクハラとマタハラ（妊娠・出産等に関するハラスメント）の場合は「機会均等調停会議」、育児休業等に関するハラスメントの場合は「両立支援調停会議」と呼ばれている。

都道府県労働局による調停は、弁護士や大学教授、家庭裁判所家事調停委員、社会保険労務士等の労働問題の専門家３人で構成される調停委員が担当し、双方からの意見聴取等を行い、紛争当事者間の調整をしたり、双方が求めた場合は調停案を提示して、紛争の解決を図る。双方が調停案を受託するか、合意が成立すれば、調停は終了する。当事者不参加や合意に至らない場合は、調停は打ち切りとなる。他の紛争解決機関の説明・紹介などを行うこともある。

都道府県労働局による調停は、公平、中立性の高い第三者機関の援助により、紛争解決を図る制度であるといえる。

## ６　司法による紛争解決手続

個別労働紛争を解決するための司法（裁判所）による解決手続きは、訴訟、調停そして労働審判が主なものである。

（１）訴訟

訴訟（本案訴訟）は、権利義務関係に関する紛争について、法廷で、慎重な審理により、最終的に判決によって紛争の解決を図る訴訟手続である。訴訟の途中で話し合いにより解決することもできる（「訴訟上の和解」）。

（２）調停

調停（民事調停）は、裁判官または調停官１名と一般国民から選ばれた調停委員２名以上で構成される調停委員会の仲介を受けながら、簡易な事案から複雑困難な事案まで実情に応じた話合いによる解決を図る手続である。

民事調停には原則として判決に相当する制度はない。

（３）労働審判

労働審判は、裁判官１名と労働関係の専門家である労働審判員２名が労働審判委員会を構成し、原則として３回以内の期日で、話合いによる解決を試みながら、最終的に審判を行う手続である。

審判に不服がある場合や事案が複雑で争点が多岐にわたるなど、労働審判の手続を行うことが適当でないと認められる場合などには、訴訟手続に移行する。

基本的には話合い（調停）の手続でありながら、一定の場合には判決に相当する審判を出すことができる点で、訴訟と調停の中間的な手続であるといえる。また、原則として期日が３回で終了するという点で、迅速な解決に資する制度であるといえる。

# 第３章　雇用管理上講ずべき措置等

## 第１節　事業主の方針等の明確化及びその周知・啓発

### １　総論

会社は、職場におけるハラスメントに起因する問題に関して、当該労働者からの相談に応じ、適切に対応するために必要な体制の整備その他の雇用管理上必要な措置を講じなければならない（男女雇用機会均等法 11 条１項・11 条の３ 第１項、育児・介護休業法 25 条、労働施策総合推進法 30 条の２ 第１項）。

そこで、会社は、リスク管理（リスクマネジメント）として、ハラスメントを防止（予防）するための周知・啓発活動をしたり、相談・苦情に適切に対応するために必要な社内体制を整備し運用することが求められる。

さらに、ハラスメント事案が生じた場合には、危機対応（相談・苦情への対応）として、迅速な事実確認と、事実確認に基づく相談者に対する必要な援助や行為者に対する適正な措置の実施、そして再発防止に向けた措置の実施などが求められる。

なお、厚労省の指針（パワハラ指針、セクハラ措置指針、マタハラ措置指針及び育介指針）は、事業主に義務付けられているハラスメント問題に関する雇用管理上の措置として、次の（１）～（５）の措置を講ずることを求めている。

（１）事業主の方針等の明確化及びその周知・啓発
（２）相談・苦情に応じ、適切に対応するために必要な体制の整備
（３）職場におけるハラスメントに係る事後の迅速かつ適切な対応
（４）職場における妊娠・出産・育児休業等に関するハラスメントの原因や背景となる要因を解消するための措置
（５）各措置と併せて講ずべき措置

（１）～（４）は、「リスクマネジメントシステム」の考え方に従ったリスク対策の一環である。

[リスクマネジメント]

「リスクマネジメント」は、リスクを特定し、分析、評価し、リスクを効果的に運用管理するための枠組み及びプロセスである。「リスクについて、組織を指揮統制するための調整された活動」とする定義もある（JIS Q 0073:2010, JISQ31000:2010）。

リスクマネジメントシステムは、様々な分野で規格化されている。例えば、品質に関してはQMS（品質マネジメントシステム）のISO 9001、情報セキュリティに関してはISMS(情報セキュリティマネジメントシステム)のJISQ27001（ISO/IEC 27001）、個人情報保護に関してはPMS（個人情報保護マネジメントシステム）のJIS Q 15001がある。

これらのリスクマネジメントシステムは、以下の枠組みに従って構成されている。厚労省の指針も基本的にはこの枠組みに従っている。

**[リスクマネジメントシステムの枠組み]**

①基本方針の策定・公表

組織全体の取り組みを明示し経営方針の一つとして内外に公開するものとして策定する。

②組織の状況の確認、リスク分析・評価・対策の検討（リスクアセスメント）

組織が置かれた状況を確認し、リスクの特定・リスク分析・リスク評価を行い、リスク対応を検討する。

③規程・組織体制の整備

それぞれのリスクに応じた対策をもとに規程文書と組織体制を整備し、従業員教育を実施する。

④対策の実施・運用

対策の実施、運用状況の記録

危機対応：発覚→初動対応→事実確認→事実の評価と措置・対応の決定→措置・対応の実施→再発防止策の検討、関係者へのフォローアップ、関係各所への報告・公表。

⑤監査・見直し

対策の運用状況について監査計画に沿って監査を実施し、それをもとに体制・規定文書などを見直す。

## ２　事業主の方針等の明確化及びその周知・啓発

事業主は、職場におけるハラスメントに関する方針の明確化、労働者に対するその方針の周知・啓発として、次の措置を講じなければならない。

イ　職場におけるハラスメントの内容とハラスメントがあってはならない旨の方針（以下、「事業主の方針」という。）を明確化し、管理・監督者を含む労働者に周知・啓発すること。

ロ　職場におけるハラスメントに係る言動を行った者については、厳正に対処する旨の方針及び対処の内容を就業規則その他の職場における服務規律等を定めた文書に規定し、管理・監督者を含む労働者に周知・啓発すること。

相談・苦情対応は、リスクマネジメントシステム（前述）の一環であるから、経営トップによる基本方針（事業主の方針。個人情報保護体制であればプライバシーポリシーや個人情報保護方針）に従って設置・運営される。

会社は、社内報、パンフレットおよび社内ホームページ等によって、ハラスメントに対する事業主の方針と相談・苦情窓口について広報するとともに、相談・苦情窓口の概要を含めたハラスメント対策について、従業員に対して周知・啓発するための教育（研修、講習等）を実施するべきである。

従業員の教育については、後述する。

（☞ P.107「第４章　５　リスクマネジメントと従業員教育」）。

## 第２節　相談・苦情に応じ、適切に対応するために必要な体制の整備

### １　総論

会社は、職場におけるハラスメントに起因する問題に関して、当該労働者からの相談に応じ、適切に対応するために必要な体制の整備その他の雇用管理上必要な措置を講じなければならない。

そこで、会社は、リスク管理（リスクマネジメント）として、ハラスメントを防止（予防）するための周知・啓発活動をすることや、相談・苦情に適切に対応するために必要な社内体制を整備し運用することが求められる。さらに、ハラスメント事案が生じた場合には、危機対応（相談・苦情への対応）として、迅速な事実確認と、事実確認に基づく相談者に対する必要な援助や行為者に対する適正な措置の実施、そして再発防止に向けた措置の実施などが求められる。

### ２　相談・苦情対応の流れ

職場におけるハラスメントに関する相談・苦情は、相談窓口の担当者（相談員）が受け付ける（一次対応）。

相談員は、相談者の主張を聴取し、相談者の意向を確認する。相談員から報告を受けた会社は、相談者の意向を尊重しつつ、事実確認や事実の評価と被害者・行為者への対応の検討を行い、対応を実施する。

（☞ P.92「第３節　２　事実関係の確認」、P.97「第３節　３　事実の評価と措置・対応の検討」）

すなわち、事実確認の必要があると判断される場合は、会社は、相談者の意向を確認したうえで、迅速に事情聴取等の事実確認を行わなければならない。事実確認は、相談者と行為者の双方の事情聴取、場合により関係者の事情聴取を行い、できる限り正確に行う。

そして、事実確認によりハラスメントに該当する事実が確認できた場合は、速やかに、配置転換等被害者に対する配慮のための措置を行うとともに、行為者に対する懲戒その他の処分を適正に行わなければならない。また、事案の内容や状況に応じて、被害者と行為者の間の関係改善に向けての援助や、行為者の謝罪、被害者のメンタルヘルス不調への対応などの和解調整の措置を講ずる。

（☞ P.99「第３節　３（３）和解調整」）

なお、相談・苦情対応においては、職場におけるハラスメントが現実に生じている場合だけでなく、その発生のおそれがある場合や、職場におけるハラスメントに該当するか否か微妙な場合等（グレーゾーン）であっても、適切な対応を行うべきである。

（☞　グレーゾーンにあるハラスメントへの対応の重要性については、P.10「第１章 第１節　５⑵グレーゾーンにあるハラスメントの問題」を参照）

［相談・苦情対応の流れ（概念図）］

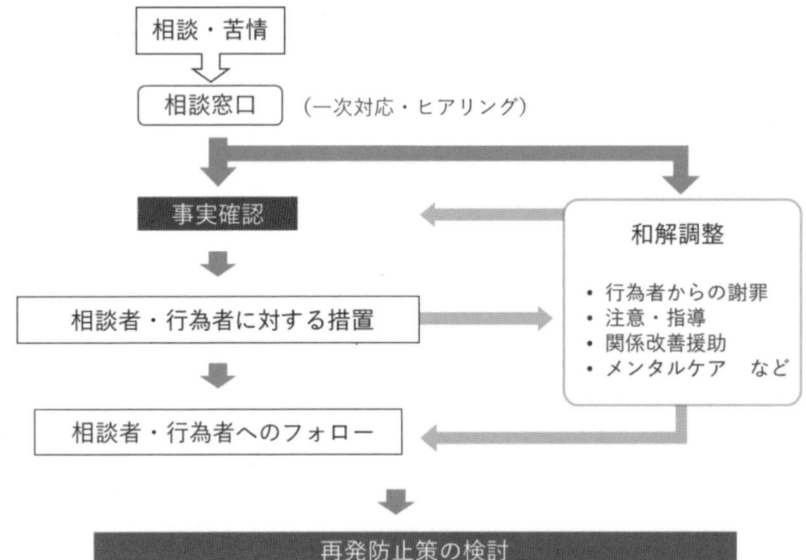


このような相談・苦情対応の流れが機能するためには、会社において、相談・苦情に応じ、相談・苦情に適切に対応するために必要な組織体制を整備しなければならない。厚労省の指針（パワハラ指針、セクハラ措置指針、マタハラ措置指針、育介指針）でも、「相談・苦情に応じ、適切に対応するために必要な体制の整備」を求めている。

**［厚労省の指針が求める「相談・苦情に応じ、適切に対応するために必要な体制の整備」の内容］**

事業主は、労働者からの相談に対し、その内容や状況に応じ適切かつ柔軟に対応するために必要な体制の整備として、イ及びロの措置を講じなければならず、また、ハの措置を講ずることが望ましい。

イ　相談への対応のための窓口（相談窓口）をあらかじめ定める。

ロ　相談窓口の担当者が、相談に対し、その内容や状況に応じ適切に対応できるようにする。

相談窓口においては、職場におけるハラスメントが現実に生じている場合だけでなく、その発生のおそれがある場合や、職場における各ハラスメントに該当するか否か微妙な場合等であっても、広く相談に対応し、適切な対応を行うようにすること。

例えば、放置すれば就業環境を害するおそれがある場合や、性別役割分担意識に基づく言動が原因や背景となってセクシュアルハラスメントが生じるおそれがある場合、妊娠・出産・育児休業等に関する否定的な言動が原因や背景となって職場における妊娠出産・育児休業等に関するハラスメントが生じるおそれがある場合等が考えられる。

ハ　職場におけるハラスメントは、他のハラスメントと複合的に生じることも想定されるから、職場におけるハラスメントの相談窓口を一体的に設置し、他のハラスメントと一体的に相談に応じることのできる体制を整備することが望ましい。

## 3　相談窓口

### （1）総論

ハラスメント相談窓口は、危機管理における内部通報制度（企業の経営上のリスクに係る情報を知った役員や従業員等からの情報提供を受け付け、情報提供者を保護しつつ、調査・是正を図る仕組み）の一つである。内部通報窓口や相談窓口は、一般的には、次のような意義をもつといわれる。

- 一部の関係者のみが情報を持ち、隠蔽性・密行性が高い不正は、日常的な業務におけるチェックや監査体制による発見といった通常の問題発見ルートでは容易に発覚しないため、通報・相談が有効
- 初期段階で事実を把握し、拡大化を未然に防ぐことができる。

●迅速・適切な救済につながる
●自主的な解決の端緒となる（紛争が外部に持ち出されるリスクの軽減）

このような意義は、ハラスメント相談窓口にもあてはまる。

なお、ハラスメント相談窓口を企業においてどのような制度にすべきかについては、法律・指針等でも明確には定められていない。このため、各社で、社内体制やハラスメントの頻度などを考慮して、制度設計することになる。

（２）相談窓口（一次対応）の種類

厚生労働省の指針は、相談窓口をあらかじめ定めていると認められる例として、以下を例示している（パワハラ指針、セクハラ措置指針、マタハラ措置指針、育介指針）。

●相談に対応する担当者をあらかじめ定めること。
●相談に対応するための制度を設けること。
●外部の機関に相談への対応を委託すること。

①ライン（職制）を通じた相談

ライン（職制）の中の管理職等がハラスメントの相談を受ける方法には一定の有効性が認められる。パワーハラスメントを受けた者がどのような行動をしたかについて調べた2015年の調査によると、「社内の相談窓口に相談した」が５％以下であるのに対し、「社内の上司に相談した」が20%から45%程度もあった（次ページの図［パワーハラスメントを受けてどのような行動をしたか］を参照）。このことから、ハラスメントの受け手は、まずラインを通じた相談を考える傾向がうかがえる。

このため、ラインを通じた相談が有効に機能すれば、ハラスメント防止措置の効果が高まるといえる。

ここで、ラインの中の一定の地位にある者を相談担当者として定める場合は、そのように定めるだけで相談後の対応のルールが明確になっていないと、担当者の資質によって相談・苦情対応のレベルに大きな差が生じてしまったり、相談窓口担当者と人事部門等の連携が迅速にできなかったりするおそれがある。そこで、相談担当者の研修を実施し、留意点を記載したマニュアルに基づいて相談対応するようにして、相談の内容や状況に応じて担当者が適切に対応できるようにしておく必要がある。また、相談担当者と人事部門等が連携を図る仕組みを構築して、速やかに人事部門等に引き継げるようにしておくべきである。

なお、ライン（職制）を通じた相談ルートだと、相談者が相談を申し出にくく感じることもあるし、行為者が上長の場合には相談が握りつぶされる恐れもある。

前述した調査でも、「安心して相談できない」会社の場合には、パワハラの受け手が「何もしなかった」が約55%もある。そこで、「何もしない」ことになる可能性のある受け手の相談を促すために、安心して相談できる体制として、ラインを通じた相談以外に、内部相談窓口や外部相談窓口を定める意味がある（それぞれの窓口を併存させる事業者も多い）。

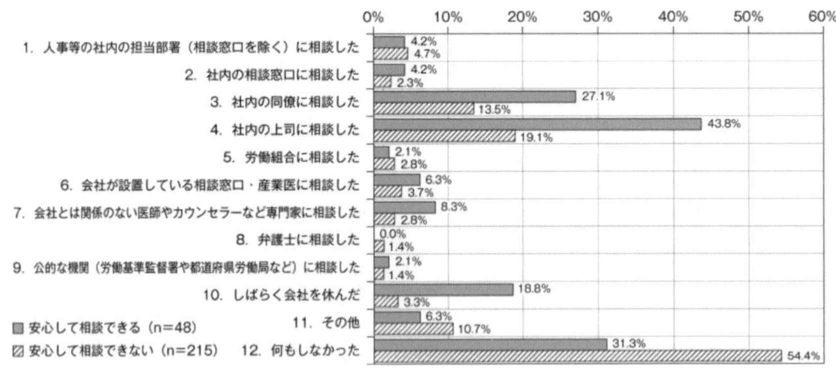


※出典：厚生労働省　平成27年度委託事業「働きやすい職場環境形成事業」における実態調査

②内部相談窓口

相談に対応するための制度として、ハラスメント相談窓口（内部相談窓口）を社内に設け、相談受付担当者がハラスメントの相談・苦情を受け付けるという方法も考えられる。

内部相談窓口の担当者は、ハラスメント相談員を選任する事業者もあるし、人事労務担当部門、社内の診察機関、産業医、カウンセラー、労働組合などが相談窓口になることにしている事業者もある。これらの相談窓口担当を並立させる例もみられる。

ハラスメント相談員を選任する方法の場合は、相談員の研修を実施し、留意点を記載したマニュアルに基づいて相談対応するようにして、相談の内容や状況に応じて相談員が適切に対応できるようにしておく必要がある。また、相談員と人事部門等が連携を図る仕組みを構築して、速やかに人事部門等に引き継げるようにしておくべきである。

③外部相談窓口

外部の機関を相談窓口として、相談への対応を委託することも考えられる（外部相談窓口）。

外部の機関としては、弁護士事務所・社会保険労務士事務所やコンサルタント会社、相談代行会社などが考えられる。

外部相談窓口は、相談窓口についての経営幹部からの独立性を確保しやすいし、相談者が安心して相談できる体制にしやすいから、内部相談窓口を定めている会社が外部相談窓口も設置している場合は多い。

### （３）一次相談方式

ハラスメント相談窓口には、一次相談のみを行って、以後の相談・苦情対応は人事部や総務部などの部署に引き継ぐことにしている場合（一次相談方式）が典型といえるが、一次相談後の事実確認も相談担当者が行うことにしている場合も多い。相談担当者が事実確認も行う場合は、事実確認の慎重を期して、相談担当者と人事部門の者が組んで事情聴取を担当していることが多いようである。

また、相談員が、苦情処理・和解調整等の対応や、事実確認の結果等の相談者への通知のように相談者との窓口を担当することにしている場合もある（カウンセラー方式）。

外部相談窓口を設ける場合には一次相談方式が主流だが、内部相談窓口についてはカウンセラー方式をとる会社もみられる。

### （４）コンプライアンス通報窓口との関係

いわゆるコンプライアンス通報窓口とハラスメント相談窓口を別々に設置する会社が多い。コンプライアンス通報窓口は経営幹部からの独立性が求められることなどから監査部門等の管轄とし、これに対し、ハラスメントの問題は人事部門の問題といえるからハラスメント相談窓口は人事部門の管轄とされていることが多い。

もっとも、危機管理・リスクマネジメントの見地からは、コンプライアンス通報窓口もハラスメント相談窓口も「内部通報窓口」としての機能は共通する（例えば経営幹部によるハラスメントは経営幹部から独立した相談窓口が受けるべきである）。したがって、コンプライアンス通報窓口とハラスメント相談窓口を一体的に運用することも考えられる。特に、法律事務所などを外部通報窓口として活用する場合には、経営幹部からの独立性を確保しやすいから、コンプライアンス通報とハラスメント相談を一体的に運用しやすい。

（５）相談窓口の重要性

相談窓口は、ハラスメント防止措置の柱である。

相談窓口を定める目的は、ハラスメントの内容に応じて迅速・適切に被害者を救済するための情報を得ることだけでなく、初期段階（グレーゾーン）で事実を把握してハラスメントを未然に防ぐこともあげられる。そして、ハラスメントまたはその兆候を相談窓口を通じて事業者が把握することにより、社内で自主的に問題を解決できる機会をつくることができる。

悪質なハラスメントに対して被害者を迅速・適切に救済するために相談窓口があることは当然のことであるが、ハラスメント相談窓口の大きな目的・役割として、ハラスメントに至る前の段階で会社が事態を把握し、ハラスメントを未然に防ぐことがあげられる。

悪質なハラスメントが発生してしまうと、紛争性が強く、会社が迅速に相談対応しても訴訟等にまで発展してしまうことも多い。したがって、悪質なハラスメントに発展する前の段階で状況を把握し、適切に対応することが重要である。また、相談窓口の存在を社内に周知し啓蒙することで、ハラスメント行為に対する心理的な抑止効果も期待できる。

厚生労働省の指針も、相談窓口においては、職場におけるハラスメントが現実に生じている場合だけでなく、その発生のおそれがある場合や、職場におけるハラスメントに該当するか否か微妙な場合等であっても、広く相談に対応し、適切な対応を行うようにすることを求めている（セクハラ措置指針、マタハラ措置指針、育介指針）。

（６）安心して相談できる相談窓口

相談窓口の設置・運営にあたって第一に重視すべきは、従業員が安心して相談できる相談窓口にすることである。

事業主は、労働者が職場におけるセクシュアルハラスメント、職場における妊娠・出産・育児休業等に関するハラスメントおよび職場におけるパワーハラスメントに関する相談を行ったことまたは事業主による当該相談への対応に協力した際に事実を述べたことを理由として、当該労働者に対して解雇その他不利益な取扱いをしてはならない（2019 年５月に改正された男女雇用機会均等法 11 条２項、育児・介護休業法25 条２項、労働施策総合推進法30 条の２ 第２項)。

**[厚労省の指針が求める相談・苦情対応の措置と併せて講ずべき措置]**

イ　職場におけるハラスメントに係る相談者・行為者等の情報は当該相談者・行為者等のプライバシーに属するものであることから、相談への対応または当該職場におけるハラスメントに係る事後の対応に当たっては、相談者・行為者等のプライバシーを保護するために必要な措置を講ずるとともに、その旨を労働者に対して周知すること。

ロ　労働者が職場におけるハラスメントに関し相談をしたことまたは事実関係の確認に協力したこと等を理由として、不利益な取扱いを行ってはならない旨を定め、労働者に周知・啓発すること。

①プライバシーの保護

相談者・行為者等のプライバシーを保護するために必要な措置の例として、次のものが考えられる（厚労省の指針)。

- 相談者・行為者等のプライバシーの保護のために必要な事項をあらかじめマニュアルに定め、相談窓口の担当者が相談を受けた際には、当該マニュアルに基づき対応するものとする。
- 相談者・行為者等のプライバシーの保護のために、相談窓口の担当者に必要な研修を行う。
- 相談窓口においては相談者・行為者等のプライバシーを保護するために必要な措置を講じていることを、社内報、パンフレット、社内ホームページ等広報又は啓発のための資料等に掲載し、配布等する。
- 相談者のプライバシーが確保できる相談室を設置する。

　相談室がある場合は、以下の事項を中心に、相談者のプライバシーが確保できるようになっているかを確認する。

　i）室内の声が外から聞き取れないか
　ii）室内から隣の部屋の声が聞こえないか
　iii）周囲の人の気配が室内に伝わらないか
　iv）室内に入る際に、第三者が目に入らないか
　v）部屋の周囲を見て、室内の声が外から聞こえそうな環境になっていないか

- 解決のために必要な第三者への情報開示は相談者との協議の上で行うこととし、周知する。

②不利益取扱いの禁止

労働者が職場におけるハラスメントに関し相談をしたことまたは事実関係の確認に協力したこと等を理由として、不利益な取扱いを行わないことを定め、労働者に周知・啓発するための措置の例として、次のものがあげられる（厚労省の指針）。

- 就業規則その他の職場における職務規律等を定めた文書において、労働者が職場におけるハラスメントに関し相談をしたこと、または事実関係の確認に協力したこと等を理由として、当該労働者が解雇等の不利益な取扱いをされない旨を規定し、労働者に周知・啓発をする。
- 社内報、パンフレット、社内ホームページ等広報または啓発のための資料等に、労働者が職場におけるハラスメントに関し相談をしたこと、または事実関係の確認に協力したこと等を理由として、当該労働者が解雇等の不利益な取扱いをされない旨を記載し、労働者に配布等する。

③相談窓口を利用しやすくするための工夫

相談窓口を利用しやすくするために、安心して相談できるようにすることとあわせて、以下の工夫が考えられる（厚労省の指針）。

- 相談窓口の存在と受付方法を社内報、パンフレット、社内ホームページ等によって周知する。
- 相談・苦情対応の全体の流れがわかりやすい資料を作成し、配布する。
- 受付方法は、電話、メール、ウェブ上のフォーム、FAX・郵送など複数の方法を用意する。

④一元的な対応

相談窓口は、ハラスメント窓口として設ける例が一般的であるが、セクハラやパワハラなど、それぞれのハラスメントは他のハラスメントと複合的に生じることも想定されるから、職場におけるハラスメントの相談窓口を一体的に設置し、他のハラスメントと一体的に相談に応じることのできる体制を整備することが望ましい（パワハラ指針、セクハラ措置指針、マタハラ措置指針、育介指針）。

⑤相談体制（相談対応する人数）について

社内相談窓口制度を設けて、面談により相談を受ける場合は、可能であれば

２名で対応し、相談員の１名は同性であることが望ましい。特にセクシュアルハラスメント事案では、同性が相談対応することが望ましいとされている。

**［複数名体制と一人体制のそれぞれのメリット］**

複数名の相談員で対応する場合のメリットは、一人が聞き役に徹してもう一人がメモ取りと補充的な質問をするといった役割分担ができることがあげられる。また、深刻な相談の場合には、一人で抱え込むよりも複数名で対応したほうが相談員の負担が少ないことが多い。

そこで、一人で相談を受けた場合であっても、深刻な問題であったり、事案が複雑で理解に困難をきたす場合には、相談者の了承を得て複数名で対応することが考えられる。

一方、相談員が一人であることには、話し相手が一人のため気が散ることなく話すことができ、親密に相談できる場合が多いというメリットがある。

そこで、相談のスキルや経験の十分な者が相談員を担当するのであれば、相談対応は一人で行うことが望ましいといえる。特に、従業員がよく知る職務経験の豊富な管理職クラスの者が相談対応する体制になっている場合であれば、一人で相談対応したほうが効果的である。この場合は、一人で担当するメリットの他に、そもそも相談者が相談員に対する一定の信頼感を持って相談に臨むため、相談がスムースに進みやすいからである。ライン（職制）における上司が相談員を担当する場合も同様である。

ただし、上司を相談員とする場合には、かえって相談者が相談を躊躇する場合があるし、事案が握りつぶされてしまう可能性があることにも留意しなければならない。そこで、上司が相談員を担当する場合には、別の部署でも相談を受け付けるようにしたり、外部相談窓口を依頼するなどして、複数の相談窓口を設けておく工夫が必要である。

### （7）相談窓口（一次対応方式）の役割

相談窓口（一次対応方式）の役割は、相談者のヒアリングである。

すなわち、ハラスメントの内容に応じて迅速・適切に被害者を救済するための情報を得るとともに、初期段階（グレーゾーン）で事実を把握し、ハラスメントを未然に防ぎ、社内で自主的に問題を解決するために、相談者の主張と意見をできるだけ正確に聴取し、記録化することが、一次対応の主たる目的である。

［相談窓口（一次対応）の主な役割］

- 相談者の主張を確認する（事情聴取）。
- 相談者の意向を確認する。
- 相談記録の作成・報告

［相談窓口（一次対応）の役割イメージ］

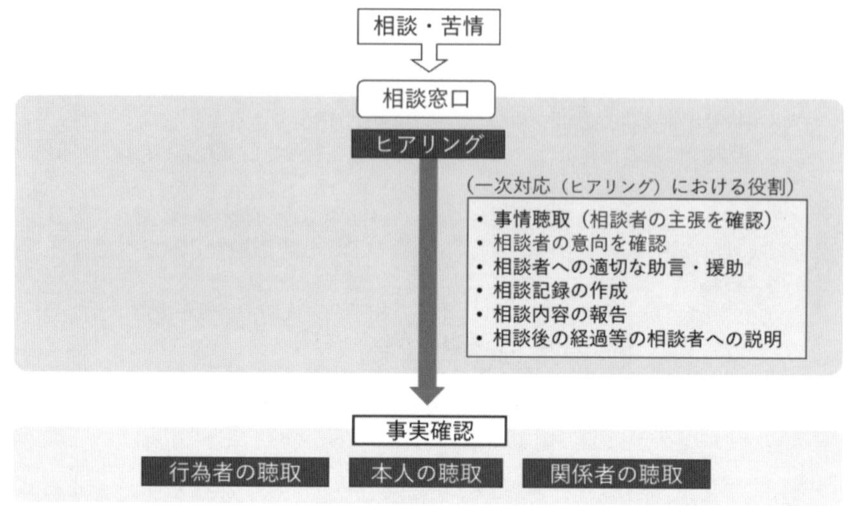


相談窓口の役割として、事情聴取と並んで、相談者の意向を確認することがあげられる。相談者の意向は、注意・指導してほしい、接点をなくしたい、謝罪させたい、懲戒処分まで求める、とりあえず話を聞いてほしい、しかるべき部署に報告してもらえばそれ以上は求めない、など様々である。相談はするもののその後の事実確認までは希望していないのに、先走って関係者の事情聴取をしてしまい相談したことが周囲に知れ渡ってしまったとして、相談者と会社との関係が悪くなってしまったというケースもあるので、相談者の意向確認は重要である。

相談者は、相談後どのようにしたいかまで考えを整理できていないこともある。そこで、相談者の意向を確認するためには、相談受付後の対応がどうのようになるのかについて、相談者に正しい情報を提供する必要がある。そのために、相談担当者は、相談受付後の対応の概要を知っておくことも求められる。

なお、相談者が事実確認等の会社の対応を希望していないとしても、相談の時点であからさまなハラスメントが明らかであると判断される場合は、事実確認を含めた事後対応をすべきことについて相談者にアドバイスし、事実確認等についての相談者の了解を得るべきである。なぜなら、あからさまなハラスメントを知りつつ会社が手をこまねいた場合は、会社はハラスメント防止のための措置義務違反とされる場合があるし、受け手がメンタルヘルスの不調をきたしたり、最悪の場合だと自殺をしてしまった場合には、会社は受け手に対する安全配慮義務違反・職場環境維持義務違反として受け手や遺族に対して損害賠償義務を負うこともあるからである。

(☞P.63「第2章 2 (2) 会社固有の損害賠償責任」を参照)

また、法的な問題だけでなく、あからさまなハラスメントを目にしている周囲の労働者は、会社が事実確認等の対応をしないでいると、ハラスメント問題を放置したとみて、会社や上司に対する信頼を失ってしまうことも考えられる。

## 第３節　職場におけるハラスメントにかかる事後の迅速かつ適切な対応

### １　総論

相談受付後の会社の対応は、相談者の意向を確認しつつ、事実確認→相談者および行為者に対する措置・対応→再発防止策の検討というのが基本的な流れである。相談の内容や状況に応じて、行為者からの謝罪や関係改善援助などの和解調整を試みることも含まれる。

［相談受付後の対応のイメージ］

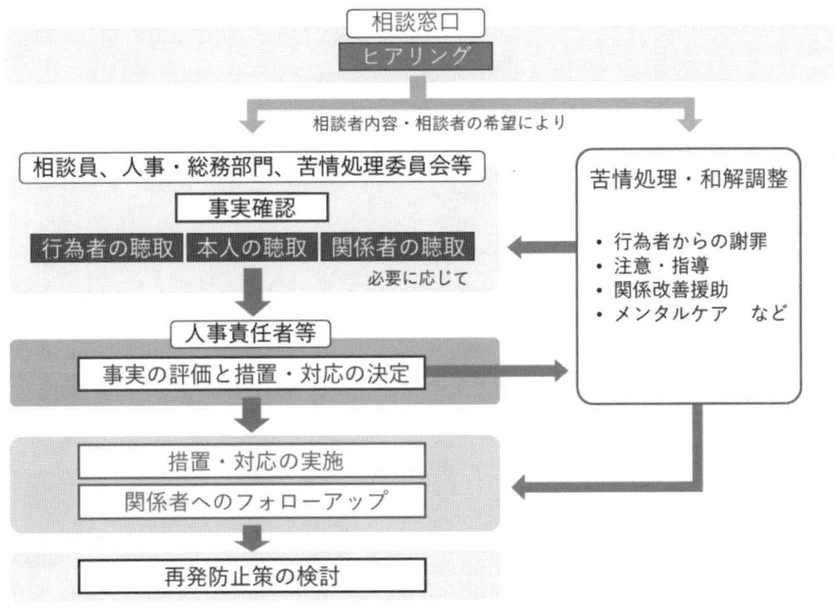

なお、厚労省の指針（パワハラ指針、セクハラ措置指針、マタハラ措置指針および育休指針）は、事業主に義務付けられているハラスメント問題に関する雇用管理上の措置として、以下の（1）～（5）の措置を求めているが、相談受付後の対応は（3）に該当する。

（1）事業主の方針等の明確化及びその周知・啓発
（2）相談・苦情に応じ、適切に対応するために必要な体制の整備
（3）職場におけるハラスメントに係る事後の迅速かつ適切な対応
（4）職場における妊娠・出産・育児休業等に関するハラスメントの原因や背景となる要因を解消するための措置
（5）各措置と併せて講ずべき措置

**［厚労省の指針が求める「職場におけるハラスメントに係る事後の迅速かつ適切な対応」の例］**

事業主は、職場におけるハラスメントに係る相談の申出があった場合において、その事案に係る事実関係の迅速かつ正確な確認及び適正な対処として、次の措置を講じなければならない。

イ　事案に係る事実関係を迅速かつ正確に確認すること。
ロ　イにより、職場におけるハラスメントが生じた事実が確認できた場合においては、速やかに被害者に対する配慮のための措置を適正に行うこと。
ハ　イにより、職場におけるハラスメントが生じた事実が確認できた場合においては、行為者に対する措置を適正に行うこと。
ニ　改めて職場にハラスメントに関する方針を周知・啓発する等の再発防止に向けた措置を講ずること。
　職場におけるハラスメントが生じた事実が確認できなかった場合においても、同様の措置を講ずること。

## 2　事実関係の確認

### （1）総論

相談者や行為者の事情聴取等を実施して事実確認をすることは、相談者への配慮のための措置の要否や内容、行為者の社内処分（人事・懲戒）の要否や内容を判断するために必要な手続きである。

事実確認の担当者は、会社の制度により異なるが、人事部門や法務部門とする場合や、調査委員会・苦情処理委員会を設置する場合のほか、相談担当

者が事実確認まで行う場合もある（相談担当者が事情聴取をする場合は、慎重を期して人事部門の者と２人で担当することが望ましい）。

（2）概要

事実確認は、一般的に、次の順序で行う。

●相談者の聴取

相談の際の聴取漏れ等があれば、追加聴取する。

●行為者の聴取

原則として、相談者の次に行為者の事情聴取を行う。

●関係者の聴取

相談者と行為者の意見が一致しない場合は、関係者に事情聴取を行う。

なお、行為者による証拠隠滅のおそれがある場合や、事実を固めて準備してから行為者に確認した方がよいと判断する場合は、行為者の先に関係者の事情聴取を実施することも考えられる。ただし、不用意に関係者の事情聴取をすると、噂になってしまったり、関係者経由で行為者が動きを察知してしまう可能性もあることには注意を要する。

したがって、事情聴取する関係者は最小限にし、また聴取の対象者に対しては、聴取の事実や聴取内容について他者に伝えないことを求めるなど、相談者や行為者のプライバシーに配慮するべきである。

**［厚労省の指針が求める事実関係の迅速・正確な確認の例］**

・相談窓口の担当者、人事部門または専門の委員会等が、相談を行った労働者（以下「相談者」という。）及び職場におけるハラスメントに係る言動の行為者とされる者（以下「行為者」という。）の双方から事実関係を確認すること。

また、相談者と行為者との間で事実関係に関する主張に不一致があり、事実の確認が十分にできないと認められる場合には、第三者からも事実関係を聴取する等の措置を講ずること。

・事実関係を迅速かつ正確に確認しようとしたが、確認が困難な場合などにおいて、男女雇用機会均等法18条、育児・介護休業法52条の５または労働施策総合推進法30条の６に基づく調停の申請を行うことその他中立な第三者機関に紛争処理を委ねること。

（３）相談者の事情聴取

①　聴取事項

相談者から聴取すべき主な事項を下表に示しておく。

| 項　目 | 聴取する事実の例 |
|---|---|
| 行為 | ●いつ：年月日・時間、だいたいの時期／頻度や期間<br>●どこで<br>●どのように：状況／ 具体的な言動（その時の実際の発言内容、行動の具体的な内容）<br>●ハラスメントを受けた相談者の反応<br>●相談者の反応に対する行為者の反応<br>●現在の状況 |
| 背景等 | ●行為者と相談者との関係<br>●このような行為に至った理由（背景）として想定されること<br>●他にも同様の行為を受けている者はいるか |
| 証拠・目撃者等 | ●事実を裏付ける証拠の有無：メール・手紙／日記・日報 等<br>●他の同席者や目撃者の有無／氏名・所属・関係<br>●事情聴取の可否、事情聴取してほしい従業員はいるか<br>●相談しているか／氏名・所属・関係／アドバイス、対応 |
| 情状、相談者の意向 | ●相談者の心身の状況<br>●相談者の意向：報告だけ／言動を止めさせたい／謝罪してほしい／接点をなくしたい／注意・警告してほしい／懲戒処分 |

②　注意点

相談者に事情聴取する際は、以下の点に注意すべきである。

●相談者に過度に肩入れせず、中立的な立場で臨む

事実確認の目的は、行為者を裁くことではなく、相談者と行為者双方の主張を合理的に判断するための情報を得ることにある。したがって、相談者から事情を聴取する際には、中立的な立場で臨むことが求められる。相談者に感情移入して行為者を憎んだり恨んだりすると、事実確認が歪められてしまう恐れがある。

事実確認の中心は、社内処分に必要な事実の調査である。したがって、疑問に感じたことは何でもかんでも聴取するべきではなく、特に興味本位と受け取られかねない不用意な質問は避けるべきである。

また、事実確認を超えた一方的な評価（「あなたにも隙があったんじゃないですか」など）の発言も、相談者が事実確認の中立性に強い疑念を抱くことになったり、会社に対する不信感・不満を募らせたりすることで、問題解決に支障が生じてしまう可能性が高いので、してはならない。

●「行為者の実際の言動」を聴取する

行為者の行為について聴取する際には、行為者の実際の言動を、できる限り具体的に、実際に発言したとおり、実際にやった通りに聞き取るべきである。

特にセクハラなどでは、相談者が羞恥心から、行為者の実際の言動ではなく相談者の言葉で説明してしまうことがあるので注意が必要である（例えば、実際には「おっぱい触らせて。綺麗だ、綺麗だ。」と発言していたのに、相談者は「胸を触らせてほしいといわれたのです」と説明するなど）。

ハラスメントは、客観的な裏付け証拠がなく、「言った」「言わない」の問題になることがあり、その場合、相談者の説明が信用できるかを判断しなければならなくなる。供述の信用性を判断する基準の１つは、「供述内容が、実際に体験した者でなければ語ることのできない、具体的で迫真性に富んだ内容であるかどうか」である。従って、事情聴取に当たっては、行為者の実際の言動を、できる限り具体的に聴取するべきである。

なお、こういった事情から、セクハラ事案などでは、相談者の羞恥心に配慮して、同性の者が事情聴取に立ち会うほうがよい場合が多い。

●相談を理由に不利益な取扱いをしない旨などを相談者に伝える

行為者に事情聴取することについて相談者が心配することもある。そのような相談者に対しては、相談を理由に不利益な取扱いをすることが法律で禁止されていることや、行為者に対して、相談者への報復や接触などをしないように警告をしておく旨を伝えるなど、できる限り不安を取り除く配慮をするべきである。

●社内処分に関する質問への対応

相談者から行為者への社内処分がどうなるかなどについて質問されることもある。社内処分は、相談者・行為者の事情聴取や、主張に争いがあれば関係者の事情聴取をして、事実確認をした上で判断する。したがって、事実確認の段階では、社内処分などの結果についての約束はできない旨を回答するほかない。

### （４）行為者の事情聴取

行為者から聴取すべき事項は、や注意点は、基本的には相談者に事情聴取する場合と同じである。

行為者の事情聴取に際しては、特に以下の点に注意するべきである。

●中立的な立場で臨む

中立な立場で聴取し、最初から犯人扱いしたり、語気を荒げた聴取をすることは避けるべきである（事情聴取がパワハラだったと主張されたケースもある）。

ただし、虚偽や言い逃れは許さないという毅然とした態度も必要である。そのためには、相談者からの聴取結果に基づいて、予想される争点（行為者が否定したり弁解しようとしたりする可能性のある点）を整理しておいて事情聴取に臨むとよい。

●行為者の弁明も十分に聴取する

行為者の事情聴取の際には、弁明があれば十分に聴取しなければならない。

対象となる言動が職場におけるハラスメントに該当すれば、行為者は懲戒処分の対象となる可能性があり、懲戒処分を適正な手続きに則って行うために、処分対象者に弁明の機会を与える必要があるとされているからである。

また、行為者とされる者は、「自分の言動はハラスメントに当たる」と認識せずに行動している場合があり、当時の記憶もあいまいになりがちである。このため、行為者の納得を得るためにも、行為者の弁明は十分に聴取するべきである。

●行為者と相談者が接触しないように配慮する

行為者に弁明の対象を明らかにするため、相談者から相談があった事実を行為者に伝えることになる。すると、行為者の中には、「そんなことあったっけ？」「笑ってたよね？」と相談者に確認したり弁明したりする者がいる。ハラスメントをしたと指摘された者が事案の隠蔽を図ろうとする場合もあるが、「自分の言動はハラスメントに当たる」という認識のない者が、誤解を解こうとして行動に出ることがあるのである。

そこで、行為者の事情聴取に際しては、相談者に対する報復的行為や相談の取下げ要求、相談者との直接接触等をしないよう警告しておく必要がある。

## ３　事実の評価と措置・対応の検討

事実関係の確認を実施したら、職場におけるハラスメントに該当する言動があったかという事実の評価を行い、その結果に基づいて、相談者および行為者への措置・対応を検討する。

### （1）職場におけるハラスメントが生じた事実が確認できた場合

事実関係の確認により、相談者が主張する事実が確認でき、それにより行為者の言動が職場におけるハラスメント（違法・不法なハラスメント、あからさまなハラスメント）に該当すると評価できる場合は、被害者に対する配慮のための措置を迅速・適正に行うとともに、行為者に対する措置を適正に行うことが求められる。

#### ①　被害者に対する配慮のための措置

職場におけるハラスメントが生じた事実が確認できた場合においては、被害者に対して、事案の内容や状況に応じて、迅速に、次のような配慮のための措置を実施する。

- 被害者と行為者を引き離すための配置転換を実施する。
- 被害者が労働条件上の不利益を受けている場合は、不利益の回復を図る。
- 和解調整の措置として、被害者と行為者の間の関係改善に向けての援助や行為者の謝罪の実施、管理者（上司）や産業保健スタッフ等による被害者のメンタル不調への相談対応等の措置を実施する（EAP※を構築して対応する等）。

なお、被害者と行為者との間の関係改善援助や行為者の謝罪の実施は、被害者の意向を尊重して行うべきであり、行為者や会社のエクスキューズに過ぎないと被害者に受け止められるような実施方法にならないように配慮しなければならない。

［参考知識：EAP］

EAP（Employee Assistance Program）は、メンタル面から従業員を支援する支援プログラムである。もともとは、アメリカで、アルコール依存や薬物依存によって業務に支障をきたす社員が増加したことに対応するためにできたプログラムであり、現在はメンタルヘルスの問題に限らず法律や家庭の問題なども対象としている。日本でも、社員の抱える個人的問題や職場の抱える人間関係などの問題が職場で出現したときの対応コストをリスクマネジメントとして考え、さらに一歩進んでCSR（企業の社会的責任）の一環と考えるようになり、主にメンタルヘルスの分野においてEAPの導入が注目されている。

労働者自身が自らのストレスを予防・軽減する「セルフケア」、管理監督者の行う「ラインによるケア」、「事業場内産業保健スタッフによるケア」、事業場外の専門機関の支援を受ける「事業場外資源によるケア」という４つのレベルで、下記のようなEAPを効果的に作り上げることが企業の課題となっている。

●メンタルヘルスケア推進のための教育研修・情報提供
●職場環境等の把握と環境整備改善
●メンタルヘルス不調への気づきと相談に対応出来るネットワーク作り
●休職者の円滑な職場復帰と就業継続のための支援

我が国では、専門の機関が企業等と契約し、従業員のカウンセリングや休職者の復職支援、職場環境改善のアドバイスなどを行っており、専門の機関は、医師、保健師、看護師、精神保健福祉士、臨床心理士のほか、社会保険労務士や産業カウンセラーを常駐させている場合もあり、総合的な支援を行っている機関やうつ病等の精神的疾患にり患した従業員のケアに主軸を置いた機関、経営者や管理者向けに職場環境を改善して業務パフォーマンスを向上させるためのアドバイス等を中心とする機関など、様々な機関がある。

② 行為者に対する措置

職場におけるハラスメントが生じた事実が確認できた場合においては、行為者に対し、事案の内容や状況に応じて、次の措置を実施する。

●被害者と行為者を引き離すための配置転換を実施すること。
●就業規則等の服務規律等を定めた文書における職場におけるハラスメントに関する規定等に基づき、行為者に対して必要な懲戒その他の措置を講ずること。
●和解調整の措置として、被害者と行為者の間の関係改善に向けての援助や行為者の謝罪を実施すること。

（2）職場におけるハラスメントが生じた事実が確認できなかった場合

職場におけるハラスメントが生じた事実が確認できない場合としては、相談者が主張する事実が確認できない場合や、確認できた事実が職場におけるハラスメントと評価できない場合が考えられる。

このようなハラスメントのグレーゾーンを放置すると、良好な職場環境の維持にとって問題となる場合がある。例えば、グレーゾーンの言動が職場におけるハラスメント（違法・不法なハラスメント）に発展する場合があるし、放置されたことで、受け手のわだかまりが解消されずに残り、上司や会社に対する信頼が失われたり、ストレスの蓄積により受け手がメンタルヘルスに不調を来してしまうことも考えられる。

従って、職場におけるハラスメントが生じた事実が確認できないグレーゾーンの問題であっても放置するべきではない。もっとも、グレーゾーンは、行為者が、自分の言動は許されていると思っていたり、正しいことをしていると思っていたというように、ハラスメントに無自覚な場合が多くみられるため、無自覚な行為者の気付きを促す対応に手間がかかることがある。また、ハラスメントが生じた事実が確認できないとされたことに受け手（相談者）が納得しないこともあるため、事実確認の方法に関する説明などを丁寧に行わなければならないこともある。

従って、そのような行為者・受け手への対応のために、相応の時間と手間をかける覚悟が必要である。

この場合は、行為者の言動や受け手の言動の問題点（何が問題なのか、どうすればよかったのか）を明らかにし、事案の内容や状況に応じて、注意・指導や和解調整、相談者や行為者へのフォローアップを活用しつつ、対応することになる。

（3）和解調整

①　概要

事実確認により職場におけるハラスメントに該当する事実が確認できた場合は、速やかに、配置転換等被害者に対する配慮のための措置を行うとともに、行為者に対する懲戒その他の措置を適正に行うが、これらと並んで、和解調整の措置として、事案の内容や状況に応じて、被害者と行為者の間の関係改善に向けての援助や、行為者の謝罪、役職者・事業場内産業保健スタッフ等による被害者のメンタルヘルス不調への対応等の措置を講ずることが重要である。和解調整によって、紛争の迅速な自主的解決につながることがある。

相談者・行為者に対する措置と和解調整の措置とは相対立するものではなく、並行して進めることもあるし、行為者の処分よりも話し合いを先行させた方が有効と判断される場合には和解調整を優先的に進めるというように、状況により柔軟に運用すべきである。和解調整が功を奏して相談者の被害感情が和らげば、行為者の社内処分を軽微にすることもありうる。他方で、和解調整を先行してみたが功を奏しなかった場合には行為者の社内処分に移行するという場合もある。

職場におけるハラスメントに該当する事実が確認できなかった場合（グレーゾーン）にも、和解調整の措置は有効である。

②　留意点

和解調整の措置を行うに際しては、相談者および行為者の希望（意向）を確認することが重要である。和解調整は話し合い・調停の要素があるから、当事者双方の同意と互譲がなければ功を奏しないし、当事者の意向を無視して話し合いを進めると、当事者の不満が高まるなどして、かえって紛争が深刻化しかねない。

和解調整は、相談者・行為者らの問題を調停する措置であるから、必ずしも事実の確定にこだわらなくてもよい。事実を裏付ける資料や証言が得られず職場におけるハラスメントの事実が確認できない場合でも、関係改善援助やメンタルケア等は行える。

和解調整の担当者となる者は、会社の状況により様々であるが、話し合い・調停の要素があるから、相談者・行為者にとって第三者的立場にある者が担当することが望ましい。メンタルケアを行うのであれば、産業保健スタッフなどの専門的知識を有する者が関与することも考えられる。

なお、和解調整には、話し合い・調停の措置であることにともなう限界があり、事実に関する双方の主張の対立が激しく慎重な事実確認が必要とみられる場合や、当事者に互譲の姿勢がみられない場合、調整点を見いだせない場合などには、中止・終了せざるを得ない場合もある。

その場合の以後の措置については、事実確認と社内処分の手続を進めたり、都道府県労働局における調停（男女雇用機会均等法 18 条、育児・介護休業法 52 条の５、労働施策総合推進法 30 条の６）や、その他中立な第三者機関に紛争処理を委ねることも考えられる（☞ 都道府県労働局における調停については、P.74「第２章　５　都道府県労働局による紛争解決援助制度」を参照)。

中立な第三者機関に紛争処理を委ねた場合は、第三者機関の紛争解決案に従った措置を被害者および行為者に対して講ずる。

## ４　再発防止に向けた措置を講ずる

相談者や行為者への措置や和解調整の措置を実施したら、改めて職場におけるハラスメントに関する方針を周知・啓発する等の再発防止に向けた措置を講ずる。なお、職場におけるハラスメントが生じた事実が確認できなかった場合においても、同様の措置を講ずることが求められる。

- ●職場におけるセクシュアルハラスメントがあってはならない旨の方針及び職場におけるハラスメントに係る言動を行った者について厳正に対処する旨の方針を、社内報、パンフレット、社内ホームページ等広報または啓発のための資料等に改めて掲載し、配布等すること。
- ●労働者に対して職場におけるハラスメントに関する意識を啓発するための研修、講習等を改めて実施すること。
- ●アンケートを実施して制度の機能状況を検証する。

# 第４章　ハラスメントの予防と再発防止対策

## １　総論

本章では、ハラスメントマネジメントに資する範囲で、職場におけるハラスメントの予防・対応に関する心構えについて解説する。

## ２　個人として気をつけること

### （１）人格価値と関連のない関係性に基づいて、相手を軽くみていないか

職場におけるハラスメント、またはそれに近い言動の大きな原因には、職務上の上下関係や、正社員と非正規社員の関係、男性・女性の関係などのように、本来は人格価値と関連のない関係性に基づいて、相手の人格を軽視してしまうことがあると思われる。相手とどのような関係にあろうと、相手の人格を尊重する姿勢が求められる。

例えば、上司や同僚には到底使えない言葉を部下や非正規社員に使っていないだろうか、社外の人であれば絶対しないはずのことを同僚にしていないだろうかといった意識をもつことも大切である。

自分の感情を前面に出して相手と接したりせず、相手の人格を尊重した言葉、態度をもって相手に接していれば、厳しい発言やくだけた発言をしても、職場におけるパワーハラスメントやセクシュアルハラスメントに該当するような言動にはならないはずである。

### （２）感情をコントロールする意識をしてみる

上司によるパワーハラスメントについては、忍耐しつつ部下を指導していた上司が我慢の「決壊点」を超えてハラスメントに及ぶケースがある。そこで、上司は自分の感情を意識しコントロールする意識を持つことが求められる。

感情を意識しコントロールするために、以下を心掛けると効果的である。

- 「正しいこと」を「正しくない方法」で伝えていないかを意識する。
- 「叱る」と「怒る」の区別をする。親の子に対する接し方であげられることが多い例であるが、職場の上下関係の場面にもあてはまる。「叱る（しかる）」と「怒る（おこる）」は類語であるが、「叱る」は教育的な配慮からの厳しい言動というのが第一義である（「叱責」という語を用いる

場合もある）のに対し、「怒る」は、感情に基づく厳しい言動というのが第一義である。

［「叱る」と「怒る」の意味（「大辞林」　第３版より）］）

「叱る」：①（目下の者に対して）相手のよくない言動をとがめて、強い態度で責める。「子供のいたずらを—・る」
②怒る

「怒る」：①腹を立てる。立腹する。「真っ赤になって—・る」
②しかる

（3）ハラスメントが起きやすい職場の特徴を意識する

ハラスメントが起きやすい職場の特徴を意識することも職場におけるハラスメントの予防に有効である。

例えば、職場のコミュニケーションが十分でないと、ハラスメントについての職場としての共通認識ができにくいし、ハラスメントの相談もしにくくなる。

ハラスメント予防のためには、このような傾向を発見して対処していくことが有効である。

以下、ハラスメントの相談がある職場の傾向をみていく。

## 3　ハラスメントの相談がある職場の特徴

（1）セクシュアルハラスメントの相談がある職場の傾向

セクシュアルハラスメントの相談がある職場には、次のような特徴がある。

- ●従来の性別役割分担意識（ジェンダー）を許容する職場風土がある。
- ●正社員と正社員以外の従業員が一緒に働いている。
- ●女性（男性）が少ない。

このような職場において、女性（男性）を軽く扱う傾向のある従業員や、正社員以外の従業員（アルバイトやパートなど）を軽く扱う傾向のある正社員がいると、職場の雰囲気が悪くなるだけでなく、侮辱的な性的発言がみられるようになることがある。

また、次のような特徴もみられる。

- ●社員間のコミュニケーションが少ない。
- ●男女２人だけの状況になりやすい。

社員間のコミュニケーションが少ない職場では、問題が明らかになりにくいし、特定の女子従業員に対してだけ性的な言動を繰り返して職場におけるセクシュアルハラスメントにエスカレートしていくこともある（「あたり行為」からのセクハラに発展する場合）。

なお、セクハラは受け手が明確に拒絶できない場合が多いから、親しみを込めてやったとか、自分と相手との関係性では問題にならないはず、相手は笑って拒否しなかったといった弁解は通用しないと考えなければならない。

（☞P.20「第１章 第２節 ７　受け手が拒否しなかった場合」）

職場では仲間とのフレンドリーな関係も必要であるが、職場はあくまでも「公の場」である。職場は「公の場」という意識を持っていれば、なれ合い的にセクハラに及ぶことはなくなるであろう。

（２）妊娠・出産・育児休業等に関するハラスメントの相談がある職場の傾向

妊娠・出産・育児休業等に関するハラスメントの相談がある職場には、次のような特徴がある。

- ●従来の性別役割分担意識（ジェンダー）を許容する職場風土がある。
- ●妊娠、出産等に関する否定的な言動が頻繁に行われるなど、制度等の利用や利用の請求等をしにくい職場風土がある。
- ●妊娠・出産・育児・介護に関する制度が利用できることが周知されていない。

男はこういうもの、女はこういうもの、という従来の考えが残る職場では、特に男性の育児休業等に関するハラスメントが多くなる。家庭生活よりも仕事の価値を重んじすぎている職場・上司のもとでは、妊娠、出産等に関する否定的な言動が行われやすく、それが制度の利用を躊躇させることにつながってしまう。

自分の頃はこうであったとか、自分の妊娠のときはこうであったといった自分の経験は、一般化できないので注意が必要である（特に、妊娠にともなう体調不良の程度は人によって軽重様々であるため、自分のときの経験から「この人は大げさだ。」などと判断することは危険である）。

また、次のような特徴もみられる。

- ●妊娠・出産・育児・介護に伴う周囲の労働者の業務負担の増大に対する職場としての配慮が不十分である。

このような職場では、周囲の労働者のストレスがたまり、感情のはけ口としてのハラスメントが妊娠・出産した労働者や育休・介護休などの制度を利用する労働者に向けられてしまうことがある。

また、次のような特徴もみられる。

●社員間のコミュニケーションが少ない。

社員間のコミュニケーションが円滑でない職場では、妊娠や育児休業取得等のために職場として対応する必要性があるにも関わらず話合いが十分に行われず、労働者間の感情的対立が生じてしまうことがある。妊娠・出産したり育休などの制度を利用する労働者の側も、上司や同僚による何気ない発言に過剰反応してしまうこともある（妊娠した労働者に対し、上司が体調を気遣ったつもりで「この仕事はいいから、こっちの簡単な仕事をしてください」と言ったところ、当該労働者が「私には今の仕事を任せられないということですか」と反応するなど）。

（3）パワーハラスメントの相談がある職場の傾向

パワーハラスメントの相談がある職場には、次のような特徴がみられる。

●上司と部下のコミュニケーションが少ない。

特に上司は、部下を注意・指導する際には理由・問題点を明確に伝えるべきであるし、部下の側も、報・連・相（報告・連絡・相談）が必要であることはもとより、報・連・相の前に、疑問点や自分の意見は整理しておくべきである。

なお、特に上司は、あいさつを軽視すべきではない。部下が挨拶しているのに上司が仏頂面して一瞥もくれないといった職場では、上司と部下のコミュニケーションが希薄になりがちである。

また、次のような特徴もみられる。

●失敗・ミスへの許容度が低い。

●成績を極めて重視する職場風土がある。

●正社員と正社員以外の従業員が一緒に働いている。

●忙しすぎる（時間外・休日労働が多い／休みを取りにくい／育休等を利用しにくい　等）。

仕事の価値を重視しすぎるばかりか、結果を重視しすぎる職場では、失敗したり成績が低い者を軽視するようになり、ハラスメントが行われやすい。部下も上司に意見しにくくなり、上司が「独裁者化」してしまうこともある。

正社員と契約社員のように、立場が大きく異なる従業員がいる場合に、職務上の立場が上の者が下の者を軽視してハラスメントに及ぶことも多い。

更に、忙しすぎる職場では、働く者の心に余裕がなくなって職場がすさんでしまい、ハラスメントに及んでしまったり、ハラスメントを見ぬふりしてしまったりすることが多い。忙しすぎる職場では、休暇や育休などの制度の利用を諦めざるを得なくさせるといったハラスメントも生じやすい。

また、次のような特徴もみられる。

- 部下指導を直属の上司に任せきりにしている。
- 他部署や外部との交流が少ない（職場が閉鎖的）。
- 業務のマニュアル・手順・基本的ルール・役割分担が不明瞭

部下指導を直属の上司に任せきりにすると、部下の頻繁なミス等に耐える上司が「決壊点」を超えてハラスメントに及ぶ危険がある。また、部下指導を特定の者に任せきりにしていたり、外部との交流が少ない閉鎖的な職場では、上司が「独裁者化」して歯止めがきかなくなる可能性がある。閉鎖的な職場では、上司の指導が適切であったとしても、逃げ場のない部下の不満がメンタルヘルス不調に発展してしまう危険もある。

また、業務上の手順や基本的なルール等が明確になっていない職場では、部下が上司の意向ばかり確認するようになってしまったり、上司が部下に対して阿吽の呼吸を求めるようになってしまって、上司が「独裁者化」してしまうことがある。

## 4　ハラスメントを放置しない

従業員がハラスメントを受けたときや、ハラスメントを目撃したときの対応について確認しておく。

### （1）ハラスメントを受けたと感じたら

ハラスメントを受けたと感じたら、一人で悩まず、同僚や上司、相談窓口に相談することが望ましい。

ハラスメントの相談においては、相談者のプライバシーは保護され、相談をしたことを理由として不利益な取扱いはされない。すなわち、事業主は、労働者が職場におけるセクシュアルハラスメント、職場における妊娠・出産・育児休業等に関するハラスメントおよび職場におけるパワーハラスメントに関する相談を行ったことを理由として、当該労働者に対して解雇その他不利益な取扱いをすることが禁止されている（男女雇用機会均等法 11 条２項、育児・介護休業法 25 条２項、労働施策総合推進法 30 条の２第２項）。

（２）ハラスメントを見たら

同僚等がハラスメントを受けているのを見たら、これを見過ごさず、上司や相談窓口に相談することが望ましい。

ハラスメントの目撃者が、相談したことや会社の調査に協力したことでは不利益な取り扱いをうけることはない。すなわち、事業主は、労働者が職場におけるハラスメントに関する相談を行ったことで不利益な取り扱いをすることを禁止されているだけでなく、労働者が事業主による当該相談への対応に協力した際に事実を述べたことを理由として不利益な取扱いをすることも禁止されている（2019 年の改正により追加された男女雇用機会均等法 11 条２項、育児・介護休業法 25 条２項、労働施策総合推進法 30 条の２第２項）。

ハラスメントの目撃者が、事態を放置しないようにするために、事業主としては、相談窓口を設置してその存在を周知するだけでなく、匿名のアンケート調査（コンプライアンスアンケート等）を行うことも検討するべきである。相談窓口にはパワハラの相談が全くなかったのに、アンケート調査をしたところパワハラについての複数の通報が寄せられたという事例もある。匿名のアンケート調査は、相談窓口が機能しているかを確認することにも役立つ。

また、教育研修や経営者のメッセージ発信などを通じて、ハラスメントを放置しないことを職場で定期的に確認することも大切である。

## ５　リスクマネジメントと従業員教育

従業員教育はリスクマネジメントにおいて重要な位置を占めている。

リスクマネジメントは「トップダウン」で行うべきであるといわれる。現場の創意工夫や自主的な取り組みによる「ボトムアップ」は、企業成績に直結する分野では有効であるが、リスクマネジメントは、それが有効に機能している状態が「０」であり、明確な社員の成果として現れないため、ボトムアップに期待するのは難しいからである。

そこで、リスクに対応する事業主の基本方針を明確にし、それを従業員に周知徹底し（従業員教育）、実行するモチベーションにする必要がある。

厚労省の指針も、「職場におけるハラスメントの内容とハラスメントがあってはならない旨の方針（以下、「事業主の方針」という。）を明確化し、管理・監督者を含む労働者に周知・啓発すること」を事業主に求めて、実施例として以下のものをあげている。

- 就業規則その他の職場における服務規律等を定めた文書において、事業主の方針について規定し、当該規定と併せて、職場におけるハラスメントの内容及びハラスメントの背景等を、労働者に周知・啓発すること。
- 社内報、パンフレット、社内ホームページ等広報または啓発のための資料等に職場におけるハラスメントの内容及び職場におけるハラスメントの背景等、並びに事業主の方針について記載し、配布等すること。
- 職場におけるハラスメントの内容及び職場におけるハラスメントの背景等、事業主の方針並びに制度等の利用ができる旨を労働者に対して周知・啓発するための研修、講習等を実施すること。

## ６　従業員教育のポイント

従業員教育を有効なものにするためには、以下のポイントを押さえておくべきである。

- 可能な限り全員が受講する。
- 定期的に実施する。
- 管理監督者と一般従業員を分けた階層別研修を行う。
- 研修内容には、トップのメッセージを含める。
- 研修内容には、会社のルールの内容、取組の内容や具体的な事例を加える。
- 集合研修が困難な場合は、動画と確認テストによる自習形式を採用する。

以下に、セクハラ、妊娠・出産・育児休業等に関するハラスメント、パワハラについて、研修会等で触れておくべき項目を一覧にして掲載する。

## ７　実態把握アンケートの実施

実態把握アンケート（コンプライアンスアンケート等）を定期的に実施することは、ハラスメント相談窓口その他のハラスメント対策の雇用管理上の措置が有効に機能しているかを監査するために重要な方法である。

前述したように、従業員がパワーハラスメントを受けてどのような行動をしたかについて調査したデータによると、「何もしなかった」の割合が高い。「何もしなかった。」を減らし、「社内の相談窓口に相談した」を増やすために、定期的に社内のアンケートを実施して、相談窓口によせられなかったハラスメントがなかったかをチェックするべきである。

（☞ P.82「第３章 第２節　３　相談窓口」）

また、相談窓口にはハラスメントの申告がないものの、コンプライアンスアンケートを実施したところ多数のパワハラの目撃申告があり、悪質なパワハラが発覚したという事例もあり、アンケートは、ハラスメント把握の手段としても有効である。

［パワーハラスメントの把握方法（複数回答、従業員規模別）］

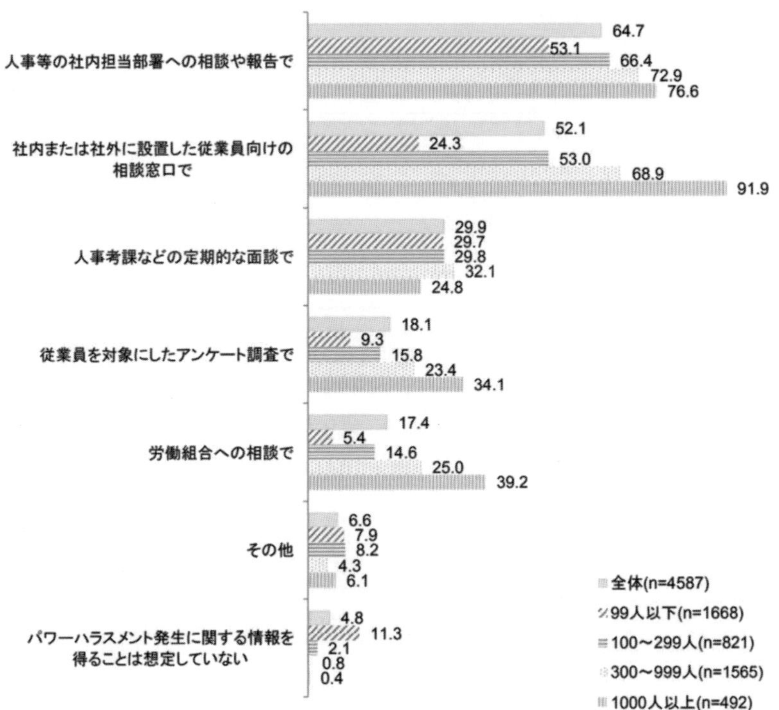


（対象：全回答者、単位％）

※出典：厚労省「職場のパワーハラスメントに関する実態調査」報告書（2017.3）図表22

## ８　アンケートの意義

職場におけるハラスメントに関するアンケートを実施する意義としては、以下が挙げられる。

- ●ハラスメントの実態を事業主が把握できる。
- ●アンケートの実施を通じて、ハラスメント防止に向けた会社の姿勢（基本方針）を従業員が再確認する機会となる。
- ●アンケートを実施することで、職場で話題にしたり、行為者の気づきを促す機会になる（予防効果）。
- ●アンケート結果を研修に利用するなどして、再発防止に役立てる。
- ●相談窓口によせられなかったハラスメントがアンケートで確認できたかどうかなどを確認し、相談・苦情処理体制の効果を検証できる。
- ●上司への相談や相談窓口と並び、事業主がハラスメント事案を把握する重要な機会となる。

## ９　アンケートの実施方法等

（１）　参考資料

ハラスメントの実態調査アンケートの手法等については、「パワーハラスメント対策導入マニュアル第４版（厚生労働省）」（https://www.no-harassment.mhlw.go.jp/pdf/pwhr2019_manual.pdf）の参考資料１（アンケート実施マニュアル）が参考になる。厚生労働省の「明るい職場応援団」サイト（https://www.no-harassment.mhlw.go.jp/jinji/download/）のダウンロードページからダウンロードできる。

（２）実施の手法

①実施者

アンケートは、自社で実施する場合もあれば、外部の専門業者に委託する場合もある。

②調査票

アンケート調査票は、紙媒体とするか電子データとするかに大きく分けられる。

電子場データの場合は、word、exel 等の調査票に回答を入力してメールに添付して返信してもらって回収したり、回答を記入した電子データを自分で印刷してもらって紙媒体の形で回収してもらうなどの方法が考えられる。

なお、Webフォームを用いる方法は、環境整備の手間はあるが、電子データのメール添付や紙媒体による回収の手間が省けるし、記名式にしなければ匿名性も保ちやすい。

③対象者

アンケートは、その具体的目的に応じて、従業員全員を対象とする場合、管理職のみを対象とする場合、派遣社員のみを対象とする場合などが考えられる（派遣社員を対象とする場合は、派遣元との協力が必要となる）。

また、全事業場で実施する場合と、一部の事業場のみで実施する場合とに分けることもできる。

④質問内容

アンケートの質問内容・項目も、アンケートの具体的目的に応じて検討することになる。

アンケートの質問内容・項目については、パワハラについてであるが、前述した「アンケート実施マニュアル」に、「参考」として、実態把握アンケート例が掲載されているので、参考になる。

［パワハラの効果把握アンケート例］

当社では、この数か月間、パワハラのない働きやすい職場をつくるために、パワハラの予防・解決に向けた取組を進めてきました。会社が進めている取組に対する率直な御意見をお聞かせいただき、今後の取組に活かしていきたいと考えています。

趣旨を御理解いただき、アンケートに御協力いただきますよう、お願いします。

なお、回答内容は、アンケート集計担当者限りとし、**回答者名等の個人名や部署名が行為者や職場の同僚等に伝わることはなく、アンケートの回答内容を理由にあなた自身が不利益な取扱いを受けることは一切ありません。**安心して御回答ください。

**まず、パワハラの御経験についてお伺いします**

Q1.　あなたは、当社において、この最近３年間にパワハラを受けたり、見たり、相談を受けるなど、パワハラについて経験したことはありますか。

勤務期間が３年に満たない場合は、入社してからの期間についてお答えください。（○はいくつでも）

1. あなた自身がパワハラを受けたことがある
2. あなた以外の方がパワハラを受けているのを見たり、相談を受けたことがある
3. パワハラを受けたことも、見たり相談を受けたこともない

**会社のパワハラの予防・解決のための取組についてお伺いします**

**☆については、実際に行った取組に合わせて項目を修正したり、質問の追加、削除を行ってください。**

Q2.☆　当社が実施しているパワハラの予防・解決のための取組は、パワハラの予防・解決に役立つと思いますか。（○は１つずつ）

| | 役立つ | どちらともいえない | 役に立たない | 分からない |
|---|---|---|---|---|
| 1. パワハラの予防・解決のための取組全体 | 1 | 2 | 3 | 4 |
| 2. トップメッセージの発信 | 1 | 2 | 3 | 4 |
| 3. パワハラに関するルールの制定・見直し | 1 | 2 | 3 | 4 |
| 4. パワハラに関する実態調査の実施 | 1 | 2 | 3 | 4 |
| 5. パワハラに関する研修・教育の実施 | 1 | 2 | 3 | 4 |
| 6. パワハラ防止・予防に関する周知活動の実施 | 1 | 2 | 3 | 4 |
| 7. パワハラに関する相談窓口の設置 | 1 | 2 | 3 | 4 |
| 8. その他（　　　　　　　　　　　　） | 1 | 2 | 3 | 4 |

Q3.☆　当社が実施している以下のパワハラの予防・解決のための取組のうち、パワハラの予防・解決に最も役に立つと思われる取組、又はあなたが最も印象に残っている取組を１つだけお選びください。（○は１つだけ）

1. トップメッセージの発信
2. パワハラに関するルールの制定・見直し
3. パワハラに関する実態調査の実施
4. パワハラに関する研修・教育の実施
5. パワハラ防止・予防に関する周知活動の実施
6. パワハラに関する相談窓口の設置
7. その他（　　　　　　　　　　　　）
8. １つもない

Q4.　会社のパワハラの予防・解決に向けた取組について、どのように感じていますか。（○は１つだけ）

1. 行き過ぎである
2. ちょうどよい
3. 少し不足である
4. 全く不足である
5. 分からない

# 第５章　ハラスメント相談について

## 第１節　相談員の職責

ハラスメントの相談・苦情窓口（一次対応）の主な役割は、相談者のヒアリングと相談者の意向確認である。
相談窓口の担当者である相談員は、ハラスメントの内容に応じて迅速・適切に被害者を救済するとともに、初期段階（グレーゾーン）で事実を把握してハラスメントを未然に防ぎ、社内で自主的に問題を解決するために必要な情報を得るために、相談者の主張と意見をできるだけ正確に聴取し、記録化することが求められる。

相談員は、このほかに、相談の内容・状況に応じて、ハラスメント問題対策の体制や手続き等の情報を相談者に提供するなどして相談者への適切な助言・援助をしたり、相談後の経過等を相談者に説明するなどのフォローアップを行うこともある。
ハラスメント相談窓口を設ける場合の制度設計としては、次の例が考えられる。

●相談員の職責を「一次対応」、すなわち相談受付と相談者のヒアリング（主張と意向の聴取）に限定する。

相談員は、ヒアリング結果を所定の部門に報告し、その後の事実確認等は担当しない。相談員を管理職が担当するとは限らない場合は、相談窓口を一次対応に限定するケースが多いようである。

なお、内部相談窓口とは別に外部相談窓口を設置する場合は、外部相談窓口は一次対応のみに限定することが多い。

●相談員が相談対応後の事実確認や和解調整も行う制度にする。

管理職や人事労務担当部門の従業員のように、事実確認などを行いうる地位・経験のある者をハラスメント相談員に選任し、相談受付だけでなく行為者や関係者の聴取といった事実確認や、和解調整等も担当する場合が考えられる。この場合は、担当者は、相談対応の手法だけでなく、事実確認の手法や和解調整（カウンセリング）の手法についても研修を受けておくべきである。

## 第２節　相談員（一次対応）の役割

### １　話を聞く

一次対応（相談受付と聴取）を担当する相談員に求められるのは、「相談者の話を聴く」ことである。

相談・苦情窓口における一次対応の主たる目的は、相談者の主張の正確な聴取と相談者
の意向の確認だからである。

悩みの問題解決は、悩む者の発言に真摯に耳を傾けて事実関係を把握することから始まる。話を聴くことにより、相談者が問題を整理することを助けることにもつながる。

なお、相談・苦情受付においては、グレーゾーンにすらあたらないと思われるような相談・苦情にも真摯に対応することが求められる。放置するとハラスメントに発展する可能性がないとも限らないし、相談者が話すことによっていわば「ガス抜き」となり相談者の会社に対する不満の解消に役立つこともありうるからである。

また、一次対応においては、相談者の意向を確認することも大切である。相談者の意向を確認にするために、ハラスメント問題対策の体制や手続き等の情報を相談者に提供することで相談者の希望を明確にしたり、相談者が行動を決定するために必要な助言をする場合もある。もっとも、相談者が意向を決めきれない場合にまで意向確認に固執するべきではなく、継続相談とすることも考えるべきである。ただし、緊急な対応を要すると思われる場合にまで様子見を続けるべきではない。例えば、ブラックなハラスメントの可能性が考えられる場合には事実確認とそれに基づく措置への同意を勧めるべきであるし、相談者がメンタル面で問題を抱えている様子であれば、専門医に相談することをアドバイスするべきである。

このほか、相談員（一次対応）は、相談受付の記録を作成し、（相談者が拒否しない場合には）人事部や所属長等の担当部門に報告する。緊急な対応を要すると思われる場合には、人事部や所属長等の担当部門にその旨を迅速に伝えて指示を仰ぐべきである。

## 2　求められる姿勢

（1）相談者のプライバシーを固く守る

ハラスメント相談員に求められる姿勢は、第一に、相談者のプライバシーを最優先にする姿勢である。相談者のプライバシー保護は、相談・苦情の処理体制の重要事項である。このため、相談員は、相談後の会社の対応について、相談者の意向を尊重する必要がある。

なお、相談者には、相談が主目的で会社の対応までは考えていない者もいる。それにもかかわらず、相談員が先走って関係者への事情聴取を行ってしまうと、相談した事実が関係者に明らかになってしまって立場がなくなってしまったと相談者が会社に苦情を申し立てるというケースもあり得るので注意が必要である。

相談者が相談したことで不利益を受けるのではないかと不安に思う気持ちを解消するために、相談の冒頭で、相談者のプライバシーが保護されることや、相談したことにより不利益を受けることがない旨を説明する必要がある。

［相談者が匿名を希望したり、事実確認を望まない場合について］

相談者が会社に対しては匿名での報告を強く希望したり、事実確認を躊躇するような場合には、悩ましい問題に直面することがある。

例えば、相談内容からブラックなハラスメントであることが強くうかがわれる場合には、会社として事実確認をして、相談者や行為者に対する措置を行うべきである（☞P.91「第３章 第３節 職場におけるハラスメントにかかる事後の迅速かつ適切な対応」を参照）。しかし、匿名の相談・苦情に依って慎重な事実確認がなされないまま行為者を処分すると、後に、人事権や懲戒権の濫用と判断される可能性がある。

そこで、相談者に対して、手続きについて説明したり、相談したことにより不利益を受けることがない旨を説明するなどして、相談者の不安の解消を試みつつ、担当部署への報告や事実確認についての同意を得る努力をすべきである。

相談者があくまでも匿名申告のままで行為者への処分を希望するような場合には、匿名申告のままでは事実確認に限界があり、行為者とされる者に対する処分も相応のものにとどまる可能性があることを相談者に伝えざるを得ない。それでも、匿名で相談内容を報告することによって、会社が改めてハラスメントに関する方針を周知・啓発する際の材料にするなど、再発防止に向けた措置を講ずることに役立つという説明で納得する相談者もいる。

なお、匿名相談をきっかけとして会社がコンプライアンスアンケートを実施し（匿名相談があった事実は伏せて、一般的なコンプライアンスアンケートやハラスメントアンケートの形で実施する）、その結果、当該行為者からハラスメントを受けた者や目撃者からの回答が多数寄せられることで、会社が関係者への事情聴取を実施して、職場におけるハラスメントを会社が確認したというケースもある。コンプライアンスアンケート実施の決定は相談員の職責を超えるものであるが、相談内容から判断される悪質性や緊急性に照らして、相談員がコンプライアンスアンケート実施の意見をつけて報告する場合があってもよい。

（２）聞き役に徹する姿勢

真摯な態度で相談者の話を忍耐強く傾聴し、聞き役に徹する姿勢も相談員には求められる。

相談・苦情窓口における一次対応の主たる目的は、相談者の主張の正確な聴取と相談者の意向の確認である。また、相談者は自分の話を聞いてもらいたい場合がほとんどである。したがって、一次対応における相談員は、聞き役に徹し、相談者がその記憶・主張を説明しやすくなるようにサポートすることに集中すべきである。一次対応の段階では、当事者の一方の言い分しか聞いておらず、事実確認が十分に行われていないから、相談員が事実の評価を述べたり、相談員が自分の経験を話して励ましたりするといった対応は控えるべきである。

（３）職場におけるハラスメントの概要や相談体制・手続きの理解

相談者の意向を確認するためには、相談者がどのような解決を希望するかを決める手助けとなる情報の提供が必要となる場合がある。また、緊急対応の必要性を迅速・的確に判断するためは、職場におけるハラスメントの意味や、職場におけるハラスメントに対して会社がどのような措置を講ずるのかの概要を知っておく必要がある。

（４）中立的な立場で相談を受け、解決に向けて取り組む姿勢

苦しみ悩んでいる相談者に対しては、相談員はこれに寄り添う姿勢を示すべきである。そうすることで、相談者が話しやすい雰囲気を作り出し、相談

者がその記憶や考えを整理することを促すこともできる。

ただし、相談員は、感情的に相談者に同調して相談者とともに行為者を加害者と決めつけることがあってはならない。一次対応の役割は、相談者の主張の正確な聴取と相談者の意向の確認にあるのであって、事実確認も経ていないのに行為者を糾弾するべきではないし、感情的に相談者に同調してしまうと、問題をいたずらに深刻化してしまうことがあるからである。

また、相談内容が「苦情」にとどまるようなものであったとしても、相談内容について批判的な発言をしたり、相談を軽く見るような対応をすることがないように配慮しなければならない。相談者が会社に対する信頼をなくしてしまうこともあるからである。

（5）できることとできないことを区別する

相談員は、できることとできないことを峻別することも大切である。

例えば、犯罪行為に該当するといえる極めて悪質なハラスメントのような、深刻で対応に緊急性を要する相談については、一次相談で対応し続けるべきではなく、迅速に事実確認をして会社が対応すべきである。

そこで、相談者に対して、早急に人事部長・所属長・ハラスメント委員会等に報告して対応した方がよい旨を伝え、報告についての相談者の了承を得るよう努めたり、人事・労務部門に迅速に照会し対応を問い合わせる（相談者の承諾が得られない場合は匿名で）といった処置が求められる。

また、「死にたい」などと自殺を暗示する言動がみられたり、心身が極めて疲弊した様子であれば、上述した緊急の対応のほか、産業医その他の医療専門家の受診をアドバイスする（会社が専門医等を紹介できる体制になっていれば、紹介する）ことも必要であろう。相談者がメンタルヘルスの問題を抱えていることがうかがわれるようであれば、産業医や保健師・健康管理スタッフ、臨床心理士の資格を有する者等に引き継いだり、産業医やメンタルクリニックの専門医の受診を勧めることも考えるべきであろう。

## 3　相談体制（相談対応する人数）について

社内相談窓口制度を設けて、面談により相談を受ける場合は、可能であれば２名で対応し、相談員の１名は同性であることが望ましい。特にセクシュアルハラスメント事案では、同性が相談対応することが望ましいと言われる。

［複数名体制と一人体制のそれぞれのメリット］

複数名の相談員で対応する場合のメリットは、一人が聞き役に徹してもう一人がメモ取りと補充的な質問をするといった役割分担ができることがあげられる。また、深刻な相談の場合には、一人で抱え込むよりも複数名で対応したほうが相談員の負担が少ないことが多い。そこで、一人で相談を受けた場合であっても、深刻な問題であったり、事案が複雑で理解に困難をきたす場合には、相談者の了承を得て複数名で対応することが考えられる。

一方、相談員が一人であることには、話し相手が一人のため気が散ることなく話すことができ、親密に相談できる場合が多いというメリットがある。そこで、相談のスキルや経験の十分な者が相談員を担当するのであれば、相談対応は一人で行うことが望ましいといえる。

特に、従業員がよく知る職務経験の豊富な管理職クラスの者が相談対応する体制になっている場合であれば、一人で相談対応したほうが効果的である。この場合は、一人で担当するメリットの他に、そもそも相談者が相談員に対する一定の信頼感を持って相談に臨むため、相談がスムースに進みやすいからである。ライン（職制）における上司が相談員を担当する場合も同様である。

ただし、上司を相談員とする場合には、かえって相談者が相談を躊躇する場合があるし、事案が握りつぶされてしまう可能性があることにも留意しなければならない。そこで、上司が相談員を担当する場合には、別の部署でも相談を受け付けるようにしたり、外部相談窓口を依頼するなどして、複数の相談窓口を設けておく工夫が必要である。

## ４　相談対応時の注意

### （1）相談内容は特定のハラスメントに限らない

職場におけるハラスメントは、例えば上司が部下の女性に対して不適切な性的内容を含む暴言を繰り返すケースのように、セクハラとパワハラが複合した態様の場合がある。マタニティハラスメントも、セクハラの要素を含む場合があり、上司が嫌がらせを繰り返せばパワハラの要素も含まれる。男性労働者が育児や介護に関する制度を利用しようとしたことに対して上司が嫌がらせをすれば、育児休業等に関するハラスメントとパワハラが複合した態様となる。いわゆるLGBTの当事者に対して同性の労働者が嫌がらせを繰り返せばセクハラといえるが、パワハラに該当する場合もあり得る。

このように、職場におけるハラスメントは、「これはセクハラ、これはパワハラ」と割り切れるものではなく、複合的なものが多い。このため、「これはセクハラ」と決めつけると、相談者の話を聞く際に見落としをしてしまうことがある。また、相談者が自分の受けている言動がパワハラにあたるのかセクハラにあたるのかなどを判断して相談してくるとは限らない。したがって、相談窓口は、仮にそれがセクハラ相談窓口だとしても、パワハラ的な相談等がくることを想定しておかなければならない。

それ故、厚労省の指針（パワハラ措置指針、セクハラ措置指針、マタハラ措置指針及び育介指針）は、職場における各種ハラスメントの相談窓口を一体的に設置し、他のハラスメントと一体的に相談に応じることのできる体制を整備することが望ましいとしている。

職場におけるハラスメントが許されず、会社が対策を講じなければならない理由の第一は、それが人権尊重の理念に反するからである。態様が悪質なハラスメント（ブラックなハラスメント）は、ハラスメントを受ける人の人格権、性的自由、身体的自由といった人権を侵害する行為であり、違法行為なのである。

もちろん、相談をうける際には、行為者の言動の問題点を把握するために、セクハラやパワハラの要件などを意識することは有用である。しかし、「これはセクハラに該当するか」「これはパワハラに該当するか」という観点だけでなく、より根本的に、「受け手の人格を否定する内容の言動になっていないか」「受け手の名誉感情をいたずらに傷つける内容の言動になっていないか」という、人権保護の視点をもっておくことも重要である。

（２）グレーゾーンの問題

グレーゾーンにある言動（「職場におけるセクシュアルハラスメント」や「職場におけるパワーハラスメント」すなわちブラックなハラスメントと断定することはできないもの）を会社が放置すべきでないことについては説明した。

（☞P.10「第１章 第１節 ５（２）グレーゾーンにあるハラスメントの問題」）。

例えば、セクハラでは、男性従業員が女性従業員に対して「あたり行為」として、当初は軽い性的言動を繰り返して様子をうかがい、相手が拒否の姿勢を示さないことからエスカレートして悪質な性的言動に及ぶケースがある。パワハラでも、ミスを繰り返す部下に対して注意・指導をしていた上司が我慢の限界を超え、いわば「決壊点」を超えてしまってからは人格的な攻撃を含む叱責を繰り返すようになってしまうというケースもある。このような事例においては、職場におけるハラスメント（ブラックなハラスメントまたは不法行為となるような言動）に及ぶ前のグレーゾーンの段階で相談がなされれば、職場におけるハラスメントに発展する前の段階で対応することができる。

ハラスメント相談窓口の真価は、このようなグレーゾーンの段階で事態を把握し、職場におけるハラスメントに発展する前に会社が措置を講ずる機会を確保することにあるといえる。もちろん、職場におけるハラスメントが発生した場合に、迅速に被害者への配慮の措置を行うために、相談窓口は重要である。しかし、悪質なハラスメントは、それが発生してしまうと、被害者の被害感情がおさまらないために会社が自主的解決の努力をしても功を奏することなく、訴訟等に発展してしまうことがしばしばある。だからこそ、そうなる前に会社が事態を把握し、適切な予防措置を講ずることが大切なのである。

このことは、グレーゾーンとすらいえないような「苦情」についても同様である。苦情の段階で事態を把握すれば、会社が改めてハラスメントに関する方針を周知・啓発する際に、性別役割分担意識に基づく言動や育児・介護に関する制度を取得することに否定的な雰囲気・言動のように、職場におけるハラスメントの原因となりやすい言動や職場風土への注意を喚起することで、職場におけるハラスメントに発展する前の段階で抑止することが期待できる。また、「苦情」に耳を傾けることで、相談者にとっていわば「ガス抜き」となる場合もありうる。しかし、軽微な事案だと軽視して対応すると、相談者の会社に対する不満・不信を増大させる危険がある。

したがって、ハラスメント相談員は、グレーゾーンの問題やグレーゾーンに至らない「苦情」についても真摯に対応し傾聴することが望まれる。

### （3）相談者は被害者に限らない

ハラスメント相談窓口には様々な相談が寄せられる。ハラスメントに関する社内規程に「ハラスメントの被害者に限らず、全ての従業員は、ハラスメントに関する相談および苦情を相談窓口に申し出ることができる。」と定める会社もあり、それが望ましい。

このため、他の従業員からハラスメントの行為者だと言われた人が相談にくる場合も想定しておくべきである。この場合は、相談者に不用意に同調して、相談者に自己の言動の正当化理由を与えないように注意すべきである。

また、ハラスメントの目撃者や、被害者から相談を受けている同僚、被害者の代理人的な立場の者が相談窓口に来ることもある。このような場合でも相談対応すべきであるが、本人以外の者による相談の場合だと会社の対応には限界があるから、悪質なハラスメントがうかがえる場合には、本人の相談を促すべきである。

### （4）ハラスメント行為者が社外の場合

特殊なケースとして、ハラスメントの行為者が社外の取引先や顧客という場合もある（カスタマーハラスメント）。この場合は対外的な問題であり、人事部以外の部署（営業部や経営陣など）が対応すべきことが多いであろう。従って、速やかに相談結果を所定の部署に報告し、判断を仰ぐべきである。

### （5）公益通報に該当しうる場合

不同意わいせつ罪（刑法 176 条）や傷害罪（刑法 204 条）などの刑法の犯罪行為に該当するハラスメントの相談や、横領などの犯罪行為への協力を要求されたというようなパワハラ相談は、「公益通報」に該当する可能性がある。

公益通報者保護法及び関連する指針により、公益通報に該当する通報（内部公益通報）は、役員等や労働者が公益通報者を特定した上でなければ必要性の高い調査が実施できないなどのやむを得ない場合を除いて、公益通報者を特定させる事項を秘匿し、公益通報者を特定させる情報の共有範囲を必要最小限に限定しなければならないとされている。また、公益通報の受付・調査・是正に必要な措置（公益通報対応業務）は、公益通報者を特定させる事項の守秘義務（同法 12 条）を負い、公益通報者を特定させる事項の扱い等に関する研修を受け、公益通報対応業務を担当することが明確に伝えられている「公益通報対応業務従事者（従事者）」が担当することとされている。

従って、公益通報に該当する可能性がある相談を受けた場合は、相談担当者が公益通報対応業務従事者でない場合には、公益通報対応業務従事者に引き継いだり、内部公益通報受付窓口への通報を勧めることが望ましい。

## 第３節　相談員（一次対応）の心構え

### １　相談しやすい雰囲気をつくる

ハラスメントの被害を受けている相談者は、不安であり、会社に対して警戒心を抱いていることもある。そこで、相談員はまず、相談者が安心して相談できる、話しやすい雰囲気をつくるように心がけなければならない。

話しやすい雰囲気を作る冒頭の工夫として、自己紹介を丁寧に行うことがあげられる。相手が何者かもわからない者に対して人は口を開きにくいから、相談員の側から、氏名、所属部署を述べて挨拶してしまうのである。例えば、「私は、相談員の山田太郎と申します。普段は人事部で仕事をしています。よろしくお願いいたします。」という冒頭挨拶をすれば、相談の流れができやすい。

更に、相談者の不安を解消するために、相談者のプライバシー・秘密を守ることを約束する必要がある。「相談内容の秘密は守られています。相談内容は記録しハラスメント対策委員会（人事部長）に報告しますが、それ以外の第三者に伝える場合には、情報を伝える必要性をご説明し、どのような情報を誰に伝えるかをお伝えして、ご了解を得てから第三者に伝えます。」などと伝える。

これらの冒頭の挨拶・説明は、テンプレートを作っておいて書面にしておき、それを読み上げても構わない。相談員が相談者に安心して相談してほしいという姿勢で臨んでいれば、この程度の形式的対応で相談者の信頼が獲得できなくなることはない。

また、相談対応の全体像について説明することも必要である。相談対応の全体の流れ（事実確認や相談者及び行為者への対応など）を説明することや、複数名で相談に対応することを伝えること（「私のほかにもう１名の相談員に同席してもらいますが、よろしいでしょうか。」「２名の方がより適切で公正な対応ができます。」など）が考えられる。

また、正対し、相談者の目を見るように努めるとともに、暖かく、ゆったりとした姿勢で話しかけることは、相談者との信頼関係の醸成につながる。

別の場所を見ながら挨拶するようだと、相談者に事務的な対応だとの印象を与えてしまう。相談を聞いているうちに、腕組みする，背もたれにもたれかかるといった癖が出てしまう場合があり、そのような行動に不快感を抱いたり戸惑ったりする相談者もいるので注意が必要である。

なお、相談しやすい雰囲気を作るための工夫は、従業員がよく知る職務経験の豊富な管理職クラスの者が相談対応する体制の場合であれば、省略することができるであろう。この場合は、相談者の側が相談員に心を開き、話をしようとする心理状態になっていることが多いからである。

## ２　概略を尋ねる

### （1）聴取の姿勢

悪質なハラスメントの被害者は、不安、警戒心の鎧が容易には取れない場合がある。そこで、いきなり根掘り葉掘り聞いたり質問を繰り返したりせず、まずは「ご相談にいらっしゃった事情についてお話いただけますか？」などと伝えて、概略を尋ねるように心がける。

もちろん、相談者にもいろいろあり、いきなり詳細から入る場合、結論から入る場合、雑談的な話から入る場合など様々である。いずれにせよ、相談員は、まずは相談者の話を傾聴することから始めるべきである。

相談者の中には、ハラスメントを受けた心理的影響から理路整然と話すことができない者がいる。人は印象に残った出来事が記憶に残りやすく、また、ハラスメントの被害を受けた者はその出来事を忘れたいと思う傾向もある。このため、出来事の前後関係や関連性が整理されないまま話されることがある。また、一見すると関連がないように思われる話が出てくることもある（自分の行動の理由や言い訳の説明から始める傾向のある相談者がいる）。相談者だけが理解している事情を前提に話が進み、人間関係や背景の見当がつかないこともある。

このようなことがあっても、まずは忍耐強く聴き、相談者が話しやすい流れを作るよう努めることが望ましい。まずは概略が把握できればよい、相談者に気持ちよく話してもらえればよいと割り切って、できる限り質問等で話を遮らず、我慢して聞いていくことが大切である。

このような「傾聴の姿勢」により、相談者は話がしやすくなる。話しているうちに相談者の頭の中で事態が整理でき、相談者が問題点を把握することにつながる場合もある。

相談の概要を傾聴し、相談の概要を確認したら、疑問点を明らかにし詳細な事情を確認するために、相談員から質問をするという流れが相談対応の一般的な流れとなる。このプロセスをとれば、相談者は話をする姿勢になっているし、頭の中も整理できているから、相談員からの質問に答えやすくなっているのが通常である。

### （２）相談用紙の利用

相談用紙や相談フォーム（病院でいうところの問診票）を利用できるのであれば、相談対応をスムーズにする効果は大きい。

あらかじめ相談者に記入してもらった相談用紙に相談員が目を通しておくだけで、初めて聞く相談者の話でも格段に理解しやすくなるし、相談者も事態を整理することができるから、相談者の話も整理されたものとなる。可能であれば、相談用紙を利用すべきである。

### （３）相談対応とメモ

相談者の話を聴きながら同時に相談受付票（☞後述）に記入するのは至難の業である。また、書類の記入に集中して相談者を正視しないのでは、相談者との信頼関係を築くのは困難である。

従って、相談対応時にはせいぜいメモ用紙に概要を記入する程度にとどめるべきであろう。特に、冒頭で概略を尋ねる際には、相談者の話を傾聴することに集中すべきだから、メモをとれなくてもかまわない。

概略を一通り聞いて、相談対応に必要な事実について質問しながら聴取する段階では、相談者との一定の信頼関係が築けているから、メモを書くことにウェイトを置いても構わない。

## ３　相談対応に必要な事情の聴取

相談窓口の目的は、事実確認や措置・対応、再発防止策の検討に必要な情報を相談者から聴取することにある。

このため、相談対応の当初は相談者の話を傾聴することに努めるが、相談の概略が確認できたら、次の段階として、質問をしつつ、相談対応に必要な事実を確認する。

次の事項を中心に確認する。

- ●相談者と行為者はどのような関係か
- ●問題とされる言動が「いつ」「どこで」「どのように」行われたか
- ●相談者は、加害者とされる者にどのように対応したか
- ●相談者はどのように感じたか
- ●相談者の心身の状況

このほか、時間に余裕があれば、以下の事項も聴取できるとよい（ただし、これらは事実確認の段階で聴取すべき事項であるから、一次対応の段階では確

認できなくても構わない)。

- ●相談者と行為者だけが知りうることか、目撃者がいるか
- ●客観的資料（手紙、メール等）はあるか
- ●上司や同僚等に相談したか。また相談した際、上司等はどのようなアドバイス・対応をしたか

一通り聴取したら、聴取内容を復唱して間違いがないかを相談者に確認してもよい。聞き漏らしを防ぐために、後述する相談受付票を見て聴取事項を確認しながら聴取内容を確認してもよい。

なお、問題とされる言動が「いつ」「どこで」「どのように」行われたかを聴取する際には、言動の具体的内容を確認するよう努めるべきである。例えば、「いやらしいことをさんざん言われました」、「ひどい言い方でした」というような抽象的な（誰でも話せる）表現ではなく、「１度寝てみたい。２回も夢を見た」（セクハラ）とか、「会社に泣きついていすわりたい気持ちはわかるが迷惑なんだ」「だめなら退職の手続だな、これは時間がかかるけど。パワハラで訴えるか」（パワハラ）というように、実際に体験した者でなければ語れない内容を聞き出すことが望ましい。ただし、相談対応（一次対応）の目的は事実確認ではないから、相談者の心情に配慮して、根掘り葉掘り聴取することは避け、詳細な事実確認は事実確認の段階に委ねるという場合もあるだろう。

## ４　相談者の意向の確認

相談者の意向は、だいたい次のように分類できる。

- ●話を聞いてほしい（報告不要)。
- ●相談結果を報告してよい。
- ●匿名希望
- ●関係者の事情聴取は求めない。
- ●行為者の言動を止めたい。
- ●行為者の謝罪を求める。
- ●行為者との接点をなくしたい。
- ●行為者を注意・指導してほしい。
- ●行為者の懲戒処分を求める。

これらが混在していることもあるし、自分の意向を明確にできない状況にある相談者もいる。従って、相談者の意向を上記分類にあてはめて確認することにこだわるべきではない。第１回目の相談では、相談者の意向を絞り切れず、

継続相談となる場合もある。

相談者の意向を明確にするためには、ハラスメント解決のための体制や手続きについての情報提供が必要になる場合もある。

なお、相談者が匿名を希望したり、関係者の事情聴取までは求めない場合は、事実確認に限界があるため、会社としては行為者への指導や処分まではできず、行為者の観察や一般的な防止対策を講ずるにとどまる可能性があることを説明する場合もある。また、相談者が事実確認を求める場合には、事情聴取する関係者の範囲の希望（話を聴いてほしい従業員）を確認しておくと、関係者の事情聴取実施の際の判断に役立つ。

## ５　１回の相談時間は50分程度

面談による相談の時間の目安は50分が適当であるといわれている。人の集中力が持続する時間が50分程度とされていることや、対応する相談員の負担も大きいからである。50分で終わらないのであれば、日を改めて実施するようにする。このため、１回の相談時間の目安は、開始前に相談者に伝えておくか、相談窓口の案内で告知しておくことが望ましい。

なお、電話による相談を受け付ける場合は、面談の場合よりも相談員が相談の概要把握に手間取ることが多く、相談者も話が長くなる傾向があるから、相談時間も長くなりがちであることを意識しておくべきである。相談を打ち切るタイミングを失し、長時間の電話対応になってしまう場合もあるので注意が必要である。

## ６　相談内容を記録に残す

ハラスメント相談の概要は、相談受付票などのひな形に記入するなどして記録化する。相談内容の記録化は、その後の事実確認や和解調整を担当する部門に引き継ぐために不可欠である。また、事実確認等に至らない相談であっても、情報を蓄積して、社内研修等の再発防止策の検討に用いることができる。相談記録の作成は、記憶の新鮮な当日中にしておかなければならない。また、記憶の混同を防ぐために、複数人の相談を連続して実施しない方がよい。

なお、相談者が事実確認を躊躇したり、匿名を希望した場合は、相談票に相談者の希望を書き添えるか、報告記録は匿名として作成して報告するなどの処置を講ずる（具体的にどのようにするかは社内で検討してルール化しておくべきである）。

［相談受付票ひな形の例］

<table>
<tr><th colspan="2">相談受付票（報告）</th></tr>
<tr><td>第　回<br>相談日時</td><td>年　月　日（　）　：　～　：</td></tr>
<tr><td>担当者</td><td></td></tr>
<tr><td>相談者</td><td>氏名　所属<br>連絡先</td></tr>
<tr><td>行為者</td><td>氏名　所属　相談者との関係</td></tr>
<tr><td>問題とされる言動</td><td>問題とされる言動が「いつ」「どこで」「どのように」行われたか等</td></tr>
<tr><td>行為者の言動に対する相談者の対応等</td><td></td></tr>
<tr><td>相談者の心身の状況</td><td></td></tr>
<tr><td>相談者の意向<br>（複数選択可）</td><td>□話を聞いてほしい（報告不要）<br>□相談結果を報告してよい<br>□匿名希望<br>□関係者の事情聴取は求めない<br>□行為者の言動を止めたい<br>□行為者の謝罪を求める<br>□行為者との接点をなくしたい<br>□行為者を注意・指導してほしい<br>□行為者の懲戒処分を求める<br>□その他（左欄）</td></tr>
<tr><td>相談員による対応・説明事項</td><td></td></tr>
<tr><td>備考</td><td></td></tr>
<tr><td>次回予定</td><td>年　月　日（　）　：　～　：</td></tr>
<tr><td>相談後の対応状況</td><td></td></tr>
</table>

作成した相談記録（相談受付票）は、人事部や所属長等、所定の部署に報告する。相談内容の報告においては、報告事項や、報告することについて相談者の希望を確認するかなどについて、社内で協議しルール化しておくべきである。

## 第４節　ヒアリングの技術

### １　傾聴する

相談対応、特に冒頭で概略を尋ねる段階では、相づちを打ちながら熱心に聴く姿勢が求められる。

相づちの種類を豊富にし（「ええ」「なるほど」「そうですか」など）、年齢や上下関係、親しさの度合い等で使い分けたり、相手の話すリズムに合わせたタイミングで相づちをうつように意識してみることも大切である（「相づちの種類は豊かに」「相づちはタイミング」といったカウンセリングの技術については、臨床心理士による「プロカウンセラーの聞く技術」などの書籍で推奨されている）。

なお、相づちしても頷きがないと、相談者は戸惑う場合がある。肯定的な相づちをうつ場合には、頷くという行動で肯定的な姿勢を示すことも大切である。

また、単調な相づちの繰り返しは、事務的な（親身でない）印象を与える場合があるので注意が必要である。メモ取りに集中してしまうと「ええ、ええ」といった単調な相づちの繰り返しになってしまうことがある。

### ２　理解・支持を伝える

相談者の心を開き、話しやすい雰囲気をつくるためには、相談者への理解や支持の姿勢を伝えることも効果的である。「大変でしたね。」「よく我慢されましたね。」と応じたり、勇気を出して相談に来てくれたことをねぎらうなどして相談者に寄り添う姿勢を示す。

ただし、相談窓口の目的の第一は、相談者の主張と相談者の意向を確認してその後の事実確認等の措置に資する情報を得ることにあるから、事実確認のないままに感情的に相談者に同調して、行為者を加害者と決めつけて非難するようなことのないように注意しなければならない。

## ３　繰り返す、確認しながら聴く

相づちの種類を豊富にすることのほかに、相談者への共感、聴く姿勢を示す工夫として、「○○と言われたんです。」との発言に「○○と言われたのですか。」と応じたり、「・・・ということですね。」「・・・という意味ですね。」というように、相談者の表現を繰り返したり、話の内容を確認することも効果的である。

## ４　傾聴する姿勢

相談対応のスキルを高めるためには、以上の技術を普段から意識して、他者の話を聞くことに集中してみるといった訓練をすることも効果的である。

なお、相談対応の技術を駆使しても、心が入っていなければ逆効果になる場合があるということは指摘しておかなければならない。相づちをうつ、発言を繰り返すという技術は押さえて対応しているが、心中では別のことを考えていたり、相談者を正視していなかったりすると、実は話を聞こうとしていないことが相談者に伝わってしまうものである。

相談対応の技術は、相談者の主張を正確に把握しようという「傾聴の姿勢」があってこそ効果を発揮することを忘れてはならない。

## ５　質問する（正しく理解しようとする）

相談者から概略を確認したあとは、相談者の主張を正しく理解するために、あいまいな点はそのままにせず、質問をして確認する。

ただし、相談者の記憶があいまいな場合には、こだわらないことも大切である。「それは、いつ頃のことでしょうか。」と質問したところ、相談者が考えこみながら思い出そうとすることも多い。そういう場合は、「○○の前か後かくらいでいいのですが。」とか「夏頃のことですか。」というように助け船をだしてもよいが、「覚えていなければ構いません。」と流してしまってもよい。他の話をしているうちに思い出すことも多いし、事実確認は相談対応の後に行うことであるから、相談対応の段階では、細部にこだわるよりも相談者の主張を把握することに重点を置くべきである。

## ６　気をつけること

（１）先を急ぐ

相談対応では、まずは相談者の話を聴くことに集中すべきであり、結論を急いではならない。できる限り話を遮って発言しないように意識するべきだし、矢継ぎ早の質問も避けるべきである。

相談者の意向確認は、聴取が一段落ついてからでよいし、相談者が意向をまとめられないのであれば、無理せず継続相談とするべきである（ただし、深刻なハラスメントであることがうかがわれる場合には、事実確認を勧めるべきである）。

（２）責める

「なんでもっと早く相談に来なかったの。」「嫌だと言わなかったのですか。」「あなたの側にも隙があったということはないですか。」「考え過ぎかもしれませんね。」といった相談者を責める発言は、相談対応においては禁句である。

事実確認や事実の評価は、相談対応（一次対応）の後に行うことであるから、相談対応の段階で評価を示す意味はないし、相談者の会社に対する信頼が失われ、相談者と会社との関係がいたずらに悪化しかねない危険な行為である。

（３）行為者を一般化する発言

「男の人は、みんなそのようなものだと思いますよ。」「仕事ですからね。そういうこともあると思います。」というような、行為者を一般化する発言もすべきでない。

相談対応の段階で相談者の評価を示す意味はないし、相談者の会社に対する信頼が失われ、相談者と会社との関係がいたずらに悪化しかねない危険な行為だからである。

（４）自分の経験談を延々と話す

自己の経験は、限定された状況下におけるものであって一般化することはできないし、相談者の置かれた状況に当てはまるとも限らない。

相談対応の目的は、相談者に寄り添い、相談者の主張を把握することにあるから、自分の経験談を延々と話す必要はないし、それによって相談者の心が離れてしまうおそれもある。

（５）決めつけ

「それは、セクハラですね。」「セクハラとは言えませんね。」というような決めつけも禁物である。相談対応の目的は、相談者に寄り添い、相談者の主張を把握することにあるのだから、相談員による評価を伝えることは百害あって一利なしである。

なお、男女関係のもつれが背景にある場合に、社員間の個人的な問題であると相談員が判断して対応してしまうことがあるが、男女関係からの言動であっても、職場において行われれば「職場におけるセクシュアルハラスメント」に該当しうることには注意を要する。

（☞P.19「第１章 第２節 5 論点－職場」）

（６）真摯でない発言、不用意な慰め

真摯でない不用意な慰め等も、相談対応においては慎まなければならない。「時間が解決してくれますよ。」「ここは我慢した方がいいと思いますよ。」「悪気があったわけではないでしょうから、大げさに騒がない方がいいのでは」といった不用意な慰めにより、会社の適切な措置が期待できないと失望した相談者と会社の関係が悪化してしまうこともある。

「あなたが魅力的だから、ついそのようなことをしてしまったのでは。」「あなたの将来を考えて言ったことかもしれないですよ。」「相手と二人でじっくり話し合った方がいい。」「無視すればいいじゃないですか。」「気にしても仕方ないですよ。忘れて仕事に集中しましょう。」といった発言も真摯さを欠く発言の典型である。

また、相談者がその意向を明確にできなかったり、事態を整然と説明できないこともあり、相談が停滞してしまうこともある。このような場合でも傾聴の姿勢を保ち、継続相談にして相談者の心の整理を待つといった工夫をすべきである。間違っても「だから、あなたはどうしたいんですか。」などと発言してはならない。

（７）感情移入

相談員の仕事は、ハラスメントに直面して困っている相談者に寄り添い、相談者の主張・意向を確認することにある。相談者に共感して行為者を憎んだり、恨んだりすることではなく、行為者を裁くことでもない。行為者への措置は、事実確認をして会社が決定すべきことである。

悪質なハラスメントの相談であっても、相談者に感情移入することは戒めなければならない。

（８）話し終わる前に話し出す

相談者が話し終わる前に質問を始めたり、相談者の話に自分の話をかぶせてしまうことのないように気をつける。気にしないで話す相談者もいるが、話の途中に割り込まれることが繰り返されることで強いストレスを感じる相談者もいる。

また、相談当初は、相談者が話し終わってから話すように気をつけていても、相談が進んで話が見えてくると、相談者の話にかぶせて質問したり発言してしまうことがあるので、意識しておくとよい。質問の段階に入ると、質問に対する回答が回りくどい場合がある（質問に端的に回答せず、理由・言い訳から説明し始める人は多い）。その場合も、話を遮らず、忍耐強く話し終わるまで待ってから質問するように心がけるべきである。

## 第５節　参考事例

相談対応の流れの理解に資するために、相談対応の例を以下にあげる（厚生労働省のパワハラ対策マニュアル所収の参考資料９「パワーハラスメント　社内相談窓口の設置と運用のポイント」に記載されている事例を編集したものである）。

### １　一次対応の例

■ハラスメント相談窓口に女性従業員が相談

男性相談員が担当したが、言い出しにくいような様子がうかがえたため、女性の相談員に交替した。それでも相談者は何から話せば良いのか困った様子で言い淀んでいたので、「間」を大切にしつつ、お互いの信頼関係の形成を意識しながら傾聴していくことで、徐々に警戒心が解かれ、相談内容に入ることができた。

（聴取内容）

女性従業員（相談者）は、現在、取引先のお客様先に出向しており、出向にあたり上司から、大事な取引先であり、上手くやるようにと念を押されていた。

出向先のグループリーダから飲み会の誘いを受けたものの、家庭の用事があったために参加を断ったところ、翌日から当該リーダや数名の従業員に挨拶をしても無視されるようになったほか、書類のコピー等、簡単な作業しか仕事を任されなくなった。出向元の上司から念を押されていることもあり、事態の解消を自分から言い出すことができずに、３か月経過した。

（対応）

一通り相談者の状況を確認したところで、すでに１時間を経過していたため、今後の対応については、後日、改めて相談を受けることになった。

後日の相談で、相談者は会社としての対応（事実確認など）を希望したので、今後の会社としての対応プロセスを確認し、改めて担当者から連絡することとした

相談員は、相談受付票を作成し、相談者の意向を「事情を報告したい（会社対応の希望あり）」として、人事部への引き継ぎのため、報告した。

## ２　第三者への事情聴取の例

■ハラスメント相談窓口に従業員が相談

上司が「相談者の作った資料を丸めて投げつけてくる」、「シャープペンの芯で頭をつついてくる」等の相談であった。日常的に行為を受け、日々苦痛を感じている様子である。

そこで、相談者の了解の下、相談員と人事部の担当部長の２名で行為者に事実確認を行うことにした。

■行為者の事情聴取

上司（行為者）は、コミュニケーションの一環として、日頃からボディランゲージ（身体的な接触）を行った事実は認めたが、「資料を投げつける」等の行動はしていないと主張した。上司は相談者との関係性は良好であると認識しており、また、相談者の作るひどい資料を丁寧に添削してきたとも主張した。

相談者と行為者との間の事実認識が一致しなかったことについて、相談者に改めて説明を行い、相談者と今後の対応を再考した結果、職場の同僚にも事実確認を実施することとした。

■関係者の事情聴取

行為者の上司にあたる担当部長Ａ、行為者・相談者と同じオフィスで働く同僚Ｂ、同僚Ｃの３人から事情聴取した。

３人には、事前に３人にだけ話を聞くことと、守秘義務厳守である旨を伝え事情聴取を実施した。

（担当部長Ａの聴取結果）

行為者が日頃から厳しい言葉で指導している状況はある程度認識していたが、相談者の資料がひどいことは前任の課長からも聞いており、丁寧に指導してい

るという認識であった。

（同僚Ｂの聴取結果）

「頭を叩く」、「肩を突き飛ばす」等の場面をしばしば目撃していた。行為は、夜遅い時間帯に行われることが多く、「指導」を超えているのではないかと思っていた。

（同僚Ｃの聴取結果）

同僚Ｂと同様の意見であった。

■事実の判断と対応

事情聴取結果を受けて、会社は、相談者の申告どおり、日頃から身体的な苦痛を受けている状況であり、行為が担当部長Ａの目に触れない夜間帯に行われていたため、担当部長Ａは把握できていなかったと判断した。

そこで、就業環境改善のため、相談者の要望も踏まえ、業務上、行為者との接触を断つような配置換えを実施した。

## ３　行為者への対応の例（グレーゾーン）

■ハラスメント相談窓口に従業員が相談

相談にあたっては、外に声が漏れない部屋を用意して、相談担当者男女２名が、落ち着いた気持ちで話してもらえるように配慮した。

（聴取内容）

上司に質問をしても「なぜわからないのか」と言われ、「頭が悪い」、朝10時に「今日はもう帰ってもいい」などの罵声をこの半年毎日のように浴びせられている。

（対応）

相談者が「会社としての対応」を希望したために、行為者に事実確認を行うこととした。

■行為者の事情聴取

事情聴取は、相談員１名と管理職への教育などを担当している人事部の副部長の２名で対応した。

行為者には、秘密厳守であることと報復などがあってはならないことを最初に告げて、事実確認を実施した。

行為者は、大きな声で叱ったり、指導したりした事実は認めたものの、それがパワハラに該当する罵声や罵倒にあたる言動であるという認識はなかった。

このため、相談者の了解を得た上で、職場の関係者にも事実確認を行うことにした。

■関係者の事情聴取と事実の評価

外勤の多い営業職の従業員がほとんどだったため、事実関係をはっきりと確認できなかった。

■対応

パワハラがあったとは判断できないが、このままでは事態が悪化する可能性があるとして、行為者を注意・指導の対応とした。

行為者と複数回面談し、部下に指導する際には、怒鳴ったり、人格を攻撃することは望ましくないこと、部下の仕事の行い方にどのような問題があったのかを具体的に指摘し、改善することが上司の役割であることについて行為者と繰り返し話し合い、理解を促した。

複数回の話し合いの結果、行為者は次第に言動に変化がみられるようになっていった。

## ４　行為者への対応の例（ブラックなハラスメント）

■ハラスメント相談窓口に関係者が相談

後輩従業員に対し、先輩従業員が、最初は、作業手順などを丁寧に教えていたものの、なかなか作業を覚えないため、「お前は本当にばかだ。早く辞めろ。」などの暴言をするようになっていった。

それを見た同僚は上司に相談したが、上司は、先輩従業員が指導の一貫として行っている行為と見ており、特に対応をしなかった。

先輩従業員の行為は次第にエスカレートし、暴言が連日続き、後輩従業員の作業着や備品を蹴飛ばすなどの行為も見られたことから、同僚は心配になり、第三者として相談窓口に通報した。

相談員は、総務部長と相談し、関係者への事情聴取を行うことにした。

■関係者の事情聴取

相談窓口担当者と総務部長で、後輩従業員本人と同僚４～５名に事情聴取を実施した。

■事実の評価

事実確認の結果、１年以上にわたる暴言がなされていたことがわかった。

■対応の決定と実施

直ちに先輩従業員（行為者）を自宅待機（処分確定ではないので、有給休暇扱い）とし、総務部長が先輩従業員（行為者）との面談を重ねた。

第三者から通報を受けてから１ヶ月程度の間に事実確認を行うとともに、就業規則に基づき、総務部長が指名した懲戒委員会メンバーで処分の検討を行った。

先輩従業員（行為者）と看過していた上司への懲戒処分を決定した。

先輩従業員（行為者）は、別の支店に異動させた。

再発防止策として、従業員全員に対してパワハラへの理解を深めるための研修を行った。

# 凡例

## 【法令】※五十音順

・育児・介護休業法：「育児休業、介護休業等育児又は家族介護を行う労働者の福祉に関する法律（平成3年法律第76号）」

・育児・介護休業法施行規則：「育児休業、介護休業等育児又は家族介護を行う労働者の福祉に関する法律施行規則（平成3年労働省令第25号）」

・ストーカー規制法：「ストーカー行為等の規制等に関する法律（平成12年法律第81号）」

・男女雇用機会均等法：「雇用の分野における男女の均等な機会及び待遇の確保等に関する法律（昭和47年法律第113号）」

・男女雇用機会均等法施行規則・均等則：「雇用の分野における男女の均等な機会及び待遇の確保等に関する法律施行規則（昭和61年労働省令第2号）」

・労基則：「労働基準法施行規則（昭和22年厚生省令第23号）」

・労基法：「労働基準法（昭和22年法律第49号）」

・労契法：「労働契約法（平成19年法律第128号）」

・労働者派遣法：「労働者派遣事業の適正な運営の確保及び派遣労働者の保護等に関する法律（昭和60年法律第88号）」

・労働施策総合推進法（旧雇用対策法）：「労働施策の総合的な推進並びに労働者の雇用の安定及び職業生活の充実等に関する法律（昭和41年7月21日法律第132号）」

## 【指針】※五十音順

・育介指針　「子の養育又は家族の介護を行い、又は行うこととなる労働者の職業生活と家庭生活との両立が図られるようにするために事業主が講ずべき措置に関する指針」（令和２年６月１日から適用）

・セクハラ措置指針　「事業主が職場における性的言動に起因する問題に関して雇用管理上講ずべき措置についての指針」（令和２年６月１日から適用）

・パワハラ指針　「事業主が職場における優越的な関係を背景とした言動に起因する問題に関して雇用管理上講ずべき措置等についての指針」（令和２年６月１日から適用）

・マタハラ措置指針　「事業主が職場における妊娠、出産等に関する言動に起因する問題に関して雇用管理上講ずべき措置についての指針」（令和２年６月１日から適用）

**【参考資料】** ※五十音順

・厚労省セクハラ・マタハラ等パンフ：「職場におけるセクシュアルハラスメント対策や妊娠・出産・育児休業・介護休業等に関するハラスメント対策は事業主の義務です！！」（厚生労働省2018.10）

・厚労省マタハラ等パンフ：「職場における妊娠・出産・育児休業・介護休業等に関するハラスメント対策やセクシュアルハラスメント対策は事業主の義務です！！」（厚生労働省 2017.7）

・パワハラ対策マニュアル：「パワーハラスメント対策導入マニュアル 第3版」（厚生労働省 2018. 4）
第10章　実態把握アンケートの実施

・不利益取扱いQ&A：「妊娠・出産・育児休業等を契機とする不利益取扱いに係るQ&A」（厚生労働省）

# 資料集

## 1．事業主が職場における優越的な関係を背景とした言動に起因する問題に関して雇用管理上講ずべき措置等についての指針

1　はじめに

この指針は、労働施策の総合的な推進並びに労働者の雇用の安定及び職業生活の充実等に関する法律(昭和41年法律第132号。以下「法」という。)第30条の2第1項及び第2項に規定する事業主が職場において行われる優越的な関係を背景とした言動であって、業務上必要かつ相当な範囲を超えたものにより、その雇用する労働者の就業環境が害されること(以下「職場におけるパワーハラスメント」という。)のないよう雇用管理上講ずべき措置等について、同条第3項の規定に基づき事業主が適切かつ有効な実施を図るために必要な事項について定めたものである。

2　職場におけるパワーハラスメントの内容

（1）　職場におけるパワーハラスメントは、職場において行われる①優越的な関係を背景とした言動であって、②業務上必要かつ相当な範囲を超えたものにより、③労働者の就業環境が害されるものであり、①から③までの要素を全て満たすものをいう。

なお、客観的にみて、業務上必要かつ相当な範囲で行われる適正な業務指示や指導については、職場におけるパワーハラスメントには該当しない。

（2）　「職場」とは、事業主が雇用する労働者が業務を遂行する場所を指し、当該労働者が通常就業している場所以外の場所であっても、当該労働者が業務を遂行する場所については、「職場」に含まれる。

（3）　「労働者」とは、いわゆる正規雇用労働者のみならず、パートタイム労働者、契約社員等いわゆる非正規雇用労働者を含む事業主が雇用する労働者の全てをいう。

また、派遣労働者については、派遣元事業主のみならず、労働者派遣の役務の提供を受ける者についても、労働者派遣事業の適正な運営の確保及び派遣労働者の保護等に関する法律(昭和60年法律第88号)第47条の4の規定により、その指揮命令の下に労働させる派遣労働者を雇用する事業主とみなされ、法第30条の2第1項及び第30条の3第2項の規定が適用されることから、労働者派遣の役務の提供を受ける者は、派遣労働者についてもその雇用する労働者と同様に、3(1)の配慮及び4の措置を講ずることが必要である。なお、法第30条の2第2項、第30

条の5第2項及び第30条の6第2項の労働者に対する不利益な取扱いの禁止については、派遣労働者も対象に含まれるものであり、派遣元事業主のみならず、労働者派遣の役務の提供を受ける者もまた、当該者に派遣労働者が職場におけるパワーハラスメントの相談を行ったこと等を理由として、当該派遣労働者に係る労働者派遣の役務の提供を拒む等、当該派遣労働者に対する不利益な取扱いを行ってはならない。

（4） 「優越的な関係を背景とした」言動とは、当該事業主の業務を遂行するに当たって、当該言動を受ける労働者が当該言動の行為者とされる者（以下「行為者」という。）に対して抵抗又は拒絶することができない蓋然性が高い関係を背景として行われるものを指し、例えば、以下のもの等が含まれる。

・ 職務上の地位が上位の者による言動
・ 同僚又は部下による言動で、当該言動を行う者が業務上必要な知識や豊富な経験を有しており、当該者の協力を得なければ業務の円滑な遂行を行うことが困難であるもの
・ 同僚又は部下からの集団による行為で、これに抵抗又は拒絶することが困難であるもの

（5） 「業務上必要かつ相当な範囲を超えた」言動とは、社会通念に照らし、当該言動が明らかに当該事業主の業務上必要性がない、又はその態様が相当でないものを指し、例えば、以下のもの等が含まれる。

・ 業務上明らかに必要性のない言動
・ 業務の目的を大きく逸脱した言動
・ 業務を遂行するための手段として不適当な言動
・ 当該行為の回数、行為者の数等、その態様や手段が社会通念に照らして許容される範囲を超える言動

この判断に当たっては、様々な要素（当該言動の目的、当該言動を受けた労働者の問題行動の有無や内容・程度を含む当該言動が行われた経緯や状況、業種・業態、業務の内容・性質、当該言動の態様・頻度・継続性、労働者の属性や心身の状況、行為者との関係性等）を総合的に考慮することが適当である。また、その際には、個別の事案における労働者の行動が問題となる場合は、その内容・程度とそれに対する指導の態様等の相対的な関係性が重要な要素となることについても留意が必要である。

（6） 「労働者の就業環境が害される」とは、当該言動により労働者が身体的又は精神的に苦痛を与えられ、労働者の就業環境が不快なものとなったため、能力の発

揮に重大な悪影響が生じる等当該労働者が就業する上で看過できない程度の支障が生じることを指す。

この判断に当たっては、「平均的な労働者の感じ方」、すなわち、同様の状況で当該言動を受けた場合に、社会一般の労働者が、就業する上で看過できない程度の支障が生じたと感じるような言動であるかどうかを基準とすることが適当である。

(7) 職場におけるパワーハラスメントは、(1)の①から③までの要素を全て満たすものをいい(客観的にみて、業務上必要かつ相当な範囲で行われる適正な業務指示や指導については、職場におけるパワーハラスメントには該当しない。)、個別の事案についてその該当性を判断するに当たっては、(5)で総合的に考慮することとした事項のほか、当該言動により労働者が受ける身体的又は精神的な苦痛の程度等を総合的に考慮して判断することが必要である。

このため、個別の事案の判断に際しては、相談窓口の担当者等がこうした事項に十分留意し、相談を行った労働者(以下「相談者」という。)の心身の状況や当該言動が行われた際の受け止めなどその認識にも配慮しながら、相談者及び行為者の双方から丁寧に事実確認等を行うことも重要である。

これらのことを十分踏まえて、予防から再発防止に至る一連の措置を適切に講じることが必要である。

職場におけるパワーハラスメントの状況は多様であるが、代表的な言動の類型としては、以下のイからヘまでのものがあり、当該言動の類型ごとに、典型的に職場におけるパワーハラスメントに該当し、又は該当しないと考えられる例としては、次のようなものがある。

ただし、個別の事案の状況等によって判断が異なる場合もあり得ること、また、次の例は限定列挙ではないことに十分留意し、4(2)ロにあるとおり広く相談に対応するなど、適切な対応を行うようにすることが必要である。

なお、職場におけるパワーハラスメントに該当すると考えられる以下の例については、行為者と当該言動を受ける労働者の関係性を個別に記載していないが、(4)にあるとおり、優越的な関係を背景として行われたものであることが前提である。

イ 身体的な攻撃(暴行・傷害)

(イ) 該当すると考えられる例

① 殴打、足蹴りを行うこと。

② 相手に物を投げつけること。

（ロ） 該当しないと考えられる例

① 誤ってぶつかること。

ロ 精神的な攻撃（脅迫・名誉棄損・侮辱・ひどい暴言）

（イ） 該当すると考えられる例

① 人格を否定するような言動を行うこと。相手の性的指向・性自認に関する侮辱的な言動を行うことを含む。

② 業務の遂行に関する必要以上に長時間にわたる厳しい叱責を繰り返し行うこと。

③ 他の労働者の面前における大声での威圧的な叱責を繰り返し行うこと。

④ 相手の能力を否定し、罵倒するような内容の電子メール等を当該相手を含む複数の労働者宛てに送信すること。

（ロ） 該当しないと考えられる例

① 遅刻など社会的ルールを欠いた言動が見られ、再三注意してもそれが改善されない労働者に対して一定程度強く注意をすること。

② その企業の業務の内容や性質等に照らして重大な問題行動を行った労働者に対して、一定程度強く注意をすること。

ハ 人間関係からの切り離し（隔離・仲間外し・無視）

（イ） 該当すると考えられる例

① 自身の意に沿わない労働者に対して、仕事を外し、長期間にわたり、別室に隔離したり、自宅研修させたりすること。

② 一人の労働者に対して同僚が集団で無視をし、職場で孤立させること。

（ロ） 該当しないと考えられる例

① 新規に採用した労働者を育成するために短期間集中的に別室で研修等の教育を実施すること。

② 懲戒規定に基づき処分を受けた労働者に対し、通常の業務に復帰させるために、その前に、一時的に別室で必要な研修を受けさせること。

ニ 過大な要求（業務上明らかに不要なことや遂行不可能なことの強制・仕事の妨害）

（イ） 該当すると考えられる例

① 長期間にわたる、肉体的苦痛を伴う過酷な環境下での勤務に直接関係のない作業を命ずること。

② 新卒採用者に対し、必要な教育を行わないまま到底対応できないレベルの業績目標を課し、達成できなかったことに対し厳しく叱責すること。

③　労働者に業務とは関係のない私的な雑用の処理を強制的に行わせること。

（ロ）　該当しないと考えられる例

①　労働者を育成するために現状よりも少し高いレベルの業務を任せること。

②　業務の繁忙期に、業務上の必要性から、当該業務の担当者に通常時よりも一定程度多い業務の処理を任せること。

ホ　過小な要求（業務上の合理性なく能力や経験とかけ離れた程度の低い仕事を命じることや仕事を与えないこと）

（イ）　該当すると考えられる例

①　管理職である労働者を退職させるため、誰でも遂行可能な業務を行わせること。

②　気にいらない労働者に対して嫌がらせのために仕事を与えないこと。

（ロ）　該当しないと考えられる例

①　労働者の能力に応じて、一定程度業務内容や業務量を軽減すること。

ヘ　個の侵害（私的なことに過度に立ち入ること）

（イ）　該当すると考えられる例

①　労働者を職場外でも継続的に監視したり、私物の写真撮影をしたりすること。

②　労働者の性的指向・性自認や病歴、不妊治療等の機微な個人情報について、当該労働者の了解を得ずに他の労働者に暴露すること。

（ロ）　該当しないと考えられる例

①　労働者への配慮を目的として、労働者の家族の状況等についてヒアリングを行うこと。

②　労働者の了解を得て、当該労働者の性的指向・性自認や病歴、不妊治療等の機微な個人情報について、必要な範囲で人事労務部門の担当者に伝達し、配慮を促すこと。

この点、プライバシー保護の観点から、ヘ（イ）②のように機微な個人情報を暴露することのないよう、労働者に周知・啓発する等の措置を講じることが必要である。

3　事業主等の責務

（1）　事業主の責務

法第30条の3第2項の規定により、事業主は、職場におけるパワーハラスメントを行ってはならないことその他職場におけるパワーハラスメントに起因する問題(以下「パワーハラスメント問題」という。)に対するその雇用する労働者の関心と理解を深めるとともに、当該労働者が他の労働者(他の事業主が雇用する労働者及び求職者を含む。(2)において同じ。)に対する言動に必要な注意を払うよう、研修の実施その他の必要な配慮をするほか、国の講ずる同条第1項の広報活動、啓発活動その他の措置に協力するように努めなければならない。なお、職場におけるパワーハラスメントに起因する問題としては、例えば、労働者の意欲の低下などによる職場環境の悪化や職場全体の生産性の低下、労働者の健康状態の悪化、休職や退職などにつながり得ること、これらに伴う経営的な損失等が考えられる。

また、事業主(その者が法人である場合にあっては、その役員)は、自らも、パワーハラスメント問題に対する関心と理解を深め、労働者(他の事業主が雇用する労働者及び求職者を含む。)に対する言動に必要な注意を払うように努めなければならない。

（2）　労働者の責務

法第30条の3第4項の規定により、労働者は、パワーハラスメント問題に対する関心と理解を深め、他の労働者に対する言動に必要な注意を払うとともに、事業主の講ずる4の措置に協力するように努めなければならない。

4　事業主が職場における優越的な関係を背景とした言動に起因する問題に関し雇用管理上講ずべき措置の内容

事業主は、当該事業主が雇用する労働者又は当該事業主(その者が法人である場合にあっては、その役員)が行う職場におけるパワーハラスメントを防止するため、雇用管理上次の措置を講じなければならない。

（1）　事業主の方針等の明確化及びその周知・啓発

事業主は、職場におけるパワーハラスメントに関する方針の明確化、労働者に対するその方針の周知・啓発として、次の措置を講じなければならない。

なお、周知・啓発をするに当たっては、職場におけるパワーハラスメントの防止の効果を高めるため、その発生の原因や背景について労働者の理解を深めることが重要である。その際、職場におけるパワーハラスメントの発生の原因や背景には、労働者同士のコミュニケーションの希薄化などの職場環境の問題もあると考えられる。そのため、これらを幅広く解消していくことが職場におけるパワーハラスメントの防止の効果を高める上で重要であることに留意することが必要である。

イ　職場におけるパワーハラスメントの内容及び職場におけるパワーハラスメントを行ってはならない旨の方針を明確化し、管理監督者を含む労働者に周知・啓発すること。

（事業主の方針等を明確化し、労働者に周知・啓発していると認められる例）

①　就業規則その他の職場における服務規律等を定めた文書において、職場におけるパワーハラスメントを行ってはならない旨の方針を規定し、当該規定と併せて、職場におけるパワーハラスメントの内容及びその発生の原因や背景を労働者に周知・啓発すること。

②　社内報、パンフレット、社内ホームページ等広報又は啓発のための資料等に職場におけるパワーハラスメントの内容及びその発生の原因や背景並びに職場におけるパワーハラスメントを行ってはならない旨の方針を記載し、配布等すること。

③　職場におけるパワーハラスメントの内容及びその発生の原因や背景並びに職場におけるパワーハラスメントを行ってはならない旨の方針を労働者に対して周知・啓発するための研修、講習等を実施すること。

ロ　職場におけるパワーハラスメントに係る言動を行った者については、厳正に対処する旨の方針及び対処の内容を就業規則その他の職場における服務規律等を定めた文書に規定し、管理監督者を含む労働者に周知・啓発すること。

（対処方針を定め、労働者に周知・啓発していると認められる例）

①　就業規則その他の職場における服務規律等を定めた文書において、職場におけるパワーハラスメントに係る言動を行った者に対する懲戒規定を定め、その内容を労働者に周知・啓発すること。

②　職場におけるパワーハラスメントに係る言動を行った者は、現行の就業規則その他の職場における服務規律等を定めた文書において定められている懲戒規定の適用の対象となる旨を明確化し、これを労働者に周知・啓発すること。

（2）　相談（苦情を含む。以下同じ。）に応じ、適切に対応するために必要な体制の整備

事業主は、労働者からの相談に対し、その内容や状況に応じ適切かつ柔軟に対応するために必要な体制の整備として、次の措置を講じなければならない。

イ　相談への対応のための窓口(以下「相談窓口」という。)をあらかじめ定め、労働者に周知すること。

(相談窓口をあらかじめ定めていると認められる例)

① 相談に対応する担当者をあらかじめ定めること。

② 相談に対応するための制度を設けること。

③ 外部の機関に相談への対応を委託すること。

ロ　イの相談窓口の担当者が、相談に対し、その内容や状況に応じ適切に対応できるようにすること。また、相談窓口においては、被害を受けた労働者が萎縮するなどして相談を躊躇する例もあること等も踏まえ、相談者の心身の状況や当該言動が行われた際の受け止めなどその認識にも配慮しながら、職場におけるパワーハラスメントが現実に生じている場合だけでなく、その発生のおそれがある場合や、職場におけるパワーハラスメントに該当するか否か微妙な場合であっても、広く相談に対応し、適切な対応を行うようにすること。例えば、放置すれば就業環境を害するおそれがある場合や、労働者同士のコミュニケーションの希薄化などの職場環境の問題が原因や背景となってパワーハラスメントが生じるおそれがある場合等が考えられる。

(相談窓口の担当者が適切に対応することができるようにしていると認められる例)

① 相談窓口の担当者が相談を受けた場合、その内容や状況に応じて、相談窓口の担当者と人事部門とが連携を図ることができる仕組みとすること。

② 相談窓口の担当者が相談を受けた場合、あらかじめ作成した留意点などを記載したマニュアルに基づき対応すること。

③ 相談窓口の担当者に対し、相談を受けた場合の対応についての研修を行うこと。

(3) 職場におけるパワーハラスメントに係る事後の迅速かつ適切な対応

事業主は、職場におけるパワーハラスメントに係る相談の申出があった場合において、その事案に係る事実関係の迅速かつ正確な確認及び適正な対処として、次の措置を講じなければならない。

イ　事案に係る事実関係を迅速かつ正確に確認すること。

(事案に係る事実関係を迅速かつ正確に確認していると認められる例)

① 相談窓口の担当者、人事部門又は専門の委員会等が、相談者及び行為者の双方から事実関係を確認すること。その際、相談者の心身の状況や当該言動が行われた際の受け止めなどその認識にも適切に配慮すること。

また、相談者と行為者との間で事実関係に関する主張に不一致があり、事実の確認が十分にできないと認められる場合には、第三者からも事実関係を聴取する等の措置を講ずること。

② 事実関係を迅速かつ正確に確認しようとしたが、確認が困難な場合などにおいて、法第30条の6に基づく調停の申請を行うことその他中立な第三者機関に紛争処理を委ねること。

ロ イにより、職場におけるパワーハラスメントが生じた事実が確認できた場合においては、速やかに被害を受けた労働者（以下「被害者」という。）に対する配慮のための措置を適正に行うこと。

（措置を適正に行っていると認められる例）

① 事案の内容や状況に応じ、被害者と行為者の間の関係改善に向けての援助、被害者と行為者を引き離すための配置転換、行為者の謝罪、被害者の労働条件上の不利益の回復、管理監督者又は事業場内産業保健スタッフ等による被害者のメンタルヘルス不調への相談対応等の措置を講ずること。

② 法第30条の6に基づく調停その他中立な第三者機関の紛争解決案に従った措置を被害者に対して講ずること。

ハ イにより、職場におけるパワーハラスメントが生じた事実が確認できた場合においては、行為者に対する措置を適正に行うこと。

（措置を適正に行っていると認められる例）

① 就業規則その他の職場における服務規律等を定めた文書における職場におけるパワーハラスメントに関する規定等に基づき、行為者に対して必要な懲戒その他の措置を講ずること。あわせて、事案の内容や状況に応じ、被害者と行為者の間の関係改善に向けての援助、被害者と行為者を引き離すための配置転換、行為者の謝罪等の措置を講ずること。

② 法第30条の6に基づく調停その他中立な第三者機関の紛争解決案に従った措置を行為者に対して講ずること。

ニ 改めて職場におけるパワーハラスメントに関する方針を周知・啓発する等の再発防止に向けた措置を講ずること。

なお、職場におけるパワーハラスメントが生じた事実が確認できなかった場合においても、同様の措置を講ずること。

（再発防止に向けた措置を講じていると認められる例）

① 職場におけるパワーハラスメントを行ってはならない旨の方針及び職場におけるパワーハラスメントに係る言動を行った者について厳正に対処する

旨の方針を、社内報、パンフレット、社内ホームページ等広報又は啓発のための資料等に改めて掲載し、配布等すること。

② 労働者に対して職場におけるパワーハラスメントに関する意識を啓発するための研修、講習等を改めて実施すること。

（4） (1)から(3)までの措置と併せて講ずべき措置

(1)から(3)までの措置を講ずるに際しては、併せて次の措置を講じなければならない。

イ 職場におけるパワーハラスメントに係る相談者・行為者等の情報は当該相談者・行為者等のプライバシーに属するものであることから、相談への対応又は当該パワーハラスメントに係る事後の対応に当たっては、相談者・行為者等のプライバシーを保護するために必要な措置を講ずるとともに、その旨を労働者に対して周知すること。なお、相談者・行為者等のプライバシーには、性的指向・性自認や病歴、不妊治療等の機微な個人情報も含まれるものであること。

(相談者・行為者等のプライバシーを保護するために必要な措置を講じていると認められる例)

① 相談者・行為者等のプライバシーの保護のために必要な事項をあらかじめマニュアルに定め、相談窓口の担当者が相談を受けた際には、当該マニュアルに基づき対応するものとすること。

② 相談者・行為者等のプライバシーの保護のために、相談窓口の担当者に必要な研修を行うこと。

③ 相談窓口においては相談者・行為者等のプライバシーを保護するために必要な措置を講じていることを、社内報、パンフレット、社内ホームページ等広報又は啓発のための資料等に掲載し、配布等すること。

ロ 法第30条の2第2項、第30条の5第2項及び第30条の6第2項の規定を踏まえ、労働者が職場におけるパワーハラスメントに関し相談をしたこと若しくは事実関係の確認等の事業主の雇用管理上講ずべき措置に協力したこと、都道府県労働局に対して相談、紛争解決の援助の求め若しくは調停の申請を行ったこと又は調停の出頭の求めに応じたこと(以下「パワーハラスメントの相談等」という。)を理由として、解雇その他不利益な取扱いをされない旨を定め、労働者に周知・啓発すること。

（不利益な取扱いをされない旨を定め、労働者にその周知・啓発することについて措置を講じていると認められる例）

① 就業規則その他の職場における服務規律等を定めた文書において、パワーハラスメントの相談等を理由として、労働者が解雇等の不利益な取扱いをされない旨を規定し、労働者に周知・啓発をすること。

② 社内報、パンフレット、社内ホームページ等広報又は啓発のための資料等に、パワーハラスメントの相談等を理由として、労働者が解雇等の不利益な取扱いをされない旨を記載し、労働者に配布等すること。

5 事業主が職場における優越的な関係を背景とした言動に起因する問題に関し行うことが望ましい取組の内容

事業主は、当該事業主が雇用する労働者又は当該事業主（その者が法人である場合にあっては、その役員）が行う職場におけるパワーハラスメントを防止するため、4の措置に加え、次の取組を行うことが望ましい。

（1） 職場におけるパワーハラスメントは、セクシュアルハラスメント（事業主が職場における性的な言動に起因する問題に関して雇用管理上講ずべき措置等についての指針（平成18年厚生労働省告示第615号）に規定する「職場におけるセクシュアルハラスメント」をいう。以下同じ。）、妊娠、出産等に関するハラスメント（事業主が職場における妊娠、出産等に関する言動に起因する問題に関して雇用管理上講ずべき措置等についての指針（平成28年厚生労働省告示第312号）に規定する「職場における妊娠、出産等に関するハラスメント」をいう。）、育児休業等に関するハラスメント（子の養育又は家族の介護を行い、又は行うこととなる労働者の職業生活と家庭生活との両立が図られるようにするために事業主が講ずべき措置等に関する指針（平成21年厚生労働省告示第509号）に規定する「職場における育児休業等に関するハラスメント」をいう。）その他のハラスメントと複合的に生じることも想定されることから、事業主は、例えば、セクシュアルハラスメント等の相談窓口と一体的に、職場におけるパワーハラスメントの相談窓口を設置し、一元的に相談に応じることのできる体制を整備することが望ましい。

（一元的に相談に応じることのできる体制の例）

① 相談窓口で受け付けることのできる相談として、職場におけるパワーハラスメントのみならず、セクシュアルハラスメント等も明示すること。

② 職場におけるパワーハラスメントの相談窓口がセクシュアルハラスメント等の相談窓口を兼ねること。

（2） 事業主は、職場におけるパワーハラスメントの原因や背景となる要因を解消するため、次の取組を行うことが望ましい。

なお、取組を行うに当たっては、労働者個人のコミュニケーション能力の向上を図ることは、職場におけるパワーハラスメントの行為者・被害者の双方になることを防止する上で重要であることや、業務上必要かつ相当な範囲で行われる適正な業務指示や指導については、職場におけるパワーハラスメントには該当せず、労働者が、こうした適正な業務指示や指導を踏まえて真摯に業務を遂行する意識を持つことも重要であることに留意することが必要である。

イ コミュニケーションの活性化や円滑化のために研修等の必要な取組を行うこと。

（コミュニケーションの活性化や円滑化のために必要な取組例）

① 日常的なコミュニケーションを取るよう努めることや定期的に面談やミーティングを行うことにより、風通しの良い職場環境や互いに助け合える労働者同士の信頼関係を築き、コミュニケーションの活性化を図ること。

② 感情をコントロールする手法についての研修、コミュニケーションスキルアップについての研修、マネジメントや指導についての研修等の実施や資料の配布等により、労働者が感情をコントロールする能力やコミュニケーションを円滑に進める能力等の向上を図ること。

ロ 適正な業務目標の設定等の職場環境の改善のための取組を行うこと。

（職場環境の改善のための取組例）

① 適正な業務目標の設定や適正な業務体制の整備、業務の効率化による過剰な長時間労働の是正等を通じて、労働者に過度に肉体的・精神的負荷を強いる職場環境や組織風土を改善すること。

（3） 事業主は、4の措置を講じる際に、必要に応じて、労働者や労働組合等の参画を得つつ、アンケート調査や意見交換等を実施するなどにより、その運用状況の的確な把握や必要な見直しの検討等に努めることが重要である。なお、労働者や労働組合等の参画を得る方法として、例えば、労働安全衛生法（昭和47年法律第57号）第18条第1項に規定する衛生委員会の活用なども考えられる。

6 事業主が自らの雇用する労働者以外の者に対する言動に関し行うことが望ましい取組の内容

3の事業主及び労働者の責務の趣旨に鑑みれば、事業主は、当該事業主が雇用する労働者が、他の労働者（他の事業主が雇用する労働者及び求職者を含む。）のみならず、個人事業主、インターンシップを行っている者等の労働者以外の者に対する言動についても必要な注意を払うよう配慮するとともに、事業主(その者が法人である場合にあっては、その役員)自らと労働者も、労働者以外の者に対する言動について必要な注意を払うよう努めることが望ましい。

こうした責務の趣旨も踏まえ、事業主は、4(1)イの職場におけるパワーハラスメントを行ってはならない旨の方針の明確化等を行う際に、当該事業主が雇用する労働者以外の者(他の事業主が雇用する労働者、就職活動中の学生等の求職者及び労働者以外の者)に対する言動についても、同様の方針を併せて示すことが望ましい。

また、これらの者から職場におけるパワーハラスメントに類すると考えられる相談があった場合には、その内容を踏まえて、4の措置も参考にしつつ、必要に応じて適切な対応を行うように努めることが望ましい。

7　事業主が他の事業主の雇用する労働者等からのパワーハラスメントや顧客等からの著しい迷惑行為に関し行うことが望ましい取組の内容

事業主は、取引先等の他の事業主が雇用する労働者又は他の事業主(その者が法人である場合にあっては、その役員)からのパワーハラスメントや顧客等からの著しい迷惑行為(暴行、脅迫、ひどい暴言、著しく不当な要求等)により、その雇用する労働者が就業環境を害されることのないよう、雇用管理上の配慮として、例えば、(1)及び(2)の取組を行うことが望ましい。また、(3)のような取組を行うことも、その雇用する労働者が被害を受けることを防止する上で有効と考えられる。

(1)　相談に応じ、適切に対応するために必要な体制の整備

事業主は、他の事業主が雇用する労働者等からのパワーハラスメントや顧客等からの著しい迷惑行為に関する労働者からの相談に対し、その内容や状況に応じ適切かつ柔軟に対応するために必要な体制の整備として、4(2)イ及びロの例も参考にしつつ、次の取組を行うことが望ましい。

また、併せて、労働者が当該相談をしたことを理由として、解雇その他不利益な取扱いを行ってはならない旨を定め、労働者に周知・啓発することが望ましい。

イ　相談先(上司、職場内の担当者等)をあらかじめ定め、これを労働者に周知すること。

ロ　イの相談を受けた者が、相談に対し、その内容や状況に応じ適切に対応できるようにすること。

(2)　被害者への配慮のための取組

事業主は、相談者から事実関係を確認し、他の事業主が雇用する労働者等からのパワーハラスメントや顧客等からの著しい迷惑行為が認められた場合には、速やかに被害者に対する配慮のための取組を行うことが望ましい。

（被害者への配慮のための取組例）

事案の内容や状況に応じ、被害者のメンタルヘルス不調への相談対応、著しい迷惑行為を行った者に対する対応が必要な場合に一人で対応させない等の取組を行うこと。

（３） 他の事業主が雇用する労働者等からのパワーハラスメントや顧客等からの著しい迷惑行為による被害を防止するための取組

⑴及び⑵の取組のほか、他の事業主が雇用する労働者等からのパワーハラスメントや顧客等からの著しい迷惑行為からその雇用する労働者が被害を受けることを防止する上では、事業主が、こうした行為への対応に関するマニュアルの作成や研修の実施等の取組を行うことも有効と考えられる。

また、業種・業態等によりその被害の実態や必要な対応も異なると考えられることから、業種・業態等における被害の実態や業務の特性等を踏まえて、それぞれの状況に応じた必要な取組を進めることも、被害の防止に当たっては効果的と考えられる。

## 2．事業主が職場における性的な言動に起因する問題に関して雇用管理上講ずべき措置等についての指針

1　はじめに

この指針は、雇用の分野における男女の均等な機会及び待遇の確保等に関する法律(昭和47年法律第113号。以下「法」という。)第11条第1項から第3項までに規定する事業主が職場において行われる性的な言動に対するその雇用する労働者の対応により当該労働者がその労働条件につき不利益を受け、又は当該性的な言動により当該労働者の就業環境が害されること(以下「職場におけるセクシュアルハラスメント」という。)のないよう雇用管理上講ずべき措置等について、同条第4項の規定に基づき事業主が適切かつ有効な実施を図るために必要な事項について定めたものである。

2　職場におけるセクシュアルハラスメントの内容

（1）　職場におけるセクシュアルハラスメントには、職場において行われる性的な言動に対する労働者の対応により当該労働者がその労働条件につき不利益を受けるもの(以下「対価型セクシュアルハラスメント」という。)と、当該性的な言動により労働者の就業環境が害されるもの(以下「環境型セクシュアルハラスメント」という。)がある。

なお、職場におけるセクシュアルハラスメントには、同性に対するものも含まれるものである。また、被害を受けた者(以下「被害者」という。)の性的指向又は性自認にかかわらず、当該者に対する職場におけるセクシュアルハラスメントも、本指針の対象となるものである。

（2）　「職場」とは、事業主が雇用する労働者が業務を遂行する場所を指し、当該労働者が通常就業している場所以外の場所であっても、当該労働者が業務を遂行する場所については、「職場」に含まれる。取引先の事務所、取引先と打合せをするための飲食店、顧客の自宅等であっても、当該労働者が業務を遂行する場所であればこれに該当する。

（3）　「労働者」とは、いわゆる正規雇用労働者のみならず、パートタイム労働者、契約社員等いわゆる非正規雇用労働者を含む事業主が雇用する労働者の全てをいう。

また、派遣労働者については、派遣元事業主のみならず、労働者派遣の役務の提供を受ける者についても、労働者派遣事業の適正な運営の確保及び派遣労働者の保護等に関する法律(昭和60年法律第88号)第47条の2の規定により、その指揮命令の下に労働させる派遣労働者を雇用する事業主とみなされ、法第11条第1

項及び第11条の2第2項の規定が適用されることから、労働者派遣の役務の提供を受ける者は、派遣労働者についてもその雇用する労働者と同様に、3(1)の配慮及び4の措置を講ずることが必要である。なお、法第11条第2項、第17条第2項及び第18条第2項の労働者に対する不利益な取扱いの禁止については、派遣労働者も対象に含まれるものであり、派遣元事業主のみならず、労働者派遣の役務の提供を受ける者もまた、当該者に派遣労働者が職場におけるセクシュアルハラスメントの相談を行ったこと等を理由として、当該派遣労働者に係る労働者派遣の役務の提供を拒む等、当該派遣労働者に対する不利益な取扱いを行ってはならない。

（4）「性的な言動」とは、性的な内容の発言及び性的な行動を指し、この「性的な内容の発言」には、性的な事実関係を尋ねること、性的な内容の情報を意図的に流布すること等が、「性的な行動」には、性的な関係を強要すること、必要なく身体に触ること、わいせつな図画を配布すること等が、それぞれ含まれる。当該言動を行う者には、労働者を雇用する事業主(その者が法人である場合にあってはその役員。以下この(4)において同じ。)、上司、同僚に限らず、取引先等の他の事業主又はその雇用する労働者、顧客、患者又はその家族、学校における生徒等もなり得る。

（5）「対価型セクシュアルハラスメント」とは、職場において行われる労働者の意に反する性的な言動に対する労働者の対応により、当該労働者が解雇、降格、減給等の不利益を受けることであって、その状況は多様であるが、典型的な例として、次のようなものがある。

イ　事務所内において事業主が労働者に対して性的な関係を要求したが、拒否されたため、当該労働者を解雇すること。

ロ　出張中の車中において上司が労働者の腰、胸等に触ったが、抵抗されたため、当該労働者について不利益な配置転換をすること。

ハ　営業所内において事業主が日頃から労働者に係る性的な事柄について公然と発言していたが、抗議されたため、当該労働者を降格すること。

（6）「環境型セクシュアルハラスメント」とは、職場において行われる労働者の意に反する性的な言動により労働者の就業環境が不快なものとなったため、能力の発揮に重大な悪影響が生じる等当該労働者が就業する上で看過できない程度の支障が生じることであって、その状況は多様であるが、典型的な例として、次のようなものがある。

イ　事務所内において上司が労働者の腰、胸等に度々触ったため、当該労働者が苦痛に感じてその就業意欲が低下していること。

ロ　同僚が取引先において労働者に係る性的な内容の情報を意図的かつ継続的に流布したため、当該労働者が苦痛に感じて仕事が手につかないこと。

ハ　労働者が抗議をしているにもかかわらず、事務所内にヌードポスターを掲示しているため、当該労働者が苦痛に感じて業務に専念できないこと。

3　事業主等の責務

（1）　事業主の責務

法第11条の2第2項の規定により、事業主は、職場におけるセクシュアルハラスメントを行ってはならないことその他職場におけるセクシュアルハラスメントに起因する問題(以下「セクシュアルハラスメント問題」という。)に対するその雇用する労働者の関心と理解を深めるとともに、当該労働者が他の労働者(他の事業主が雇用する労働者及び求職者を含む。(2)において同じ。)に対する言動に必要な注意を払うよう、研修の実施その他の必要な配慮をするほか、国の講ずる同条第1項の広報活動、啓発活動その他の措置に協力するように努めなければならない。なお、職場におけるセクシュアルハラスメントに起因する問題としては、例えば、労働者の意欲の低下などによる職場環境の悪化や職場全体の生産性の低下、労働者の健康状態の悪化、休職や退職などにつながり得ること、これらに伴う経営的な損失等が考えられる。

また、事業主(その者が法人である場合にあっては、その役員)は、自らも、セクシュアルハラスメント問題に対する関心と理解を深め、労働者(他の事業主が雇用する労働者及び求職者を含む。)に対する言動に必要な注意を払うように努めなければならない。

（2）　労働者の責務

法第11条の2第4項の規定により、労働者は、セクシュアルハラスメント問題に対する関心と理解を深め、他の労働者に対する言動に必要な注意を払うとともに、事業主の講ずる4の措置に協力するように努めなければならない。

4　事業主が職場における性的な言動に起因する問題に関し雇用管理上講ずべき措置の内容

事業主は、職場におけるセクシュアルハラスメントを防止するため、雇用管理上次の措置を講じなければならない。

（1）　事業主の方針等の明確化及びその周知・啓発

事業主は、職場におけるセクシュアルハラスメントに関する方針の明確化、労働者に対するその方針の周知・啓発として、次の措置を講じなければならない。

なお、周知・啓発をするに当たっては、職場におけるセクシュアルハラスメントの防止の効果を高めるため、その発生の原因や背景について労働者の理解を深めることが重要である。その際、職場におけるセクシュアルハラスメントの発生の原因や背景には、性別役割分担意識に基づく言動もあると考えられ、こうした言動をなくしていくことがセクシュアルハラスメントの防止の効果を高める上で重要であることに留意することが必要である。

イ　職場におけるセクシュアルハラスメントの内容及び職場におけるセクシュアルハラスメントを行ってはならない旨の方針を明確化し、管理監督者を含む労働者に周知・啓発すること。

（事業主の方針を明確化し、労働者に周知・啓発していると認められる例）

①　就業規則その他の職場における服務規律等を定めた文書において、職場におけるセクシュアルハラスメントを行ってはならない旨の方針を規定し、当該規定と併せて、職場におけるセクシュアルハラスメントの内容及び性別役割分担意識に基づく言動がセクシュアルハラスメントの発生の原因や背景となり得ることを、労働者に周知・啓発すること。

②　社内報、パンフレット、社内ホームページ等広報又は啓発のための資料等に職場におけるセクシュアルハラスメントの内容及び性別役割分担意識に基づく言動がセクシュアルハラスメントの発生の原因や背景となり得ること並びに職場におけるセクシュアルハラスメントを行ってはならない旨の方針を記載し、配布等すること。

③　職場におけるセクシュアルハラスメントの内容及び性別役割分担意識に基づく言動がセクシュアルハラスメントの発生の原因や背景となり得ること並びに職場におけるセクシュアルハラスメントを行ってはならない旨の方針を労働者に対して周知・啓発するための研修、講習等を実施すること。

ロ　職場におけるセクシュアルハラスメントに係る性的な言動を行った者については、厳正に対処する旨の方針及び対処の内容を就業規則その他の職場における服務規律等を定めた文書に規定し、管理監督者を含む労働者に周知・啓発すること。

（対処方針を定め、労働者に周知・啓発していると認められる例）

① 就業規則その他の職場における服務規律等を定めた文書において、職場におけるセクシュアルハラスメントに係る性的な言動を行った者に対する懲戒規定を定め、その内容を労働者に周知・啓発すること。

② 職場におけるセクシュアルハラスメントに係る性的な言動を行った者は、現行の就業規則その他の職場における服務規律等を定めた文書において定められている懲戒規定の適用の対象となる旨を明確化し、これを労働者に周知・啓発すること。

（2） 相談（苦情を含む。以下同じ。）に応じ、適切に対応するために必要な体制の整備

事業主は、労働者からの相談に対し、その内容や状況に応じ適切かつ柔軟に対応するために必要な体制の整備として、次の措置を講じなければならない。

イ 相談への対応のための窓口（以下「相談窓口」という。）をあらかじめ定め、労働者に周知すること。

（相談窓口をあらかじめ定めていると認められる例）

① 相談に対応する担当者をあらかじめ定めること。

② 相談に対応するための制度を設けること。

③ 外部の機関に相談への対応を委託すること。

ロ イの相談窓口の担当者が、相談に対し、その内容や状況に応じ適切に対応できるようにすること。また、相談窓口においては、被害を受けた労働者が萎縮するなどして相談を躊躇する例もあること等も踏まえ、相談者の心身の状況や当該言動が行われた際の受け止めなどその認識にも配慮しながら、職場におけるセクシュアルハラスメントが現実に生じている場合だけでなく、その発生のおそれがある場合や、職場におけるセクシュアルハラスメントに該当するか否か微妙な場合であっても、広く相談に対応し、適切な対応を行うようにすること。例えば、放置すれば就業環境を害するおそれがある場合や、性別役割分担意識に基づく言動が原因や背景となってセクシュアルハラスメントが生じるおそれがある場合等が考えられる。

（相談窓口の担当者が適切に対応することができるようにしていると認められる例）

① 相談窓口の担当者が相談を受けた場合、その内容や状況に応じて、相談窓口の担当者と人事部門とが連携を図ることができる仕組みとすること。

② 相談窓口の担当者が相談を受けた場合、あらかじめ作成した留意点などを記載したマニュアルに基づき対応すること。

③ 相談窓口の担当者に対し、相談を受けた場合の対応についての研修を行うこと。

（3） 職場におけるセクシュアルハラスメントに係る事後の迅速かつ適切な対応

事業主は、職場におけるセクシュアルハラスメントに係る相談の申出があった場合において、その事案に係る事実関係の迅速かつ正確な確認及び適正な対処として、次の措置を講じなければならない。

イ 事案に係る事実関係を迅速かつ正確に確認すること。なお、セクシュアルハラスメントに係る性的な言動の行為者とされる者（以下「行為者」という。）が、他の事業主が雇用する労働者又は他の事業主（その者が法人である場合にあっては、その役員）である場合には、必要に応じて、他の事業主に事実関係の確認への協力を求めることも含まれる。

（事案に係る事実関係を迅速かつ正確に確認していると認められる例）

① 相談窓口の担当者、人事部門又は専門の委員会等が、相談を行った労働者（以下「相談者」という。）及び行為者の双方から事実関係を確認すること。その際、相談者の心身の状況や当該言動が行われた際の受け止めなどその認識にも適切に配慮すること。

また、相談者と行為者との間で事実関係に関する主張に不一致があり、事実の確認が十分にできないと認められる場合には、第三者からも事実関係を聴取する等の措置を講ずること。

② 事実関係を迅速かつ正確に確認しようとしたが、確認が困難な場合などにおいて、法第18条に基づく調停の申請を行うことその他中立な第三者機関に紛争処理を委ねること。

ロ イにより、職場におけるセクシュアルハラスメントが生じた事実が確認できた場合においては、速やかに被害を受けた労働者（以下「被害者」という。）に対する配慮のための措置を適正に行うこと。

（措置を適正に行っていると認められる例）

① 事案の内容や状況に応じ、被害者と行為者の間の関係改善に向けての援助、被害者と行為者を引き離すための配置転換、行為者の謝罪、被害者の労働条件上の不利益の回復、管理監督者又は事業場内産業保健スタッフ等による被害者のメンタルヘルス不調への相談対応等の措置を講ずること。

② 法第18条に基づく調停その他中立な第三者機関の紛争解決案に従った措置を被害者に対して講ずること。

ハ イにより、職場におけるセクシュアルハラスメントが生じた事実が確認できた場合においては、行為者に対する措置を適正に行うこと。

(措置を適正に行っていると認められる例)

① 就業規則その他の職場における服務規律等を定めた文書における職場におけるセクシュアルハラスメントに関する規定等に基づき、行為者に対して必要な懲戒その他の措置を講ずること。あわせて、事案の内容や状況に応じ、被害者と行為者の間の関係改善に向けての援助、被害者と行為者を引き離すための配置転換、行為者の謝罪等の措置を講ずること。

② 法第18条に基づく調停その他中立な第三者機関の紛争解決案に従った措置を行為者に対して講ずること。

ニ 改めて職場におけるセクシュアルハラスメントに関する方針を周知・啓発する等の再発防止に向けた措置を講ずること。

なお、セクシュアルハラスメントに係る性的な言動の行為者が、他の事業主が雇用する労働者又は他の事業主(その者が法人である場合にあっては、その役員)である場合には、必要に応じて、他の事業主に再発防止に向けた措置への協力を求めることも含まれる。

また、職場におけるセクシュアルハラスメントが生じた事実が確認できなかった場合においても、同様の措置を講ずること。

(再発防止に向けた措置を講じていると認められる例)

① 職場におけるセクシュアルハラスメントを行ってはならない旨の方針及び職場におけるセクシュアルハラスメントに係る性的な言動を行った者について厳正に対処する旨の方針を、社内報、パンフレット、社内ホームページ等広報又は啓発のための資料等に改めて掲載し、配布等すること。

② 労働者に対して職場におけるセクシュアルハラスメントに関する意識を啓発するための研修、講習等を改めて実施すること。

(4) (1)から(3)までの措置と併せて講ずべき措置

(1)から(3)までの措置を講ずるに際しては、併せて次の措置を講じなければならない。

イ 職場におけるセクシュアルハラスメントに係る相談者・行為者等の情報は当該相談者・行為者等のプライバシーに属するものであることから、相談への対応又は当該セクシュアルハラスメントに係る事後の対応に当たっては、相談者・

行為者等のプライバシーを保護するために必要な措置を講ずるとともに、その旨を労働者に対して周知すること。

（相談者・行為者等のプライバシーを保護するために必要な措置を講じていると認められる例）

① 相談者・行為者等のプライバシーの保護のために必要な事項をあらかじめマニュアルに定め、相談窓口の担当者が相談を受けた際には、当該マニュアルに基づき対応するものとすること。

② 相談者・行為者等のプライバシーの保護のために、相談窓口の担当者に必要な研修を行うこと。

③ 相談窓口においては相談者・行為者等のプライバシーを保護するために必要な措置を講じていることを、社内報、パンフレット、社内ホームページ等広報又は啓発のための資料等に掲載し、配布等すること。

ロ 法第11条第2項、第17条第2項及び第18条第2項の規定を踏まえ、労働者が職場におけるセクシュアルハラスメントに関し相談をしたこと若しくは事実関係の確認等の事業主の雇用管理上講ずべき措置に協力したこと、都道府県労働局に対して相談、紛争解決の援助の求め若しくは調停の申請を行ったこと又は調停の出頭の求めに応じたこと（以下「セクシュアルハラスメントの相談等」という。）を理由として、解雇その他不利益な取扱いをされない旨を定め、労働者に周知・啓発すること。

（不利益な取扱いをされない旨を定め、労働者にその周知・啓発することについて措置を講じていると認められる例）

① 就業規則その他の職場における服務規律等を定めた文書において、セクシュアルハラスメントの相談等を理由として、当該労働者が解雇等の不利益な取扱いをされない旨を規定し、労働者に周知・啓発をすること。

② 社内報、パンフレット、社内ホームページ等広報又は啓発のための資料等に、セクシュアルハラスメントの相談等を理由として、当該労働者が解雇等の不利益な取扱いをされない旨を記載し、労働者に配布等すること。

5 他の事業主の講ずる雇用管理上の措置の実施に関する協力

法第11条第3項の規定により、事業主は、当該事業主が雇用する労働者又は当該事業主（その者が法人である場合にあっては、その役員）による他の事業主の雇用する労働者に対する職場におけるセクシュアルハラスメントに関し、他の事業主から、事実関係の確認等の雇用管理上の措置の実施に関し必要な協力を求められた場合には、これに応ずるように努めなければならない。

また、同項の規定の趣旨に鑑みれば、事業主が、他の事業主から雇用管理上の措置への協力を求められたことを理由として、当該事業主に対し、当該事業主との契約を解除する等の不利益な取扱いを行うことは望ましくないものである。

6　事業主が職場における性的な言動に起因する問題に関し行うことが望ましい取組の内容

事業主は、職場におけるセクシュアルハラスメントを防止するため、4の措置に加え、次の取組を行うことが望ましい。

（1）　職場におけるセクシュアルハラスメントは、パワーハラスメント(事業主が職場における優越的な関係を背景とした言動に起因する問題に関して雇用管理上講ずべき措置等についての指針(令和2年厚生労働省告示第5号)に規定する「職場におけるパワーハラスメント」をいう。以下同じ。)、妊娠、出産等に関するハラスメント(事業主が職場における妊娠、出産等に関する言動に起因する問題に関して雇用管理上講ずべき措置等についての指針(平成28年厚生労働省告示第312号)に規定する「職場における妊娠、出産等に関するハラスメント」をいう。)、育児休業等に関するハラスメント(子の養育又は家族の介護を行い、又は行うこととなる労働者の職業生活と家庭生活との両立が図られるようにするために事業主が講ずべき措置等に関する指針(平成21年厚生労働省告示第509号)に規定する「職場における育児休業等に関するハラスメント」をいう。)その他のハラスメントと複合的に生じることも想定されることから、事業主は、例えば、パワーハラスメント等の相談窓口と一体的に、職場におけるセクシュアルハラスメントの相談窓口を設置し、一元的に相談に応じることのできる体制を整備することが望ましい。

(一元的に相談に応じることのできる体制の例)

①　相談窓口で受け付けることのできる相談として、職場におけるセクシュアルハラスメントのみならず、パワーハラスメント等も明示すること。

②　職場におけるセクシュアルハラスメントの相談窓口がパワーハラスメント等の相談窓口を兼ねること。

（2）　事業主は、4の措置を講じる際に、必要に応じて、労働者や労働組合等の参画を得つつ、アンケート調査や意見交換等を実施するなどにより、その運用状況の的確な把握や必要な見直しの検討等に努めることが重要である。なお、労働者や労働組合等の参画を得る方法として、例えば、労働安全衛生法(昭和47年法律第57号)第18条第1項に規定する衛生委員会の活用なども考えられる。

7　事業主が自らの雇用する労働者以外の者に対する言動に関し行うことが望ましい取組の内容

3の事業主及び労働者の責務の趣旨に鑑みれば、事業主は、当該事業主が雇用する労働者が、他の労働者（他の事業主が雇用する労働者及び求職者を含む。）のみならず、個人事業主、インターンシップを行っている者等の労働者以外の者に対する言動についても必要な注意を払うよう配慮するとともに、事業主（その者が法人である場合にあっては、その役員）自らと労働者も、労働者以外の者に対する言動について必要な注意を払うよう努めることが望ましい。

こうした責務の趣旨も踏まえ、事業主は、4(1)イの職場におけるセクシュアルハラスメントを行ってはならない旨の方針の明確化等を行う際に、当該事業主が雇用する労働者以外の者（他の事業主が雇用する労働者、就職活動中の学生等の求職者及び労働者以外の者）に対する言動についても、同様の方針を併せて示すことが望ましい。

また、これらの者から職場におけるセクシュアルハラスメントに類すると考えられる相談があった場合には、その内容を踏まえて、4の措置も参考にしつつ、必要に応じて適切な対応を行うように努めることが望ましい。

## 3．事業主が職場における妊娠、出産等に関する言動に起因する問題に関して雇用管理上講ずべき措置等についての指針

1　はじめに

この指針は、雇用の分野における男女の均等な機会及び待遇の確保等に関する法律(昭和 47 年法律第 113 号。以下「法」という。)第 11 条の 3 第 1 項及び第 2 項に規定する事業主が職場において行われるその雇用する女性労働者に対する当該女性労働者が妊娠したこと、出産したことその他の妊娠又は出産に関する事由であって雇用の分野における男女の均等な機会及び待遇の確保等に関する法律施行規則(昭和 61 年労働省令第 2 号。以下「均等則」という。)第 2 条の 3 で定めるもの(以下「妊娠、出産等」という。)に関する言動により当該女性労働者の就業環境が害されること(以下「職場における妊娠、出産等に関するハラスメント」という。)のないよう雇用管理上講ずべき措置等について、法第 11 条の 3 第 3 項の規定に基づき事業主が適切かつ有効な実施を図るために必要な事項について定めたものである。

2　職場における妊娠、出産等に関するハラスメントの内容

(1)　職場における妊娠、出産等に関するハラスメントには、上司又は同僚から行われる以下のものがある。なお、業務分担や安全配慮等の観点から、客観的にみて、業務上の必要性に基づく言動によるものについては、職場における妊娠、出産等に関するハラスメントには該当しない。

イ　その雇用する女性労働者の労働基準法(昭和 22 年法律第 49 号)第 65 条第 1 項の規定による休業その他の妊娠又は出産に関する制度又は措置の利用に関する言動により就業環境が害されるもの(以下「制度等の利用への嫌がらせ型」という。)

ロ　その雇用する女性労働者が妊娠したこと、出産したことその他の妊娠又は出産に関する言動により就業環境が害されるもの(以下「状態への嫌がらせ型」という。)

(2)　「職場」とは、事業主が雇用する女性労働者が業務を遂行する場所を指し、当該女性労働者が通常就業している場所以外の場所であっても、当該女性労働者が業務を遂行する場所については、「職場」に含まれる。

(3)　「労働者」とは、いわゆる正規雇用労働者のみならず、パートタイム労働者、契約社員等いわゆる非正規雇用労働者を含む事業主が雇用する労働者の全てをいう。また、派遣労働者については、派遣元事業主のみならず、労働者派遣の役務の提供を受ける者についても、労働者派遣事業の適正な運営の確保及び派遣労働

者の保護等に関する法律(昭和60年法律第88号)第47条の2の規定により、その指揮命令の下に労働させる派遣労働者を雇用する事業主とみなされ、法第11条の3第1項及び第11条の4第2項の規定が適用されることから、労働者派遣の役務の提供を受ける者は、派遣労働者についてもその雇用する労働者と同様に、3(1)の配慮及び4の措置を講ずることが必要である。なお、法第11条の3第2項、第17条第2項及び第18条第2項の労働者に対する不利益な取扱いの禁止については、派遣労働者も対象に含まれるものであり、派遣元事業主のみならず、労働者派遣の役務の提供を受ける者もまた、当該者に派遣労働者が職場における妊娠・出産等に関するハラスメントの相談を行ったこと等を理由として、当該派遣労働者に係る労働者派遣の役務の提供を拒む等、当該派遣労働者に対する不利益な取扱いを行ってはならない。

(4) 「制度等の利用への嫌がらせ型」とは、具体的には、イ①から⑥までに掲げる制度又は措置(以下「制度等」という。)の利用に関する言動により就業環境が害されるものである。典型的な例として、ロに掲げるものがあるが、ロに掲げるものは限定列挙ではないことに留意が必要である。

イ 制度等

① 妊娠中及び出産後の健康管理に関する措置(母性健康管理措置)(均等則第2条の3第3号関係)

② 坑内業務の就業制限及び危険有害業務の就業制限(均等則第2条の3第4号関係)

③ 産前休業(均等則第2条の3第5号関係)

④ 軽易な業務への転換(均等則第2条の3第6号関係)

⑤ 変形労働時間制がとられる場合における法定労働時間を超える労働時間の制限、時間外労働及び休日労働の制限並びに深夜業の制限(均等則第2条の3第7号関係)

⑥ 育児時間(均等則第2条の3第8号関係)

ロ 典型的な例

① 解雇その他不利益な取扱い(法第9条第3項に規定する解雇その他不利益な取扱いをいう。以下同じ。)を示唆するもの

　女性労働者が、制度等の利用の請求等(措置の求め、請求又は申出をいう。以下同じ。)をしたい旨を上司に相談したこと、制度等の利用の請求等をしたこと、又は制度等の利用をしたことにより、上司が当該女性労働者に対し、解雇その他不利益な取扱いを示唆すること。

② 制度等の利用の請求等又は制度等の利用を阻害するもの

客観的にみて、言動を受けた女性労働者の制度等の利用の請求等又は制度等の利用が阻害されるものが該当する。

(イ) 女性労働者が制度等の利用の請求等をしたい旨を上司に相談したところ、上司が当該女性労働者に対し、当該請求等をしないよう言うこと。

(ロ) 女性労働者が制度等の利用の請求等をしたところ、上司が当該女性労働者に対し、当該請求等を取り下げるよう言うこと。

(ハ) 女性労働者が制度等の利用の請求等をしたい旨を同僚に伝えたところ、同僚が当該女性労働者に対し、繰り返し又は継続的に当該請求等をしないよう言うこと(当該女性労働者がその意に反することを当該同僚に明示しているにもかかわらず、更に言うことを含む。)。

(ニ) 女性労働者が制度等の利用の請求等をしたところ、同僚が当該女性労働者に対し、繰り返し又は継続的に当該請求等を取り下げるよう言うこと(当該女性労働者がその意に反することを当該同僚に明示しているにもかかわらず、更に言うことを含む。)。

③ 制度等の利用をしたことにより嫌がらせ等をするもの

客観的にみて、言動を受けた女性労働者の能力の発揮や継続就業に重大な悪影響が生じる等当該女性労働者が就業する上で看過できない程度の支障が生じるようなものが該当する。

女性労働者が制度等の利用をしたことにより、上司又は同僚が当該女性労働者に対し、繰り返し又は継続的に嫌がらせ等(嫌がらせ的な言動、業務に従事させないこと又は専ら雑務に従事させることをいう。以下同じ。)をすること(当該女性労働者がその意に反することを当該上司又は同僚に明示しているにもかかわらず、更に言うことを含む。)。

(5) 「状態への嫌がらせ型」とは、具体的には、イ①から⑤までに掲げる妊娠又は出産に関する事由(以下「妊娠等したこと」という。)に関する言動により就業環境が害されるものである。典型的な例として、ロに掲げるものがあるが、ロに掲げるものは限定列挙ではないことに留意が必要である。

イ 妊娠又は出産に関する事由

① 妊娠したこと(均等則第2条の3第1号関係)。

② 出産したこと(均等則第2条の3第2号関係)。

③　坑内業務の就業制限若しくは危険有害業務の就業制限の規定により業務に就くことができないこと又はこれらの業務に従事しなかったこと（均等則第2条の3第4号関係）。

④　産後の就業制限の規定により就業できず、又は産後休業をしたこと（均等則第2条の3第5号関係）。

⑤　妊娠又は出産に起因する症状により労務の提供ができないこと若しくはできなかったこと又は労働能率が低下したこと（均等則第2条の3第9号関係）。なお、「妊娠又は出産に起因する症状」とは、つわり、妊娠悪阻、切迫流産、出産後の回復不全等、妊娠又は出産をしたことに起因して妊産婦に生じる症状をいう。

ロ　典型的な例

①　解雇その他不利益な取扱いを示唆するもの

女性労働者が妊娠等したことにより、上司が当該女性労働者に対し、解雇その他不利益な取扱いを示唆すること。

②　妊娠等したことにより嫌がらせ等をするもの

客観的にみて、言動を受けた女性労働者の能力の発揮や継続就業に重大な悪影響が生じる等当該女性労働者が就業する上で看過できない程度の支障が生じるようなものが該当する。

女性労働者が妊娠等したことにより、上司又は同僚が当該女性労働者に対し、繰り返し又は継続的に嫌がらせ等をすること（当該女性労働者がその意に反することを当該上司又は同僚に明示しているにもかかわらず、更に言うことを含む。）。

3　事業主等の責務

（1）　事業主の責務

法第11条の4第2項の規定により、事業主は、職場における妊娠、出産等に関するハラスメントを行ってはならないことその他職場における妊娠、出産等に関するハラスメントに起因する問題（以下「妊娠、出産等に関するハラスメント問題」という。）に対するその雇用する労働者の関心と理解を深めるとともに、当該労働者が他の労働者（他の事業主が雇用する労働者及び求職者を含む。(2)において同じ。）に対する言動に必要な注意を払うよう、研修の実施その他の必要な配慮をするほか、国の講ずる同条第1項の広報活動、啓発活動その他の措置に協力するように努めなければならない。なお、職場における妊娠、出産等に関するハラスメントに起因する問題としては、例えば、労働者の意欲の低下などによる職場環境の悪化や職場全体の生産性の低下、労働者の健康状態の悪化、休職や退職などにつながり得ること、これらに伴う経営的な損失等が考えられる。

また、事業主(その者が法人である場合にあっては、その役員)は、自らも、妊娠、出産等に関するハラスメント問題に対する関心と理解を深め、労働者(他の事業主が雇用する労働者及び求職者を含む。)に対する言動に必要な注意を払うように努めなければならない。

(2) 労働者の責務

法第 11 条の 4 第 4 項の規定により、労働者は、妊娠、出産等に関するハラスメント問題に対する関心と理解を深め、他の労働者に対する言動に必要な注意を払うとともに、事業主の講ずる4の措置に協力するように努めなければならない。

4 事業主が職場における妊娠、出産等に関する言動に起因する問題に関し雇用管理上講ずべき措置の内容

事業主は、職場における妊娠、出産等に関するハラスメントを防止するため、雇用管理上次の措置を講じなければならない。なお、事業主が行う妊娠、出産等を理由とする不利益取扱い(就業環境を害する行為を含む。)については、既に法第 9 条第 3 項で禁止されており、こうした不利益取扱いを行わないため、当然に自らの行為の防止に努めることが求められる。

(1) 事業主の方針等の明確化及びその周知・啓発

事業主は、職場における妊娠、出産等に関するハラスメントに対する方針の明確化、労働者に対するその方針の周知・啓発として、次の措置を講じなければならない。

なお、周知・啓発をするに当たっては、職場における妊娠、出産等に関するハラスメントの防止の効果を高めるため、その発生の原因や背景について労働者の理解を深めることが重要である。その際、職場における妊娠、出産等に関するハラスメントの発生の原因や背景には、(i)妊娠、出産等に関する否定的な言動(不妊治療に対する否定的な言動を含め、他の女性労働者の妊娠、出産等の否定につながる言動(当該女性労働者に直接行わない言動も含む。)をいい、単なる自らの意思の表明を除く。以下同じ。)が頻繁に行われるなど制度等の利用又は制度等の利用の請求等をしにくい職場風土や、(ii)制度等の利用ができることの職場における周知が不十分であることなどもあると考えられる。そのため、これらを解消していくことが職場における妊娠、出産等に関するハラスメントの防止の効果を高める上で重要であることに留意することが必要である。

イ　職場における妊娠、出産等に関するハラスメントの内容（以下「ハラスメントの内容」という。）及び妊娠、出産等に関する否定的な言動が職場における妊娠、出産等に関するハラスメントの発生の原因や背景となり得ること（以下「ハラスメントの背景等」という。）、職場における妊娠、出産等に関するハラスメントを行ってはならない旨の方針（以下「事業主の方針」という。）並びに制度等の利用ができる旨を明確化し、管理監督者を含む労働者に周知・啓発すること。

（事業主の方針等を明確化し、労働者に周知・啓発していると認められる例）

①　就業規則その他の職場における服務規律等を定めた文書において、事業主の方針及び制度等の利用ができる旨について規定し、当該規定と併せて、ハラスメントの内容及びハラスメントの背景等を労働者に周知・啓発すること。

②　社内報、パンフレット、社内ホームページ等広報又は啓発のための資料等にハラスメントの内容及びハラスメントの背景等、事業主の方針並びに制度等の利用ができる旨について記載し、配布等すること。

③　ハラスメントの内容及びハラスメントの背景等、事業主の方針並びに制度等の利用ができる旨を労働者に対して周知・啓発するための研修、講習等を実施すること。

ロ　職場における妊娠、出産等に関するハラスメントに係る言動を行った者については、厳正に対処する旨の方針及び対処の内容を就業規則その他の職場における服務規律等を定めた文書に規定し、管理監督者を含む労働者に周知・啓発すること。

（対処方針を定め、労働者に周知・啓発していると認められる例）

①　就業規則その他の職場における服務規律等を定めた文書において、職場における妊娠、出産等に関するハラスメントに係る言動を行った者に対する懲戒規定を定め、その内容を労働者に周知・啓発すること。

②　職場における妊娠、出産等に関するハラスメントに係る言動を行った者は、現行の就業規則その他の職場における服務規律等を定めた文書において定められている懲戒規定の適用の対象となる旨を明確化し、これを労働者に周知・啓発すること。

（2） 相談（苦情を含む。以下同じ。）に応じ、適切に対応するために必要な体制の整備

事業主は、労働者からの相談に対し、その内容や状況に応じ適切かつ柔軟に対応するために必要な体制の整備として、次の措置を講じなければならない。

イ 相談への対応のための窓口（以下「相談窓口」という。）をあらかじめ定め、労働者に周知すること。

（相談窓口をあらかじめ定めていると認められる例）

① 相談に対応する担当者をあらかじめ定めること。

② 相談に対応するための制度を設けること。

③ 外部の機関に相談への対応を委託すること。

ロ イの相談窓口の担当者が、相談に対し、その内容や状況に応じ適切に対応できるようにすること。また、相談窓口においては、被害を受けた労働者が萎縮するなどして相談を躊躇する例もあること等も踏まえ、相談者の心身の状況や当該言動が行われた際の受け止めなどその認識にも配慮しながら、職場における妊娠、出産等に関するハラスメントが現実に生じている場合だけでなく、その発生のおそれがある場合や、職場における妊娠、出産等に関するハラスメントに該当するか否か微妙な場合等であっても、広く相談に対応し、適切な対応を行うようにすること。例えば、放置すれば就業環境を害するおそれがある場合や、妊娠、出産等に関する否定的な言動が原因や背景となって職場における妊娠、出産等に関するハラスメントが生じるおそれがある場合等が考えられる。

（相談窓口の担当者が適切に対応することができるようにしていると認められる例）

① 相談窓口の担当者が相談を受けた場合、その内容や状況に応じて、相談窓口の担当者と人事部門とが連携を図ることができる仕組みとすること。

② 相談窓口の担当者が相談を受けた場合、あらかじめ作成した留意点などを記載したマニュアルに基づき対応すること。

③ 相談窓口の担当者に対し、相談を受けた場合の対応についての研修を行うこと。

（3） 職場における妊娠、出産等に関するハラスメントに係る事後の迅速かつ適切な対応

事業主は、職場における妊娠、出産等に関するハラスメントに係る相談の申出があった場合において、その事案に係る事実関係の迅速かつ正確な確認及び適正な対処として、次の措置を講じなければならない。

イ　事案に係る事実関係を迅速かつ正確に確認すること。

（事案に係る事実関係を迅速かつ正確に確認していると認められる例）

① 相談窓口の担当者、人事部門又は専門の委員会等が、相談を行った労働者（以下「相談者」という。）及び職場における妊娠、出産等に関するハラスメントに係る言動の行為者とされる者（以下「行為者」という。）の双方から事実関係を確認すること。その際、相談者の心身の状況や当該言動が行われた際の受け止めなどその認識にも適切に配慮すること。

　また、相談者と行為者との間で事実関係に関する主張に不一致があり、事実の確認が十分にできないと認められる場合には、第三者からも事実関係を聴取する等の措置を講ずること。

② 事実関係を迅速かつ正確に確認しようとしたが、確認が困難な場合などにおいて、法第18条に基づく調停の申請を行うことその他中立な第三者機関に紛争処理を委ねること。

ロ　イにより、職場における妊娠、出産等に関するハラスメントが生じた事実が確認できた場合においては、速やかに被害を受けた労働者（以下「被害者」という。）に対する配慮のための措置を適正に行うこと。

（措置を適正に行っていると認められる例）

① 事案の内容や状況に応じ、被害者の職場環境の改善又は迅速な制度等の利用に向けての環境整備、被害者と行為者の間の関係改善に向けての援助、行為者の謝罪、管理監督者又は事業場内産業保健スタッフ等による被害者のメンタルヘルス不調への相談対応等の措置を講ずること。

② 法第18条に基づく調停その他中立な第三者機関の紛争解決案に従った措置を被害者に対して講ずること。

ハ　イにより、職場における妊娠、出産等に関するハラスメントが生じた事実が確認できた場合においては、行為者に対する措置を適正に行うこと。

（措置を適正に行っていると認められる例）

① 就業規則その他の職場における服務規律等を定めた文書における職場における妊娠、出産等に関するハラスメントに関する規定等に基づき、行為者に対して必要な懲戒その他の措置を講ずること。あわせて、事案の内容や状況に応じ、被害者と行為者の間の関係改善に向けての援助、行為者の謝罪等の措置を講ずること。

② 法第18条に基づく調停その他中立な第三者機関の紛争解決案に従った措置を行為者に対して講ずること。

ニ　改めて職場における妊娠、出産等に関するハラスメントに関する方針を周知・啓発する等の再発防止に向けた措置を講ずること。

なお、職場における妊娠、出産等に関するハラスメントが生じた事実が確認できなかった場合においても、同様の措置を講ずること。

（再発防止に向けた措置を講じていると認められる例）

①　事業主の方針、制度等の利用ができる旨及び職場における妊娠、出産等に関するハラスメントに係る言動を行った者について厳正に対処する旨の方針を、社内報、パンフレット、社内ホームページ等広報又は啓発のための資料等に改めて掲載し、配布等すること。

②　労働者に対して職場における妊娠、出産等に関するハラスメントに関する意識を啓発するための研修、講習等を改めて実施すること。

（4）　職場における妊娠、出産等に関するハラスメントの原因や背景となる要因を解消するための措置

事業主は、職場における妊娠、出産等に関するハラスメントの原因や背景となる要因を解消するため、業務体制の整備など、事業主や妊娠等した労働者その他の労働者の実情に応じ、必要な措置を講じなければならない（派遣労働者にあっては、派遣元事業主に限る。）。

なお、措置を講ずるに当たっては、

（i）　職場における妊娠、出産等に関するハラスメントの背景には妊娠、出産等に関する否定的な言動もあるが、当該言動の要因の一つには、妊娠した労働者がつわりなどの体調不良のため労務の提供ができないことや労働能率が低下すること等により、周囲の労働者の業務負担が増大することもあることから、周囲の労働者の業務負担等にも配慮すること

（ii）　妊娠等した労働者の側においても、制度等の利用ができるという知識を持つことや、周囲と円滑なコミュニケーションを図りながら自身の体調等に応じて適切に業務を遂行していくという意識を持つこと

のいずれも重要であることに留意することが必要である（5⑵において同じ。）。

（業務体制の整備など、必要な措置を講じていると認められる例）

①　妊娠等した労働者の周囲の労働者への業務の偏りを軽減するよう、適切に業務分担の見直しを行うこと。

②　業務の点検を行い、業務の効率化等を行うこと。

（5） (1)から(4)までの措置と併せて講ずべき措置

(1)から(4)までの措置を講ずるに際しては、併せて次の措置を講じなければならない。

イ 職場における妊娠、出産等に関するハラスメントに係る相談者・行為者等の情報は当該相談者・行為者等のプライバシーに属するものであることから、相談への対応又は当該妊娠、出産等に関するハラスメントに係る事後の対応に当たっては、相談者・行為者等のプライバシーを保護するために必要な措置を講ずるとともに、その旨を労働者に対して周知すること。

(相談者・行為者等のプライバシーを保護するために必要な措置を講じていると認められる例)

① 相談者・行為者等のプライバシーの保護のために必要な事項をあらかじめマニュアルに定め、相談窓口の担当者が相談を受けた際には、当該マニュアルに基づき対応するものとすること。

② 相談者・行為者等のプライバシーの保護のために、相談窓口の担当者に必要な研修を行うこと。

③ 相談窓口においては相談者・行為者等のプライバシーを保護するために必要な措置を講じていることを、社内報、パンフレット、社内ホームページ等広報又は啓発のための資料等に掲載し、配布等すること。

ロ 法第11条の3第2項、第17条第2項及び第18条第2項の規定を踏まえ、労働者が職場における妊娠、出産等に関するハラスメントに関し相談をしたこと若しくは事実関係の確認等の事業主の雇用管理上講ずべき措置に協力したこと、都道府県労働局に対して相談、紛争解決の援助の求め若しくは調停の申請を行ったこと又は調停の出頭の求めに応じたこと(以下「妊娠・出産等に関するハラスメントの相談等」という。)を理由として、解雇その他不利益な取扱いをされない旨を定め、労働者に周知・啓発すること。

(不利益な取扱いをされない旨を定め、労働者にその周知・啓発することについて措置を講じていると認められる例)

① 就業規則その他の職場における服務規律等を定めた文書において、妊娠・出産等に関するハラスメントの相談等を理由として、当該労働者が解雇等の不利益な取扱いをされない旨を規定し、労働者に周知・啓発をすること。

② 社内報、パンフレット、社内ホームページ等広報又は啓発のための資料等に、妊娠・出産等に関するハラスメントの相談等を理由として、当該労

働者が解雇等の不利益な取扱いをされない旨を記載し、労働者に配布等すること。

5　事業主が職場における妊娠、出産等に関する言動に起因する問題に関し行うことが望ましい取組の内容

事業主は、職場における妊娠・出産等に関するハラスメントを防止するため、4の措置に加え、次の取組を行うことが望ましい。

（1）　職場における妊娠、出産等に関するハラスメントは、育児休業等に関するハラスメント（子の養育又は家族の介護を行い、又は行うこととなる労働者の職業生活と家庭生活との両立が図られるようにするために事業主が講ずべき措置等に関する指針（平成21年厚生労働省告示第509号）に規定する「職場における育児休業等に関するハラスメント」をいう。）、セクシュアルハラスメント（事業主が職場における性的な言動に起因する問題に関して雇用管理上講ずべき措置等についての指針（平成18年厚生労働省告示第615号）に規定する「職場におけるセクシュアルハラスメント」をいう。以下同じ。）、パワーハラスメント（事業主が職場における優越的な関係を背景とした言動に起因する問題に関して雇用管理上講ずべき措置等についての指針（令和2年厚生労働省告示第5号）に規定する「職場におけるパワーハラスメント」をいう。）その他のハラスメントと複合的に生じることも想定されることから、事業主は、例えば、セクシュアルハラスメント等の相談窓口と一体的に、職場における妊娠、出産等に関するハラスメントの相談窓口を設置し、一元的に相談に応じることのできる体制を整備することが望ましい。

（一元的に相談に応じることのできる体制の例）

①　相談窓口で受け付けることのできる相談として、職場における妊娠、出産等に関するハラスメントのみならず、セクシュアルハラスメント等も明示すること。

②　職場における妊娠、出産等に関するハラスメントの相談窓口がセクシュアルハラスメント等の相談窓口を兼ねること。

（2）　事業主は、職場における妊娠、出産等に関するハラスメントの原因や背景となる要因を解消するため、妊娠等した労働者の側においても、制度等の利用ができるという知識を持つことや、周囲と円滑なコミュニケーションを図りながら自身の体調等に応じて適切に業務を遂行していくという意識を持つこと等を、妊娠等した労働者に周知・啓発することが望ましい。

(妊娠等した労働者への周知・啓発の例)

① 社内報、パンフレット、社内ホームページ等広報又は啓発のための資料等に、妊娠等した労働者の側においても、制度等の利用ができるという知識を持つことや、周囲と円滑なコミュニケーションを図りながら自身の体調等に応じて適切に業務を遂行していくという意識を持つこと等について記載し、妊娠等した労働者に配布等すること。

② 妊娠等した労働者の側においても、制度等の利用ができるという知識を持つことや、周囲と円滑なコミュニケーションを図りながら自身の体調等に応じて適切に業務を遂行していくという意識を持つこと等について、人事部門等から妊娠等した労働者に周知・啓発すること。

(3) 事業主は、4の措置を講じる際に、必要に応じて、労働者や労働組合等の参画を得つつ、アンケート調査や意見交換等を実施するなどにより、その運用状況の的確な把握や必要な見直しの検討等に努めることが重要である。なお、労働者や労働組合等の参画を得る方法として、例えば、労働安全衛生法(昭和47年法律第57号)第18条第1項に規定する衛生委員会の活用なども考えられる。

6 事業主が自らの雇用する労働者以外の者に対する言動に関し行うことが望ましい取組の内容

3の事業主及び労働者の責務の趣旨に鑑みれば、事業主は、当該事業主が雇用する労働者が、他の労働者(他の事業主が雇用する労働者及び求職者を含む。)のみならず、個人事業主、インターンシップを行っている者等の労働者以外の者に対する言動についても必要な注意を払うよう配慮するとともに、事業主(その者が法人である場合にあっては、その役員)自らと労働者も、労働者以外の者に対する言動について必要な注意を払うよう努めることが望ましい。

こうした責務の趣旨も踏まえ、事業主は、4(1)イの職場における妊娠、出産等に関するハラスメントを行ってはならない旨の方針の明確化等を行う際に、当該事業主が雇用する労働者以外の者(他の事業主が雇用する労働者、就職活動中の学生等の求職者及び労働者以外の者)に対する言動についても、同様の方針を併せて示すことが望ましい。

また、これらの者から職場における妊娠、出産等に関するハラスメントに類すると考えられる相談があった場合には、その内容を踏まえて、4の措置も参考にしつつ、必要に応じて適切な対応を行うように努めることが望ましい。

## 4．子の養育又は家族の介護を行い、又は行うこととなる労働者の職業生活と家庭生活との両立が図られるようにするために事業主が講ずべき措置等に関する指針

第一　趣旨

この指針は、育児休業、介護休業等育児又は家族介護を行う労働者の福祉に関する法律（平成三年法律第七十六号。以下「法」という。）に定める事項に関し、子の養育又は家族の介護を行い、又は行うこととなる労働者の職業生活と家庭生活との両立が図られるようにするために事業主が講ずべき措置等について、その適切かつ有効な実施を図るために必要な事項を定めたものである。

第二　事業主が講ずべき措置等の適切かつ有効な実施を図るための指針となるべき事項

一　法第五条及び第十一条の規定による労働者の育児休業申出及び介護休業申出に関する事項

（一）　法第五条第一項及び第十一条第一項に規定する期間を定めて雇用される者に該当するか否かを判断するに当たっての事項

労働契約の形式上期間を定めて雇用されている者であっても、当該契約が期間の定めのない契約と実質的に異ならない状態となっている場合には、法第五条第一項各号及び第十一条第一項各号に定める要件に該当するか否かにかかわらず、実質的に期間の定めのない契約に基づき雇用される労働者であるとして育児休業及び介護休業の対象となるものであるが、その判断に当たっては、次の事項に留意すること。

イ　有期労働契約の雇止めの可否が争われた裁判例における判断の過程においては、主に次に掲げる項目に着目して、契約関係の実態が評価されていること。

（イ）　業務内容の恒常性・臨時性、業務内容についてのいわゆる正規雇用労働者との同一性の有無等労働者の従事する業務の客観的内容

（ロ）　地位の基幹性・臨時性等労働者の契約上の地位の性格

（ハ）　継続雇用を期待させる事業主の言動等当事者の主観的態様

（ニ）　更新の有無・回数、更新の手続の厳格性の程度等更新の手続・実態

（ホ）　同様の地位にある他の労働者の雇止めの有無等他の労働者の更新状況

ロ　有期労働契約の雇止めの可否が争われた裁判例においては、イに掲げる項目に関し、次の（イ）及び（ロ）の実態がある場合には、期間の定めのない契

約と実質的に異ならない状態に至っているものであると認められていることが多いこと。

(イ) イ(イ)に関し、業務内容が恒常的であること、及びイ(ニ)に関し、契約が更新されていること。

(ロ) (イ)に加え、少なくとも次に掲げる実態のいずれかがみられること。

① イ(ハ)に関し、継続雇用を期待させる事業主の言動が認められること。

② イ(ニ)に関し、更新の手続が形式的であること。

③ イ(ホ)に関し、同様の地位にある労働者について過去に雇止めの例がほとんどないこと。

ハ 有期労働契約の雇止めの可否が争われた裁判例においては、イ(イ)に関し、業務内容がいわゆる正規雇用労働者と同一であると認められること、又は、イ(ロ)に関し、労働者の地位の基幹性が認められることは、期間の定めのない契約と実質的に異ならない状態に至っているものであると認められる方向に働いているものと考えられること。

(二) 期間を定めて雇用される者が法第五条第一項各号及び第十一条第一項各号に定める要件を満たす労働者か否かの判断に当たっては、次の事項に留意すること。

イ 法第五条第一項第一号及び第十一条第一項第一号の「引き続き雇用された期間が一年以上」とは、育児休業申出又は介護休業申出のあった日の直前の一年間について、勤務の実態に即し雇用関係が実質的に継続していることをいうものであり、契約期間が形式的に連続しているか否かにより判断するものではないこと。

ロ 法第五条第一項第二号の「その養育する子が一歳六か月に達する日までに、その労働契約(労働契約が更新される場合にあっては、更新後のもの)が満了することが明らか」か否かについては、育児休業申出のあった時点において判明している事情に基づき子が一歳六か月に達する日において、当該申出の時点で締結している労働契約が終了し、かつ、その後労働契約の更新がないことが確実であるか否かによって判断するものであること。例えば、育児休業申出のあった時点で次のいずれかに該当する労働者は、原則として、労働契約の更新がないことが確実であると判断される場合に該当すること。ただし、次のいずれかに該当する労働者であっても、雇用の継続の見込みに関する事業主の言動、同様の地位にある他の労働者の状況及び当該労働者の過去の契約の更新状況等から、労働契約の更新がないことが確実であると判断される場合に該当しないものと判断され、育児休業の取得に係る法第五条第一項第二号の要件を満たすものと判断される場合もあること。

(イ)　書面又は口頭により労働契約の更新回数の上限が明示されている労働者であって、当該上限まで労働契約が更新された場合の期間の末日が子が一歳六か月に達する日以前の日であるもの

(ロ)　書面又は口頭により労働契約の更新をしない旨明示されている労働者であって、育児休業申出のあった時点で締結している労働契約の期間の末日が子が一歳六か月に達する日以前の日であるもの

ハ　法第十一条第一項第二号の要件に該当するか否かについては、ロと同様に判断するものであること。この場合において、ロ中「子が一歳六か月に達する日」とあるのは、「介護休業開始予定日から起算して九十三日を経過する日から六か月を経過する日」と読み替えるものとすること。

(三)　その他法第五条及び第十一条の規定による労働者の育児休業申出及び介護休業申出に関する事項

育児休業及び介護休業については、労働者がこれを容易に取得できるようにするため、あらかじめ制度が導入され、規則が定められるべきものであることに留意すること。

二　法第十六条の二の規定による子の看護休暇及び法第十六条の五の規定による介護休暇に関する事項

(一)　子の看護休暇及び介護休暇については、労働者がこれを容易に取得できるようにするため、あらかじめ制度が導入され、規則が定められるべきものであることに留意すること。また、法第十六条の三第二項及び第十六条の六第二項において準用する法第六条第一項ただし書の規定により、労使協定の締結をする場合であっても、事業所の雇用管理に伴う負担との調和を勘案し、当該事業主に引き続き雇用された期間が短い労働者であっても、一定の日数については、子の看護休暇及び介護休暇の取得ができるようにすることが望ましいものであることに配慮すること。

(二)　子の看護休暇は、現に負傷し、若しくは疾病にかかったその子の世話又は疾病の予防を図るために必要なその子の世話を行うための休暇であること及び介護休暇は要介護状態にある対象家族の介護その他の世話を行うための休暇で

あることから、証明書類の提出を求める場合には事後の提出を可能とする等、労働者に過重な負担を求めることにならないよう配慮するものとすること。

(三) 法第十六条の三第二項及び第十六条の六第二項において準用する法第六条第一項ただし書の規定による労使協定の締結により厚生労働省令で定める一日未満の単位での子の看護休暇又は介護休暇の取得ができないこととなる「業務の性質又は業務の実施体制に照らして、厚生労働省令で定める一日未満の単位で取得することが困難と認められる業務」とは、例えば、次に掲げるものが該当する場合があること。なお、次に掲げる業務は例示であり、これらの業務以外は困難と認められる業務に該当しないものではなく、また、これらの業務であれば困難と認められる業務に該当するものではないこと。

イ 国際路線等に就航する航空機において従事する客室乗務員等の業務等であって、所定労働時間の途中まで又は途中から子の看護休暇又は介護休暇を取得させることが困難な業務

ロ 長時間の移動を要する遠隔地で行う業務であって、時間単位の子の看護休暇又は介護休暇を取得した後の勤務時間又は取得する前の勤務時間では処理することが困難な業務

ハ 流れ作業方式や交替制勤務による業務であって、時間単位で子の看護休暇又は介護休暇を取得する者を勤務体制に組み込むことによって業務を遂行することが困難な業務

(四) 労働者の子の症状、要介護状態にある対象家族の介護の状況、労働者の勤務の状況等が様々であることに対応し、始業の時刻から連続せず、かつ、終業の時刻まで連続しない時間単位での休暇の取得を認めること、法第十六条の三第二項及び第十六条の六第二項において準用する法第六条第一項ただし書の規定による労使協定の締結により厚生労働省令で定める一日未満の単位での休暇の取得ができないこととなった労働者であっても、半日単位での休暇の取得を認めること等制度の弾力的な利用が可能となるように配慮すること。

三 法第十六条の八及び第十六条の九の規定による所定外労働の制限に関する事項

(一) 所定外労働の制限については、労働者がこれを容易に受けられるようにするため、あらかじめ制度が導入され、規則が定められるべきものであることに留意すること。

(二) 労働者の子の養育の状況、労働者の要介護状態にある対象家族の介護の状況、労働者の勤務の状況等が様々であることに対応し、制度の弾力的な利用が可能となるように配慮するものとすること。

四　法第十七条及び第十八条の規定による時間外労働の制限に関する事項

時間外労働の制限については、労働者がこれを容易に受けられるようにするため、あらかじめ制度が導入され、規則が定められるべきものであることに留意すること。

五　法第十九条及び第二十条の規定による深夜業の制限に関する事項

(一)　深夜業の制限については、労働者がこれを容易に受けられるようにするため、あらかじめ制度が導入され、規則が定められるべきものであることに留意すること。

(二)　あらかじめ、労働者の深夜業の制限期間中における待遇(昼間勤務への転換の有無を含む。)に関する事項を定めるとともに、これを労働者に周知させるための措置を講ずるように配慮するものとすること。

(三)　労働者の子の養育又は家族の介護の状況、労働者の勤務の状況等が様々であることに対応し、制度の弾力的な利用が可能となるように配慮するものとすること。

六　法第二十一条第一項の規定により育児休業及び介護休業に関する事項を定め、周知するに当たっての事項

(一)　育児休業及び介護休業中の待遇、育児休業及び介護休業後の賃金、配置その他の労働条件その他必要な事項に関する規則を一括して定め、周知することが望ましいものであることに配慮すること。

(二)　労働者のプライバシーを保護する観点から、労働者が自発的に当該労働者若しくはその配偶者が妊娠若しくは出産したこと又は当該労働者が対象家族を介護していることを知らせることを前提としたものであること。そのために、法第二十五条に定める措置を事業主が講じている必要があること。

(三)　労働者又はその配偶者が妊娠若しくは出産したことを知ったときに、当該労働者に対し育児休業に関する事項を知らせるに際しては、当該労働者が計画的に育児休業を取得できるよう、あわせて、法第五条第二項の規定による育児休業の再度取得の特例、法第九条の二の規定による同一の子について配偶者が育児休業をする場合の特例、その他の両立支援制度を知らせることが望ましいこと。

七　法第二十二条の規定により育児休業又は介護休業をする労働者が雇用される事業所における労働者の配置その他の雇用管理に関して必要な措置を講ずるに当たっての事項

（一）　育児休業及び介護休業後においては、原則として原職又は原職相当職に復帰させるよう配慮すること。

（二）　育児休業又は介護休業をする労働者以外の労働者についての配置その他の雇用管理は、（一）の点を前提にして行われる必要があることに配慮すること。

八　法第二十二条の規定により育児休業又は介護休業をしている労働者の職業能力の開発及び向上等に関して必要な措置を講ずるに当たっての事項

（一）　当該措置の適用を受けるかどうかは、育児休業又は介護休業をする労働者の選択に任せられるべきものであること。

（二）　育児休業及び介護休業が比較的長期にわたる休業になり得ること、並びに育児休業又は介護休業後における円滑な就業のために必要となる措置が、個々の労働者の職種、職務上の地位、職業意識等の状況に応じ様々であることにかんがみ、当該労働者の状況に的確に対応し、かつ、計画的に措置が講じられることが望ましいものであることに配慮すること。

（三）　介護休業申出が円滑に行われ、家族の介護を行い、又は行うこととなる労働者の職業生活と家庭生活との両立が図られるようにするため、次の事項に留意すること。

イ　介護休業等の法に定める仕事と介護の両立支援制度の内容、当該内容その他の仕事と介護の両立支援について事業主が定めた事項、介護に係るサービスに関する情報について、労働者が十分に情報を得ていることが重要であること。

ロ　事業主は、介護休業等の法に定める仕事と介護の両立支援制度の内容及び介護に係るサービスに関する情報に関し行政から提供される情報も活用しつつ、イの情報について労働者に周知を行うことが望ましいこと。

ハ　事業主は、労働者からの仕事と介護の両立に関する相談への対応のための窓口をあらかじめ定めることが望ましいこと。

九　法第二十三条第一項の規定による育児のための所定労働時間の短縮措置又は同条第二項に規定する育児休業に関する制度に準ずる措置若しくは始業時刻変更等の措置を講ずるに当たっての事項

（一）　労働者がこれらの措置の適用を容易に受けられるようにするため、あらかじめ、当該措置の対象者の待遇に関する事項を定め、これを労働者に周知させるための措置を講ずるように配慮すること。

（二）　当該措置を講ずるに当たっては、労働者が就業しつつその子を養育することを実質的に容易にする内容のものとすることに配慮すること。

(三) 法第二十三条第一項第三号の規定により、労使協定を締結する場合には当該業務に従事する労働者について所定労働時間の短縮措置を講じないことができる「業務の性質又は業務の実施体制に照らして、所定労働時間の短縮措置を講ずることが困難と認められる業務」とは、例えば、次に掲げるものが該当する場合があること。なお、次に掲げる業務は例示であり、これら以外は困難と認められる業務に該当しないものではなく、また、これらであれば困難と認められる業務に該当するものではないこと。

イ 業務の性質に照らして、制度の対象とすることが困難と認められる業務

国際路線等に就航する航空機において従事する客室乗務員等の業務

ロ 業務の実施体制に照らして、制度の対象とすることが困難と認められる業務

労働者数が少ない事業所において、当該業務に従事しうる労働者数が著しく少ない業務

ハ 業務の性質及び実施体制に照らして、制度の対象とすることが困難と認められる業務

(イ) 流れ作業方式による製造業務であって、短時間勤務の者を勤務体制に組み込むことが困難な業務

(ロ) 交替制勤務による製造業務であって、短時間勤務の者を勤務体制に組み込むことが困難な業務

(ハ) 個人ごとに担当する企業、地域等が厳密に分担されていて、他の労働者では代替が困難な営業業務

十 法第二十三条第三項の規定による介護のための所定労働時間の短縮等の措置を講ずるに当たっての事項

短時間勤務の制度は、労働者がその要介護状態にある対象家族を介護することを実質的に容易にする内容のものであることが望ましいものであることに配慮すること。

十一 法第十条、第十六条、第十六条の四、第十六条の七、第十六条の十、第十八条の二、第二十条の二及び第二十三条の二の規定による育児休業、介護休業、子の看護休暇、介護休暇、所定外労働の制限、時間外労働の制限、深夜業の制限又は所定労働時間の短縮措置等の申出等又は取得等を理由とする解雇その他不利益な取扱いの禁止に適切に対処するに当たっての事項

育児休業、介護休業、子の看護休暇、介護休暇、所定外労働の制限、時間外労働の制限、深夜業の制限又は所定労働時間の短縮措置等の申出等又は取得等(以下

「育児休業等の申出等」という。）をした労働者の雇用管理に当たっては、次の事項に留意すること。

(一) 法第十条、第十六条、第十六条の四、第十六条の七、第十六条の十、第十八条の二、第二十条の二又は第二十三条の二の規定により禁止される解雇その他不利益な取扱いは、労働者が育児休業等の申出等をしたこととの間に因果関係がある行為であること。

(二) 解雇その他不利益な取扱いとなる行為には、例えば、次に掲げるものが該当すること。

イ 解雇すること。

ロ 期間を定めて雇用される者について、契約の更新をしないこと（以下「雇止め」という。）。

ハ あらかじめ契約の更新回数の上限が明示されている場合に、当該回数を引き下げること。

ニ 退職又はいわゆる正規雇用労働者をパートタイム労働者等のいわゆる非正規雇用労働者とするような労働契約内容の変更の強要を行うこと。

ホ 自宅待機を命ずること。

ヘ 労働者が希望する期間を超えて、その意に反して所定外労働の制限、時間外労働の制限、深夜業の制限又は所定労働時間の短縮措置等を適用すること。

ト 降格させること。

チ 減給をし、又は賞与等において不利益な算定を行うこと。

リ 昇進・昇格の人事考課において不利益な評価を行うこと。

ヌ 不利益な配置の変更を行うこと。

ル 就業環境を害すること。

(三) 解雇その他不利益な取扱いに該当するか否かについては、次の事項を勘案して判断すること。

イ 次に掲げる場合には、育児休業又は介護休業をしている労働者の雇止めは、不利益取扱いに当たる雇止めに該当しない可能性が高いと考えられること。

(イ) 専ら事業縮小や担当していた業務の終了・中止等により、育児休業又は介護休業をしている労働者を含め、契約内容や更新回数等に照らして同様の地位にある労働者の全員を雇止めすること。

(ロ) 事業縮小や担当していた業務の終了・中止等により労働者の一部を雇止めする場合であって、能力不足や勤務不良等を理由に、育児休業又は介護休業をしている労働者を雇止めすること。ただし、この場合において、当該能力不足や勤務不良等は、育児休業又は介護休業の取得以前から問題とされていたことや育児休業又は介護休業を取得したことのみをもって育児休業又は介護休業を取得していない者よりも不利に評価したものではないこと等が求められることに留意すること。

ロ　勧奨退職やいわゆる正規雇用労働者をパートタイム労働者等のいわゆる非正規雇用労働者とするような労働契約内容の変更は、労働者の表面上の同意を得ていたとしても、これが労働者の真意に基づくものでないと認められる場合には、(二)ニの「退職又はいわゆる正規雇用労働者をパートタイム労働者等のいわゆる非正規雇用労働者とするような労働契約内容の変更の強要を行うこと」に該当すること。

ハ　事業主が、育児休業若しくは介護休業の休業終了予定日を超えて休業すること又は子の看護休暇若しくは介護休暇の取得の申出に係る日以外の日に休業することを労働者に強要することは、(二)ホの「自宅待機」に該当すること。

ニ　次に掲げる場合には、(二)チの「減給をし、又は賞与等において不利益な算定を行うこと」に該当すること。

(イ)　育児休業若しくは介護休業の休業期間中、子の看護休暇若しくは介護休暇を取得した日又は所定労働時間の短縮措置等の適用期間中の現に働かなかった時間について賃金を支払わないこと、退職金や賞与の算定に当たり現に勤務した日数を考慮する場合に休業した期間若しくは休暇を取得した日数又は所定労働時間の短縮措置等の適用により現に短縮された時間の総和に相当する日数を日割りで算定対象期間から控除すること等専ら当該育児休業等により労務を提供しなかった期間は働かなかったものとして取り扱うことは、不利益な取扱いには該当しない。一方、休業期間、休暇を取得した日数又は所定労働時間の短縮措置等の適用により現に短縮された時間の総和に相当する日数を超えて働かなかったものとして取り扱うことは、(二)チの「不利益な算定を行うこと」に該当すること。

(ロ)　実際には労務の不提供が生じていないにもかかわらず、育児休業等の申出等をしたことのみをもって、賃金又は賞与若しくは退職金を減額すること。

ホ　次に掲げる場合には、(二)リの「昇進・昇格の人事考課において不利益な評価を行うこと」に該当すること。

(イ)　育児休業又は介護休業をした労働者について、休業期間を超える一定期間昇進・昇格の選考対象としない人事評価制度とすること。

(ロ)　実際には労務の不提供が生じていないにもかかわらず、育児休業等の申出等をしたことのみをもって、当該育児休業等の申出等をしていない者よりも不利に評価すること。

へ　配置の変更が不利益な取扱いに該当するか否かについては、配置の変更前後の賃金その他の労働条件、通勤事情、当人の将来に及ぼす影響等諸般の事情について総合的に比較考量の上、判断すべきものであるが、例えば、通常の人事異動のルールからは十分に説明できない職務又は就業の場所の変更を行うことにより、当該労働者に相当程度経済的又は精神的な不利益を生じさせることは、(二)ヌの「不利益な配置の変更を行うこと」に該当すること。また、所定労働時間の短縮措置の適用について、当該措置の対象となる業務に従事する労働者を、当該措置の適用を受けることの申出をした日から適用終了予定日までの間に、労使協定により当該措置を講じないものとしている業務に転換させることは(二)ヌの「不利益な配置の変更を行うこと」に該当する可能性が高いこと。

ト　業務に従事させない、専ら雑務に従事させる等の行為は、(二)ルの「就業環境を害すること」に該当すること。

十二　法第二十四条第一項に規定する休暇及び同項各号に定める制度又は措置に準じて、必要な措置を講ずるに当たっての事項

(一)　労働者の申出に基づく育児に関する目的のために利用することができる休暇とは、例えば、次に掲げるものが考えられること。なお、これらの休暇は、必ずしも単独の制度である必要はないこと。

イ　配偶者の出産に伴い取得することができるいわゆる配偶者出産休暇

ロ　入園式、卒園式等の行事参加も含めた育児にも利用できる多目的休暇(いわゆる失効年次有給休暇の積立による休暇制度の一環として措置することを含む。)

(二)　当該措置の適用を受けるかどうかは、労働者の選択に任せられるべきものであること。

十三　法第二十四条第二項の規定により、介護休業の制度又は法第二十三条第三項に定める措置に準じて、その介護を必要とする期間、回数等に配慮した必要な措置を講ずるに当たっての事項

(一)　当該措置の適用を受けるかどうかは、労働者の選択に任せられるべきものであること。

(二)　次の事項に留意しつつ、企業の雇用管理等に伴う負担との調和を勘案し、必要な措置が講じられることが望ましいものであることに配慮すること。

イ　当該労働者が介護する家族の発症からその症状が安定期になるまでの期間又は介護に係る施設・在宅サービスを利用することができるまでの期間が、九十三日から法第十一条第二項第二号の介護休業日数を差し引いた日数の期間を超える場合があること。

ロ　当該労働者がした介護休業により法第十一条第二項第二号の介護休業日数が九十三日に達している対象家族についても、再び当該労働者による介護を必要とする状態となる場合があること。

ハ　対象家族以外の家族についても、他に近親の家族がいない場合等当該労働者が介護をする必要性が高い場合があること。

ニ　要介護状態にない家族を介護する労働者であっても、その家族の介護のため就業が困難となる場合があること。

ホ　当該労働者が家族を介護する必要性の程度が変化することに対応し、介護休業の更なる分割等、制度の弾力的な利用が可能となることが望まれる場合があること。

十四　法第二十五条の規定により、事業主が職場における育児休業等に関する言動に起因する問題に関して雇用管理上必要な措置等を講ずるに当たっての事項

法第二十五条に規定する事業主が職場において行われるその雇用する労働者に対する育児休業、介護休業その他の育児休業、介護休業等育児又は家族介護を行う労働者の福祉に関する法律施行規則（以下「則」という。）第七十六条で定める制度又は措置（以下「制度等」という。）の利用に関する言動により当該労働者の就業環境が害されること（以下「職場における育児休業等に関するハラスメント」という。）のないよう雇用管理上講ずべき措置等について、事業主が適切かつ有効な実施を図るために必要な事項については、次のとおりであること。

(一)　職場における育児休業等に関するハラスメントの内容

イ　職場における育児休業等に関するハラスメントには、上司又は同僚から行われる、その雇用する労働者に対する制度等の利用に関する言動により就

業環境が害されるものがあること。なお、業務分担や安全配慮等の観点から、客観的にみて、業務上の必要性に基づく言動によるものについては、職場における育児休業等に関するハラスメントには該当しないこと。

ロ　「職場」とは、事業主が雇用する労働者が業務を遂行する場所を指し、当該労働者が通常就業している場所以外の場所であっても、当該労働者が業務を遂行する場所については、「職場」に含まれること。

ハ　「労働者」とは、いわゆる正規雇用労働者のみならず、パートタイム労働者、契約社員等のいわゆる非正規雇用労働者を含む事業主が雇用する男女の労働者の全てをいうこと。

また、派遣労働者については、派遣元事業主のみならず、労働者派遣の役務の提供を受ける者についても、労働者派遣事業の適正な運営の確保及び派遣労働者の保護等に関する法律(昭和六十年法律第八十八号)第四十七条の三の規定により、その指揮命令の下に労働させる派遣労働者を雇用する事業主とみなされ、法第二十五条及び第二十五条の二第二項の規定が適用されることから、労働者派遣の役務の提供を受ける者は、派遣労働者についてもその雇用する労働者と同様に、(二)イの配慮及び(三)の措置を講ずることが必要であること。なお、法第二十五条第二項、第五十二条の四第二項及び第五十二条の五第二項の労働者に対する不利益な取扱いの禁止については、派遣労働者も対象に含まれるものであり、派遣元事業主のみならず、労働者派遣の役務の提供を受ける者もまた、当該者に派遣労働者が職場における育児休業等に関するハラスメントの相談を行ったこと等を理由として、当該派遣労働者に係る労働者派遣の役務の提供を拒む等、当該派遣労働者に対する不利益な取扱いを行ってはならないこと。

ニ　イに規定する「その雇用する労働者に対する制度等の利用に関する言動により就業環境が害されるもの」とは、具体的には(イ)①から⑩までに掲げる制度等の利用に関する言動により就業環境が害されるものであること。典型的な例として、(ロ)に掲げるものがあるが、(ロ)に掲げるものは限定列挙ではないことに留意が必要であること。

(イ)　制度等

①　育児休業(則第七十六条第一号関係)

②　介護休業(則第七十六条第二号関係)

③　子の看護休暇(則第七十六条第三号関係)

④　介護休暇(則第七十六条第四号関係)

⑤　所定外労働の制限（則第七十六条第五号関係）

⑥　時間外労働の制限（則第七十六条第六号関係）

⑦　深夜業の制限（則第七十六条第七号関係）

⑧　育児のための所定労働時間の短縮措置（則第七十六条第八号関係）

⑨　始業時刻変更等の措置（則第七十六条第九号関係）

⑩　介護のための所定労働時間の短縮措置（則第七十六条第十号関係）

（ロ）　典型的な例

①　解雇その他不利益な取扱い（法第十条（法第十六条、第十六条の四及び第十六条の七において準用する場合を含む。）、第十六条の十、第十八条の二、第二十条の二及び第二十三条の二に規定する解雇その他不利益な取扱いをいう。以下同じ。）を示唆するもの

労働者が、制度等の利用の申出等をしたい旨を上司に相談したこと、制度等の利用の申出等をしたこと又は制度等の利用をしたことにより、上司が当該労働者に対し、解雇その他不利益な取扱いを示唆すること。

②　制度等の利用の申出等又は制度等の利用を阻害するもの

客観的にみて、言動を受けた労働者の制度等の利用の申出等又は制度等の利用が阻害されるものが該当すること。ただし、労働者の事情やキャリアを考慮して、早期の職場復帰を促すことは制度等の利用が阻害されるものに該当しないこと。

(1)　労働者が制度等の利用の申出等をしたい旨を上司に相談したところ、上司が当該労働者に対し、当該申出等をしないよう言うこと。

(2)　労働者が制度等の利用の申出等をしたところ、上司が当該労働者に対し、当該申出等を取り下げるよう言うこと。

(3)　労働者が制度等の利用の申出等をしたい旨を同僚に伝えたところ、同僚が当該労働者に対し、繰り返し又は継続的に当該申出等をしないよう言うこと（当該労働者がその意に反することを当該同僚に明示しているにもかかわらず、更に言うことを含む。）。

(4)　労働者が制度等の利用の申出等をしたところ、同僚が当該労働者に対し、繰り返し又は継続的に当該申出等を撤回又は取下げをするよう言うこと（当該労働者がその意に反することを当該同僚に明示しているにもかかわらず、更に言うことを含む。）。

③　制度等の利用をしたことにより嫌がらせ等をするもの

客観的にみて、言動を受けた労働者の能力の発揮や継続就業に重大な悪影響が生じる等当該労働者が就業する上で看過できない程度の支障が生じるようなものが該当すること。

労働者が制度等の利用をしたことにより、上司又は同僚が当該労働者に対し、繰り返し又は継続的に嫌がらせ等(嫌がらせ的な言動、業務に従事させないこと又は専ら雑務に従事させることをいう。以下同じ。)をすること(当該労働者がその意に反することを当該上司又は同僚に明示しているにもかかわらず、更に言うことを含む。)。

(二)　事業主等の責務

イ　事業主の責務

法第二十五条の二第二項の規定により、事業主は、職場における育児休業等に関するハラスメントを行ってはならないことその他職場における育児休業等に関するハラスメントに起因する問題(以下「育児休業等に関するハラスメント問題」という。)に対するその雇用する労働者の関心と理解を深めるとともに、当該労働者が他の労働者(他の事業主が雇用する労働者及び求職者を含む。ロにおいて同じ。)に対する言動に必要な注意を払うよう、研修の実施その他の必要な配慮をするほか、国の講ずる同条第一項の広報活動、啓発活動その他の措置に協力するように努めなければならない。なお、職場における育児休業等に関するハラスメントに起因する問題としては、例えば、労働者の意欲の低下などによる職場環境の悪化や職場全体の生産性の低下、労働者の健康状態の悪化、休職や退職などにつながり得ること、これらに伴う経営的な損失等が考えられること。

また、事業主(その者が法人である場合にあっては、その役員)は、自らも、育児休業等に関するハラスメント問題に対する関心と理解を深め、労働者(他の事業主が雇用する労働者及び求職者を含む。)に対する言動に必要な注意を払うように努めなければならないこと。

ロ　労働者の責務

法第二十五条の二第四項の規定により、労働者は、育児休業等に関するハラスメント問題に対する関心と理解を深め、他の労働者に対する言動に必要な注意を払うとともに、事業主の講ずる(三)の措置に協力するように努めなければならないこと。

(三)　事業主が職場における育児休業等に関する言動に起因する問題に関し雇用管理上講ずべき措置の内容

事業主は、職場における育児休業等に関するハラスメントを防止するため、雇用管理上次の措置を講じなければならないこと。なお、事業主が行う育児休業等を理由とする不利益取扱い（就業環境を害する行為を含む。）については、既に法第十条（法第十六条、第十六条の四及び第十六条の七において準用する場合を含む。）、第十六条の十、第十八条の二、第二十条の二及び第二十三条の二で禁止されており、こうした不利益取扱いを行わないため、当然に自らの行為の防止に努めることが求められること。

イ　事業主の方針等の明確化及びその周知・啓発

事業主は、職場における育児休業等に関するハラスメントに対する方針の明確化、労働者に対するその方針の周知・啓発として、次の措置を講じなければならないこと。

なお、周知・啓発をするに当たっては、職場における育児休業等に関するハラスメントの防止の効果を高めるため、その発生の原因や背景について労働者の理解を深めることが重要であること。その際、職場における育児休業等に関するハラスメントの発生の原因や背景には、(i)育児休業等に関する否定的な言動（他の労働者の制度等の利用の否定につながる言動（当該労働者に直接行わない言動も含む。）をいい、単なる自らの意思の表明を除く。以下同じ。）が頻繁に行われるなど制度等の利用又は制度等の利用の申出等をしにくい職場風土や、(ii)制度等の利用ができることの職場における周知が不十分であることなどもあると考えられること。そのため、これらを解消していくことが職場における育児休業等に関するハラスメントの防止の効果を高める上で重要であることに留意することが必要であること。

(イ)　職場における育児休業等に関するハラスメントの内容（以下「ハラスメントの内容」という。）及び育児休業等に関する否定的な言動が職場における育児休業等に関するハラスメントの発生の原因や背景になり得ること（以下「ハラスメントの背景等」という。）、職場における育児休業等に関するハラスメントを行ってはならない旨の方針（以下「事業主の方針」という。）並びに制度等の利用ができる旨を明確化し、管理監督者を含む労働者に周知・啓発すること。

（事業主の方針等を明確化し、労働者に周知・啓発していると認められる例）

① 就業規則その他の職場における服務規律等を定めた文書において、事業主の方針及び制度等の利用ができる旨について規定し、当該規定とあわせて、ハラスメントの内容及びハラスメントの背景等を、労働者に周知・啓発すること。

② 社内報、パンフレット、社内ホームページ等広報又は啓発のための資料等にハラスメントの内容及びハラスメントの背景等、事業主の方針並びに制度等の利用ができる旨について記載し、配布等すること。

③ ハラスメントの内容及びハラスメントの背景等、事業主の方針並びに制度等の利用ができる旨を労働者に対して周知・啓発するための研修、講習等を実施すること。

（ロ） 職場における育児休業等に関するハラスメントに係る言動を行った者については、厳正に対処する旨の方針及び対処の内容を就業規則その他の職場における服務規律等を定めた文書に規定し、管理監督者を含む労働者に周知・啓発すること。

（対処方針を定め、労働者に周知・啓発していると認められる例）

① 就業規則その他の職場における服務規律等を定めた文書において、職場における育児休業等に関するハラスメントに係る言動を行った者に対する懲戒規定を定め、その内容を労働者に周知・啓発すること。

② 職場における育児休業等に関するハラスメントに係る言動を行った者は、現行の就業規則その他の職場における服務規律等を定めた文書において定められている懲戒規定の適用の対象となる旨を明確化し、これを労働者に周知・啓発すること。

ロ 相談（苦情を含む。以下同じ。）に応じ、適切に対応するために必要な体制の整備

事業主は、労働者からの相談に対し、その内容や状況に応じ適切かつ柔軟に対応するために必要な体制の整備として、次の措置を講じなければならないこと。

（イ） 相談への対応のための窓口（以下「相談窓口」という。）をあらかじめ定め、労働者に周知すること。

（相談窓口をあらかじめ定めていると認められる例）

① 相談に対応する担当者をあらかじめ定めること。

② 相談に対応するための制度を設けること。

③ 外部の機関に相談への対応を委託すること。

（ロ） （イ）の相談窓口の担当者が、相談に対し、その内容や状況に応じ適切に対応できるようにすること。また、相談窓口においては、被害を受けた労働者が萎縮するなどして相談を躊躇する例もあること等も踏まえ、相談者の心身の状況や当該言動が行われた際の受け止めなどその認識にも配慮しながら、職場における育児休業等に関するハラスメントが現実に生じている場合だけでなく、その発生のおそれがある場合や、職場における育児休業等に関するハラスメントに該当するか否か微妙な場合等であっても、広く相談に対応し、適切な対応を行うようにすること。例えば、放置すれば就業環境を害するおそれがある場合や、職場における育児休業等に関する否定的な言動が原因や背景となって職場における育児休業等に関するハラスメントが生じるおそれがある場合等が考えられること。

（相談窓口の担当者が適切に対応することができるようにしていると認められる例）

① 相談窓口の担当者が相談を受けた場合、その内容や状況に応じて、相談窓口の担当者と人事部門とが連携を図ることができる仕組みとすること。

② 相談窓口の担当者が相談を受けた場合、あらかじめ作成した留意点などを記載したマニュアルに基づき対応すること。

③ 相談窓口の担当者に対し、相談を受けた場合の対応についての研修を行うこと。

ハ 職場における育児休業等に関するハラスメントに係る事後の迅速かつ適切な対応

事業主は、職場における育児休業等に関するハラスメントに係る相談の申出があった場合において、その事案に係る事実関係の迅速かつ正確な確認及び適正な対処として、次の措置を講じなければならないこと。

（イ） 事案に係る事実関係を迅速かつ正確に確認すること。

（事案に係る事実関係を迅速かつ正確に確認していると認められる例）

① 相談窓口の担当者、人事部門又は専門の委員会等が、相談を行った労働者(以下「相談者」という。)及び職場における育児休業等に関するハラスメントに係る言動の行為者とされる者(以下「行為者」という。)の双方から事実関係を確認すること。その際、相談者の心身の状況や当該言動が行われた際の受け止めなどその認識にも適切に配慮すること。

また、相談者と行為者との間で事実関係に関する主張に不一致があり、事実の確認が十分にできないと認められる場合には、第三者からも事実関係を聴取する等の措置を講ずること。

② 事実関係を迅速かつ正確に確認しようとしたが、確認が困難な場合などにおいて、法第五十二条の五に基づく調停の申請を行うことその他中立な第三者機関に紛争処理を委ねること。

(ロ) (イ)により、職場における育児休業等に関するハラスメントが生じた事実が確認できた場合においては、速やかに被害を受けた労働者(以下「被害者」という。)に対する配慮のための措置を適正に行うこと。

(措置を適正に行っていると認められる例)

① 事案の内容や状況に応じ、被害者の職場環境の改善又は迅速な制度等の利用に向けての環境整備、被害者と行為者の間の関係改善に向けての援助、行為者の謝罪、管理・監督者又は事業場内産業保健スタッフ等による被害者のメンタルヘルス不調への相談対応等の措置を講ずること。

② 法第五十二条の五に基づく調停その他中立な第三者機関の紛争解決案に従った措置を被害者に対して講ずること。

(ハ) (イ)により、職場における育児休業等に関するハラスメントが生じた事実が確認できた場合においては、行為者に対する措置を適正に行うこと。

(措置を適正に行っていると認められる例)

① 就業規則その他の職場における服務規律等を定めた文書における職場における育児休業等に関するハラスメントに関する規定等に基づき、行為者に対して必要な懲戒その他の措置を講ずること。あわせて、事案の内容や状況に応じ、被害者と行為者の間の関係改善に向けての援助、行為者の謝罪等の措置を講ずること。

② 法第五十二条の五に基づく調停その他中立な第三者機関の紛争解決案に従った措置を行為者に対して講ずること。

(ニ) 改めて職場における育児休業等に関するハラスメントに関する方針を周知・啓発する等の再発防止に向けた措置を講ずること。

なお、職場における育児休業等に関するハラスメントが生じた事実が確認できなかった場合においても、同様の措置を講ずること。

(再発防止に向けた措置を講じていると認められる例)

① 事業主の方針、制度等の利用ができる旨及び職場における育児休業等に関するハラスメントに係る言動を行った者について厳正に対処する旨の方針を、社内報、パンフレット、社内ホームページ等広報又は啓発のための資料等に改めて掲載し、配布等すること。

② 労働者に対して職場における育児休業等に関するハラスメントに関する意識を啓発するための研修、講習等を改めて実施すること。

ニ 職場における育児休業等に関するハラスメントの原因や背景となる要因を解消するための措置

事業主は、職場における育児休業等に関するハラスメントの原因や背景となる要因を解消するため、業務体制の整備など、事業主や制度等の利用を行う労働者その他の労働者の実情に応じ、必要な措置を講じなければならないこと(派遣労働者にあっては、派遣元事業主に限る。)。

なお、措置を講ずるに当たっては、

(i) 職場における育児休業等に関するハラスメントの背景には育児休業等に関する否定的な言動もあるが、当該言動の要因の一つには、労働者が所定労働時間の短縮措置を利用することで短縮分の労務提供ができなくなること等により、周囲の労働者の業務負担が増大することもあることから、周囲の労働者の業務負担等にも配慮すること

(ii) 労働者の側においても、制度等の利用ができるという知識を持つことや周囲と円滑なコミュニケーションを図りながら自身の制度の利用状況等に応じて適切に業務を遂行していくという意識を持つこと

のいずれも重要であることに留意することが必要である((四)ロにおいて同じ)。

（業務体制の整備など、必要な措置を講じていると認められる例）

① 制度等の利用を行う労働者の周囲の労働者への業務の偏りを軽減するよう、適切に業務分担の見直しを行うこと。

② 業務の点検を行い、業務の効率化等を行うこと。

ホ イからニまでの措置と併せて講ずべき措置

イからニまでの措置を講ずるに際しては、併せて次の措置を講じなければならないこと。

（イ） 職場における育児休業等に関するハラスメントに係る相談者・行為者等の情報は当該相談者・行為者等のプライバシーに属するものであることから、相談への対応又は当該育児休業等に関するハラスメントに係る事後の対応に当たっては、相談者・行為者等のプライバシーを保護するために必要な措置を講ずるとともに、その旨を労働者に対して周知すること。

（相談者・行為者等のプライバシーを保護するために必要な措置を講じていると認められる例）

① 相談者・行為者等のプライバシーの保護のために必要な事項をあらかじめマニュアルに定め、相談窓口の担当者が相談を受けた際には、当該マニュアルに基づき対応するものとすること。

② 相談者・行為者等のプライバシーの保護のために、相談窓口の担当者に必要な研修を行うこと。

③ 相談窓口においては相談者・行為者等のプライバシーを保護するために必要な措置を講じていることを、社内報、パンフレット、社内ホームページ等広報又は啓発のための資料等に掲載し、配布等すること。

（ロ） 法第二十五条第二項、第五十二条の四第二項及び第五十二条の五第二項の規定を踏まえ、労働者が職場における育児休業等に関するハラスメントに関し相談をしたこと若しくは事実関係の確認等の事業主の雇用管理上講ずべき措置に協力したこと、都道府県労働局に対して相談、紛争解決の援助の求め若しくは調停の申請を行ったこと又は調停の出頭の求めに応じたこと（以下「育児休業等に関するハラスメントの相談等」という。）を理由として、解雇その他不利益な取扱いをされない旨を定め、労働者に周知・啓発すること。

（不利益な取扱いをされない旨を定め、労働者にその周知・啓発することについて措置を講じていると認められる例）

① 就業規則その他の職場における服務規律等を定めた文書において、育児休業等に関するハラスメントの相談等を理由として、当該労働者が解雇等の不利益な取扱いをされない旨を規定し、労働者に周知・啓発をすること。

② 社内報、パンフレット、社内ホームページ等広報又は啓発のための資料等に、育児休業等に関するハラスメントの相談等を理由として、当該労働者が解雇等の不利益な取扱いをされない旨を記載し、労働者に配布等すること。

(四) 事業主が職場における育児休業等に関する言動に起因する問題に関し行うことが望ましい取組の内容

事業主は、職場における育児休業等に関するハラスメントを防止するため、(三)の措置に加え、次の取組を行うことが望ましいこと。

イ 職場における育児休業等に関するハラスメントは、妊娠、出産等に関するハラスメント（事業主が職場における妊娠、出産等に関する言動に起因する問題に関して雇用管理上講ずべき措置等についての指針（平成二十八年厚生労働省告示第三百十二号）に規定する「職場における妊娠、出産等に関するハラスメント」をいう。）、セクシュアルハラスメント（事業主が職場における性的な言動に起因する問題に関して雇用管理上講ずべき措置等についての指針（平成十八年厚生労働省告示第六百十五号）に規定する「職場におけるセクシュアルハラスメント」をいう。以下同じ。）、パワーハラスメント（事業主が職場における優越的な関係を背景とした言動に起因する問題に関して雇用管理上講ずべき措置等についての指針（令和二年厚生労働省告示第五号）に規定する「職場におけるパワーハラスメント」をいう。）その他のハラスメントと複合的に生じることも想定されることから、事業主は、例えば、セクシュアルハラスメント等の相談窓口と一体的に、職場における育児休業等に関するハラスメントの相談窓口を設置し、一元的に相談に応じることのできる体制を整備することが望ましいこと。

（一元的に相談に応じることのできる体制の例）

① 相談窓口で受け付けることのできる相談として、職場における育児休業等に関するハラスメントのみならず、セクシュアルハラスメント等も明示すること。

② 職場における育児休業等に関するハラスメントの相談窓口がセクシュアルハラスメント等の相談窓口を兼ねること。

ロ 事業主は、職場における育児休業等に関するハラスメントの原因や背景となる要因を解消するため、労働者の側においても、制度等の利用ができるという知識を持つことや、周囲と円滑なコミュニケーションを図りながら自身の制度の利用状況等に応じて適切に業務を遂行していくという意識を持つこと等を、制度等の利用の対象となる労働者に周知・啓発することが望ましいこと(派遣労働者にあっては、派遣元事業主に限る。)。

(制度等の利用の対象となる労働者への周知・啓発の例)

① 社内報、パンフレット、社内ホームページ等広報又は啓発のための資料等に、労働者の側においても、制度等の利用ができるという知識を持つことや、周囲と円滑なコミュニケーションを図りながら自身の制度の利用状況等に応じて適切に業務を遂行していくという意識を持つこと等について記載し、制度等の利用の対象となる労働者に配布等すること。

② 労働者の側においても、制度等の利用ができるという知識を持つことや、周囲と円滑なコミュニケーションを図りながら自身の制度の利用状況等に応じて適切に業務を遂行していくという意識を持つこと等について、人事部門等から制度等の利用の対象となる労働者に周知・啓発すること。

ハ 事業主は、(三)の措置を講じる際に、必要に応じて、労働者や労働組合等の参画を得つつ、アンケート調査や意見交換等を実施するなどにより、その運用状況の的確な把握や必要な見直しの検討等に努めることが重要であること。なお、労働者や労働組合等の参画を得る方法として、例えば、労働安全衛生法(昭和四十七年法律第五十七号)第十八条第一項に規定する衛生委員会の活用なども考えられる。

十五 法第二十六条の規定により、その雇用する労働者の配置の変更で就業の場所の変更を伴うものをしようとする場合において、当該労働者の子の養育又は家族の介護の状況に配慮するに当たっての事項

配慮することの内容としては、例えば、当該労働者の子の養育又は家族の介護の状況を把握すること、労働者本人の意向をしんしゃくすること、配置の変更で就業の場所の変更を伴うものをした場合の子の養育又は家族の介護の代替手段の有無の確認を行うこと等があること。

十六　派遣労働者として就業する者に関する事項

(一)　派遣労働者として就業する者については、労働契約関係は派遣元事業主と派遣労働者との間にあるため、派遣元事業主は、当該労働者に対し、法の規定に基づく措置を適切に講ずる責任があることに留意すること。

(二)　解雇その他不利益な取扱いとなる行為には、例えば、派遣労働者として就業する者について、労働者派遣の役務の提供を受ける者が当該派遣労働者に係る労働者派遣の役務の提供を拒むことが該当すること。

(三)　次に掲げる場合には(二)の派遣労働者として就業する者について、労働者派遣の役務の提供を受ける者が当該派遣労働者に係る労働者派遣の役務の提供を拒むことに該当すること。

イ　育児休業の開始までは労働者派遣契約に定められた役務の提供ができると認められるにもかかわらず、派遣中の派遣労働者が育児休業の取得を申し出たことを理由に、労働者派遣の役務の提供を受ける者が派遣元事業主に対し、当該派遣労働者の交替を求めること。

ロ　労働者派遣契約に定められた役務の提供ができると認められるにもかかわらず、派遣中の派遣労働者が子の看護休暇を取得したことを理由に、労働者派遣の役務の提供を受ける者が派遣元事業主に対し、当該派遣労働者の交替を求めること。

(四)　派遣元事業主は、派遣労働者が育児休業から復帰する際には、当該派遣労働者が就業を継続できるよう、当該派遣労働者の派遣先に係る希望も勘案しつつ、就業機会の確保に努めるべきであることに留意すること。

## 5．人事院規則10―10（セクシュアル・ハラスメントの防止等）の運用についてセクシュアル・ハラスメントに関する苦情相談に対応するに当たり留意すべき事項についての指針（規則第８条第２項関係）

最終改正　平成28年12月１日

### 第１　基本的な心構え

職員からの苦情相談に対応するに当たっては、相談員は次の事項に留意する必要がある。

1　被害者を含む当事者にとって適切かつ効果的な対応は何かという視点を常に持つこと。

2　事態を悪化させないために、迅速な対応を心がけること。

3　関係者のプライバシーや名誉その他の人権を尊重するとともに、知り得た秘密を厳守すること。

### 第２　苦情相談の事務の進め方

1　苦情相談を受ける際の相談員の体制等

一　苦情相談を受ける際には、原則として２人の相談員で対応すること。

二　苦情相談を受けるに当たっては、苦情相談を行う職員（以下「相談者」という。）の希望する性の相談員が同席するよう努めること。

三　相談員は、苦情相談に適切に対応するために、相互に連携し、協力すること。

四　実際に苦情相談を受けるに当たっては、その内容を相談員以外の者に見聞されないよう周りから遮断した場所で行うこと。

2　相談者から事実関係等を聴取するに当たり留意すべき事項

相談者から事実関係等を聴取するに当たっては、次の事項に留意する必要がある。

一　相談者の求めるものを把握すること。

将来の言動の抑止等、今後も発生が見込まれる言動への対応を求めるものであるのか、又は喪失した利益の回復、謝罪要求等過去にあった言動に対する対応を求めるものであるのかについて把握する。

二　どの程度の時間的な余裕があるのかについて把握すること。

相談者の心身の状態等に鑑み、苦情相談への対応に当たりどの程度の時間的な余裕があるのかを把握する。

三　相談者の主張に真摯に耳を傾け丁寧に話を聴くこと。

特に相談者が被害者の場合、セクシュアル・ハラスメントを受けた心理的な影響から必ずしも理路整然と話すとは限らない。むしろ脱線することも十分想定されるが、事実関係を把握することは極めて重要であるので、忍耐強く聴くよう努める。

四　事実関係については、次の事項を把握すること。

(1) 当事者（被害者及び加害者とされる職員）間の関係

(2) 問題とされる言動が、いつ、どこで、どのように行われたか。

(3) 相談者は、加害者とされる職員に対してどのような対応をとったか。

(4) 監督者等に対する相談を行っているか。

なお、これらの事実を確認する場合、相談者が主張する内容については、当事者のみが知り得るものか、又は他に目撃者はいるのかを把握する。

五　聴取した事実関係等を相談者に確認すること。

聞き間違えの修正並びに聞き漏らした事項及び言い忘れた事項の補充ができるので、聴取事項を書面で示したり、復唱するなどして相談者に確認する。

六　聴取した事実関係等については、必ず記録にしてとっておくこと。

3　加害者とされる職員からの事実関係等の聴取

一　原則として、加害者とされる職員から事実関係等を聴取する必要がある。ただし、セクシュアル・ハラスメントが職場内で行われ比較的軽微なものであり、対応に時間的な余裕がある場合などは、監督者の観察、指導による対応が適当な場合も考えられるので、その都度適切な方法を選択して対応する。

二　加害者とされる者から事実関係等を聴取する場合には、加害者とされる者に対して十分な弁明の機会を与える。

三　加害者とされる者から事実関係等を聴取するに当たっては、その主張に真摯に耳を傾け丁寧に話を聴くなど、相談者から事実関係等を聴取する際の留意事項を参考にし、適切に対応する。

4　第三者からの事実関係等の聴取

職場内で行われたとされるセクシュアル・ハラスメントについて当事者間で事実関係に関する主張に不一致があり、事実の確認が十分にできないと認められる場合などは、第三者から事実関係等を聴取することも必要である。

この場合、相談者から事実関係等を聴取する際の留意事項を参考にし、適切に対応する。

5　相談者に対する説明

苦情相談に関し、具体的にとられた対応については、相談者に説明する。

## 第３　問題処理のための具体的な対応例

相談員が、苦情相談に対応するに当たっては、セクシュアル・ハラスメントに関して相当程度の知識を持ち、個々の事例に即して柔軟に対応することが基本となることは言うまでもないが、具体的には、事例に応じて次のような対処が方策として考えられる。

１　セクシュアル・ハラスメントを受けたとする職員からの苦情相談

一　職員の監督者等に対し、加害者とされる職員に指導するよう要請する。

（例）

職場内で行われるセクシュアル・ハラスメントのうち、その対応に時間的な余裕があると判断されるものについては、職場の監督者等に状況を観察するよう要請し、加害者とされる職員の言動のうち問題があると認められるものを適宜注意させる。

二　加害者に対して直接注意する。

（例）

性的なからかいの対象にするなどの行為を頻繁に行うことが問題にされている場合において、加害者とされる職員は親しみの表現として発言等を行っており、それがセクシュアル・ハラスメントであるとの意識がない場合には、相談員が加害者とされる職員に対し、その行動がセクシュアル・ハラスメントに該当することを直接注意する。

三　被害者に対して指導、助言をする。

（例）

職場の同僚から好意を抱かれ食事やデートにしつこく誘われるが、相談者がそれを苦痛に感じている場合については、相談者自身が相手の職員に対して明確に意思表示をするよう助言する。

四　当事者間のあっせんを行う。

（例）

被害者がセクシュアル・ハラスメントを行った加害者に謝罪を求めている場合において、加害者も自らの言動について反省しているときには、被害者の要求を加害者に伝え、加害者に対して謝罪を促すようあっせんする。

五　人事上必要な措置を講じるため、人事当局との連携をとる。

（例）

セクシュアル・ハラスメントの内容がかなり深刻な場合で被害者と加害者とを

同じ職場で勤務させることが適当でないと判断される場合などには、人事当局との十分な連携の下に当事者の人事異動等の措置をとることも必要となる。

2　セクシュアル・ハラスメントであるとの指摘を受けたが納得がいかない旨の相談

（例）

昼休みに自席で週刊誌のグラビアのヌード写真を周囲の目に触れるように眺めていたところ、隣に座っている同僚の女性職員から、他の職員の目に触れるのはセクシュアル・ハラスメントであるとの指摘を受けたが、納得がいかない旨の相談があった場合には、相談者に対し、周囲の職員が不快に感じる以上はセクシュアル・ハラスメントに当たる旨注意喚起をする。

3　第三者からの苦情相談

（例）

同僚の女性職員がその上司から性的なからかいを日常的に繰り返し受けているのを見て不快に思う職員から相談があった場合には、同僚の女性職員及びその上司から事情を聴き、その事実がセクシュアル・ハラスメントであると認められる場合には、その上司に対して監督者を通じ、又は相談員が直接に注意を促す。

（例）

非常勤職員に執拗につきまとったり、その身体に不必要に触る職員がいるが、非常勤職員である本人は、立場が弱いため苦情を申し出ることをしないような場合について第三者から相談があったときには、本人から事情を聴き、事実が認められる場合には、本人の意向を踏まえた上で、監督者を通じ、又は相談員が直接に加害者とされる職員から事情を聴き、注意する。

## 6．刑法（ハラスメント関連につき抜粋）

（公然わいせつ）

**第174条**　公然とわいせつな行為をした者は、六月以下の懲役若しくは三十万円以下の罰金又は拘留若しくは科料に処する。

（わいせつ物頒布等）

**第175条**　わいせつな文書、図画、電磁的記録に係る記録媒体その他の物を頒布し、又は公然と陳列した者は、二年以下の懲役若しくは二百五十万円以下の罰金若しくは科料に処し、又は懲役及び罰金を併科する。電気通信の送信によりわいせつな電磁的記録その他の記録を頒布した者も、同様とする。

2　有償で頒布する目的で、前項の物を所持し、又は同項の電磁的記録を保管した者も、同項と同様とする。

（不同意わいせつ）

**第176条**　次に掲げる行為又は事由その他これらに類する行為又は事由により、同意しない意思を形成し、表明し若しくは全うすることが困難な状態にさせ又はその状態にあることに乗じて、わいせつな行為をした者は、婚姻関係の有無にかかわらず、六月以上十年以下の拘禁刑に処する。

一　暴行若しくは脅迫を用いること又はそれらを受けたこと。

二　心身の障害を生じさせること又はそれがあること。

三　アルコール若しくは薬物を摂取させること又はそれらの影響があること。

四　睡眠その他の意識が明瞭でない状態にさせること又はその状態にあること。

五　同意しない意思を形成し、表明し又は全うするいとまがないこと。

六　予想と異なる事態に直面させて恐怖させ、若しくは驚愕させること又はその事態に直面して恐怖し、若しくは驚愕していること。

七　虐待に起因する心理的反応を生じさせること又はそれがあること。

八　経済的又は社会的関係上の地位に基づく影響力によって受ける不利益を憂慮させること又はそれを憂慮していること。

2　行為がわいせつなものではないとの誤信をさせ、若しくは行為をする者について人違いをさせ、又はそれらの誤信若しくは人違いをしていることに乗じて、わいせつな行為をした者も、前項と同様とする。

3　十六歳未満の者に対し、わいせつな行為をした者（当該十六歳未満の者が十三歳以上である場合については、その者が生まれた日より五年以上前の日に生まれた者に限る。）も、第一項と同様とする。

（不同意性交等）

**第177条**　前条第一項各号に掲げる行為又は事由その他これらに類する行為又は事由により、同意しない意思を形成し、表明し若しくは全うすることが困難な状態にさせ又はその状態にあることに乗じて、性交、肛門性交、口腔性交又は膣若しくは肛門に身体の一部（陰茎を除く。）若しくは物を挿入する行為であってわいせつなもの（以下この条及び第百七十九条第二項において「性交等」という。）をした者は、婚姻関係の有無にかかわらず、五年以上の有期拘禁刑に処する。

2　行為がわいせつなものではないとの誤信をさせ、若しくは行為をする者について人違いをさせ、又はそれらの誤信若しくは人違いをしていることに乗じて、性交等をした者も、前項と同様とする。

3　十六歳未満の者に対し、性交等をした者（当該十六歳未満の者が十三歳以上である場合については、その者が生まれた日より五年以上前の日に生まれた者に限る。）も、第一項と同様とする。

（傷害）

**第204条**　人の身体を傷害した者は、十五年以下の懲役又は五十万円以下の罰金に処する。

（傷害致死）

**第205条**　身体を傷害し、よって人を死亡させた者は、三年以上の有期懲役に処する。

（暴行）

**第208条**　暴行を加えた者が人を傷害するに至らなかったときは、二年以下の懲役若しくは三十万円以下の罰金又は拘留若しくは科料に処する。

（強要）

**第223条**　生命、身体、自由、名誉若しくは財産に対し害を加える旨を告知して脅迫し、又は暴行を用いて、人に義務のないことを行わせ、又は権利の行使を妨害した者は、三年以下の懲役に処する。

2　親族の生命、身体、自由、名誉又は財産に対し害を加える旨を告知して脅迫し、人に義務のないことを行わせ、又は権利の行使を妨害した者も、前項と同様とする。

3　前二項の罪の未遂は、罰する。

（名誉毀損）

**第230条**　公然と事実を摘示し、人の名誉を毀損した者は、その事実の有無にかかわらず、三年以下の懲役若しくは禁錮又は五十万円以下の罰金に処する。

2　死者の名誉を毀損した者は、虚偽の事実を摘示することによってした場合でなければ、罰しない。

## 7．ストーカー規制法（ハラスメント関連につき抜粋）

（つきまとい等又は位置情報無承諾取得等をして不安を覚えさせることの禁止）

**第3条**　何人も、つきまとい等又は位置情報無承諾取得等をして、その相手方に身体の安全、住居等の平穏若しくは名誉が害され、又は行動の自由が著しく害される不安を覚えさせてはならない。

（罰則）

**第18条**　ストーカー行為をした者は、一年以下の懲役又は百万円以下の罰金に処する。

**第19条**　禁止命令等（第五条第一項第一号に係るものに限る。以下同じ。）に違反してストーカー行為をした者は、二年以下の懲役又は二百万円以下の罰金に処する。

2　前項に規定するもののほか、禁止命令等に違反してつきまとい等又は位置情報無承諾取得等をすることにより、ストーカー行為をした者も、同項と同様とする。

## 8．民法（ハラスメント関連につき抜粋）

（公序良俗）

**第90条**　公の秩序又は善良の風俗に反する事項を目的とする法律行為は、無効とする。

（債務不履行による損害賠償）

**第415条**　債務者がその債務の本旨に従った履行をしないとき又は債務の履行が不能であるときは、債権者は、これによって生じた損害の賠償を請求することができる。ただし、その債務の不履行が契約その他の債務の発生原因及び取引上の社会通念に照らして債務者の責めに帰することができない事由によるものであるときは、この限りでない。

2　前項の規定により損害賠償の請求をすることができる場合において、債権者は、次に掲げるときは、債務の履行に代わる損害賠償の請求をすることができる。

一　債務の履行が不能であるとき。

二　債務者がその債務の履行を拒絶する意思を明確に表示したとき。

三　債務が契約によって生じたものである場合において、その契約が解除され、又は債務の不履行による契約の解除権が発生したとき。

（不法行為による損害賠償）

**第709条**　故意又は過失によって他人の権利又は法律上保護される利益を侵害した者は、これによって生じた損害を賠償する責任を負う。

（財産以外の損害の賠償）

**第710条**　他人の身体、自由若しくは名誉を侵害した場合又は他人の財産権を侵害した場合のいずれであるかを問わず、前条の規定により損害賠償の責任を負う者は、財産以外の損害に対しても、その賠償をしなければならない。

（使用者等の責任）

**第715条**　ある事業のために他人を使用する者は、被用者がその事業の執行について第三者に加えた損害を賠償する責任を負う。ただし、使用者が被用者の選任及びその事業の監督について相当の注意をしたとき、又は相当の注意をしても損害が生ずべきであったときは、この限りでない。

2　使用者に代わって事業を監督する者も、前項の責任を負う。

3　前二項の規定は、使用者又は監督者から被用者に対する求償権の行使を妨げない。

（名誉毀損における原状回復）

**第723条**　他人の名誉を毀損した者に対しては、裁判所は、被害者の請求により、損害賠償に代えて、又は損害賠償とともに、名誉を回復するのに適当な処分を命ずることができる。

（不法行為による損害賠償請求権の期間の制限）

**第724条**　不法行為による損害賠償の請求権は、次に掲げる場合には、時効によって消滅する。

一　被害者又はその法定代理人が損害及び加害者を知った時から３年間行使しないとき。

二　不法行為の時から20年間行使しないとき。

（人の生命又は身体を害する不法行為による損害賠償請求権の消滅時効）

**第724条の２**　人の生命又は身体を害する不法行為による損害賠償請求権の消滅時効についての前条第１号の規定の適用については、同号中「３年間」とあるのは、「５年間」とする。

## ９．男女雇用機会均等法（ハラスメント関連につき抜粋）

（職場における性的な言動に起因する問題に関する雇用管理上の措置）

**第11条**　事業主は、職場において行われる性的な言動に対するその雇用する労働者の対応により当該労働者がその労働条件につき不利益を受け、又は当該性的な言動により当該労働者の就業環境が害されることのないよう、当該労働者からの相談に応じ、適切に対応するために必要な体制の整備その他の雇用管理上必要な措置を講じなければならない。

２　事業主は、労働者が前項の相談を行ったこと又は事業主による当該相談への対応に協力した際に事実を述べたことを理由として、当該労働者に対して解雇その他不利益な取扱いをしてはならない。

３　事業主は、他の事業主から当該事業主の講ずる第一項の措置の実施に関し必要な協力を求められた場合には、これに応ずるように努めなければならない。

４　厚生労働大臣は、前三項の規定に基づき事業主が講ずべき措置等に関して、その適切かつ有効な実施を図るために必要な指針（次項において「指針」という。）を定めるものとする。

５　第四条第四項及び第五項の規定は、指針の策定及び変更について準用する。この場合において、同条第四項中「聴くほか、都道府県知事の意見を求める」とあるのは、「聴く」と読み替えるものとする。

（職場における性的な言動に起因する問題に関する国、事業主及び労働者の責務）

**第11条の２**　国は、前条第一項に規定する不利益を与える行為又は労働者の就業環境を害する同項に規定する言動を行つてはならないことその他当該言動に起因する問題（以下この条において「性的言動問題」という。）に対する事業主その他国民一般の関心と理解を深めるため、広報活動、啓発活動その他の措置を講ずるように努めなければならない。

2　事業主は、性的言動問題に対するその雇用する労働者の関心と理解を深めるとともに、当該労働者が他の労働者に対する言動に必要な注意を払うよう、研修の実施その他の必要な配慮をするほか、国の講ずる前項の措置に協力するように努めなければならない。

3　事業主（その者が法人である場合にあっては、その役員）は、自らも、性的言動問題に対する関心と理解を深め、労働者に対する言動に必要な注意を払うように努めなければならない。

4　労働者は、性的言動問題に対する関心と理解を深め、他の労働者に対する言動に必要な注意を払うとともに、事業主の講ずる前条第一項の措置に協力するように努めなければならない。

（職場における妊娠、出産等に関する言動に起因する問題に関する雇用管理上の措置等）

**第11条の３**　事業主は、職場において行われるその雇用する女性労働者に対する当該女性労働者が妊娠したこと、出産したこと、労働基準法第六十五条第一項の規定による休業を請求し、又は同項若しくは同条第二項の規定による休業をしたことその他の妊娠又は出産に関する事由であって厚生労働省令で定めるものに関する言動により当該女性労働者の就業環境が害されることのないよう、当該女性労働者からの相談に応じ、適切に対応するために必要な体制の整備その他の雇用管理上必要な措置を講じなければならない。

2　第十一条第二項の規定は、労働者が前項の相談を行い、又は事業主による当該相談への対応に協力した際に事実を述べた場合について準用する。

3　厚生労働大臣は、前二項の規定に基づき事業主が講ずべき措置等に関して、その適切かつ有効な実施を図るために必要な指針（次項において「指針」という。）を定めるものとする。

4　第四条第四項及び第五項の規定は、指針の策定及び変更について準用する。この場合において、同条第四項中「聴くほか、都道府県知事の意見を求める」とあるのは、「聴く」と読み替えるものとする。

（職場における妊娠、出産等に関する言動に起因する問題に関する国、事業主及び労働者の責務）

**第11条の４**　国は、労働者の就業環境を害する前条第一項に規定する言動を行つてはならないことその他当該言動に起因する問題（以下この条において「妊娠・出産等関係言動問題」という。）に対する事業主その他国民一般の関心と理解を深めるため、広報活動、啓発活動その他の措置を講ずるように努めなければならない。

2　事業主は、妊娠・出産等関係言動問題に対するその雇用する労働者の関心と理解を深めるとともに、当該労働者が他の労働者に対する言動に必要な注意を払うよう、研修の実施その他の必要な配慮をするほか、国の講ずる前項の措置に協力するように努めなければならない。

3　事業主（その者が法人である場合にあつては、その役員）は、自らも、妊娠・出産等関係言動問題に対する関心と理解を深め、労働者に対する言動に必要な注意を払うように努めなければならない。

4　労働者は、妊娠・出産等関係言動問題に対する関心と理解を深め、他の労働者に対する言動に必要な注意を払うとともに、事業主の講ずる前条第一項の措置に協力するように努めなければならない。

（妊娠中及び出産後の健康管理に関する措置）

**第12条**　事業主は、厚生労働省令で定めるところにより、その雇用する女性労働者が母子保健法（昭和四十年法律第百四十一号）の規定による保健指導又は健康診査を受けるために必要な時間を確保することができるようにしなければならない。

**第13条**　事業主は、その雇用する女性労働者が前条の保健指導又は健康診査に基づく指導事項を守ることができるようにするため、勤務時間の変更、勤務の軽減等必要な措置を講じなければならない。

2　厚生労働大臣は、前項の規定に基づき事業主が講ずべき措置に関して、その適切かつ有効な実施を図るために必要な指針（次項において「指針」という。）を定めるものとする。

3　第四条第四項及び第五項の規定は、指針の策定及び変更について準用する。この場合において、同条第四項中「聴くほか、都道府県知事の意見を求める」とあるのは、「聴く」と読み替えるものとする。

（紛争の解決の促進に関する特例）

**第16条**　第五条から第七条まで、第九条、第十一条第一項及び第二項（第十一条の三第二項において準用する場合を含む。）、第十一条の三第一項、第十二条並びに第十三条第一項に定める事項についての労働者と事業主との間の紛争については、個別労働関係紛争の解決の促進に関する法律（平成十三年法律第百十二号）第四条、第五条及び第十二条から第十九条までの規定は適用せず、次条から第二十七条までに定めるところによる。

（紛争の解決の援助）

**第17条**　都道府県労働局長は、前条に規定する紛争に関し、当該紛争の当事者の双方又は一方からその解決につき援助を求められた場合には、当該紛争の当事者に対し、必要な助言、指導又は勧告をすることができる。

２　第十一条第二項の規定は、労働者が前項の援助を求めた場合について準用する。

（調停の委任）

**第18条**　都道府県労働局長は、第十六条に規定する紛争（労働者の募集及び採用についての紛争を除く。）について、当該紛争の当事者（以下「関係当事者」という。）の双方又は一方から調停の申請があつた場合において当該紛争の解決のために必要があると認めるときは、個別労働関係紛争の解決の促進に関する法律第六条第一項の紛争調整委員会（以下「委員会」という。）に調停を行わせるものとする。

２　第十一条第二項の規定は、労働者が前項の申請をした場合について準用する。

（調停）

**第19条**　前条第一項の規定に基づく調停（以下この節において「調停」という。）は、三人の調停委員が行う。

２　調停委員は、委員会の委員のうちから、会長があらかじめ指名する。

**第20条**　委員会は、調停のため必要があると認めるときは、関係当事者又は関係当事者と同一の事業場に雇用される労働者その他の参考人の出頭を求め、その意見を聴くことができる。

（報告の徴収並びに助言、指導及び勧告）

**第29条**　厚生労働大臣は、この法律の施行に関し必要があると認めるときは、事業主に対して、報告を求め、又は助言、指導若しくは勧告をすることができる。

2　前項に定める厚生労働大臣の権限は、厚生労働省令で定めるところにより、その一部を都道府県労働局長に委任することができる。

（公表）

**第30条**　厚生労働大臣は、第五条から第七条まで、第九条第一項から第三項まで、第十一条第一項及び第二項（第十一条の三第二項、第十七条第二項及び第十八条第二項において準用する場合を含む。）、第十一条の三第一項、第十二条並びに第十三条第一項の規定に違反している事業主に対し、前条第一項の規定による勧告をした場合において、その勧告を受けた者がこれに従わなかつたときは、その旨を公表することができる。

（罰則）

**第33条**　第二十九条第一項の規定による報告をせず、又は虚偽の報告をした者は、二十万円以下の過料に処する。

## 10. 育児・介護休業法（ハラスメント関連につき抜粋）

（育児休業の申出）

**第５条**　労働者は、その養育する一歳に満たない子について、その事業主に申し出ることにより、育児休業（第九条の二第一項に規定する出生時育児休業を除く。以下この条から第九条までにおいて同じ。）をすることができる。ただし、期間を定めて雇用される者にあっては、その養育する子が一歳六か月に達する日までに、その労働契約（労働契約が更新される場合にあっては、更新後のもの。第三項、第九条の二第一項及び第十一条第一項において同じ。）が満了することが明らかでない者に限り、当該申出をすることができる。

2　前項の規定にかかわらず、労働者は、その養育する子が一歳に達する日（以下「一歳到達日」という。）までの期間（当該子を養育していない期間を除く。）内に二回の育児休業（第七項に規定する育児休業申出によりする育児休業を除く。）をした場合には、当該子については、厚生労働省令で定める特別の事情がある場合を除き、前項の規定による申出をすることができない。

3　労働者は、その養育する一歳から一歳六か月に達するまでの子について、次の各号のいずれにも該当する場合（厚生労働省令で定める特別の事情がある場合には、第二号に該当する場合）に限り、その事業主に申し出ることにより、育児休業をすることができる。ただし、期間を定めて雇用される者（当該子の一歳到達日において育児休業をしている者であって、その翌日を第六項に規定する育児休業開始予定日とする申出をするものを除く。）にあっては、当該子が一歳六か月に達する日までに、その労働契約が満了することが明らかでない者に限り、当該申出をすることができる。

一　当該申出に係る子について、当該労働者又はその配偶者が、当該子の一歳到達日において育児休業をしている場合

二　当該子の一歳到達日後の期間について休業することが雇用の継続のために特に必要と認められる場合として厚生労働省令で定める場合に該当する場合

三　当該子の一歳到達日後の期間において、この項の規定による申出により育児休業をしたことがない場合

4　労働者は、その養育する一歳六か月から二歳に達するまでの子について、次の各号のいずれにも該当する場合（前項の厚生労働省令で定める特別の事情がある場合には、第二号に該当する場合）に限り、その事業主に申し出ることにより、育児休業をすることができる。

一　当該申出に係る子について、当該労働者又はその配偶者が、当該子の一歳六か月に達する日（以下「一歳六か月到達日」という。）において育児休業をしている場合

二　当該子の一歳六か月到達日後の期間について休業することが雇用の継続のために特に必要と認められる場合として厚生労働省令で定める場合に該当する場合

三　当該子の一歳六か月到達日後の期間において、この項の規定による申出により育児休業をしたことがない場合

5　第一項ただし書の規定は、前項の規定による申出について準用する。この場合において、第一項ただし書中「一歳六か月」とあるのは、「二歳」と読み替えるものとする。

6　第一項、第三項及び第四項の規定による申出（以下「育児休業申出」という。）は、厚生労働省令で定めるところにより、その期間中は育児休業をすることとする一の期間について、その初日（以下「育児休業開始予定日」という。）及び末日（以下「育児休業終了予定日」という。）とする日を明らかにして、しなければならな

い。この場合において、次の各号に掲げる申出にあっては、第三項の厚生労働省令で定める特別の事情がある場合を除き、当該各号に定める日を育児休業開始予定日としなければならない。

一　第三項の規定による申出　当該申出に係る子の一歳到達日の翌日（当該申出をする労働者の配偶者が同項の規定による申出により育児休業をする場合には、当該育児休業に係る育児休業終了予定日の翌日以前の日）

二　第四項の規定による申出　当該申出に係る子の一歳六か月到達日の翌日（当該申出をする労働者の配偶者が同項の規定による申出により育児休業をする場合には、当該育児休業に係る育児休業終了予定日の翌日以前の日）

7　第一項ただし書、第二項、第三項（第一号及び第二号を除く。）、第四項（第一号及び第二号を除く。）、第五項及び前項後段の規定は、期間を定めて雇用される者であって、その締結する労働契約の期間の末日を育児休業終了予定日（第七条第三項の規定により当該育児休業終了予定日が変更された場合にあっては、その変更後の育児休業終了予定日とされた日）とする育児休業をしているものが、当該育児休業に係る子について、当該労働契約の更新に伴い、当該更新後の労働契約の期間の初日を育児休業開始予定日とする育児休業申出をする場合には、これを適用しない。

（育児休業申出があった場合における事業主の義務等）

**第6条**　事業主は、労働者からの育児休業申出があったときは、当該育児休業申出を拒むことができない。ただし、当該事業主と当該労働者が雇用される事業所の労働者の過半数で組織する労働組合があるときはその労働組合、その事業所の労働者の過半数で組織する労働組合がないときはその労働者の過半数を代表する者との書面による協定で、次に掲げる労働者のうち育児休業をすることができないものとして定められた労働者に該当する労働者からの育児休業申出があった場合は、この限りでない。

一　当該事業主に引き続き雇用された期間が一年に満たない労働者

二　前号に掲げるもののほか、育児休業をすることができないこととすることについて合理的な理由があると認められる労働者として厚生労働省令で定めるもの

2　前項ただし書の場合において、事業主にその育児休業申出を拒まれた労働者は、前条第一項、第三項及び第四項の規定にかかわらず、育児休業をすることができない。

3　事業主は、労働者からの育児休業申出があった場合において、当該育児休業申出に係る育児休業開始予定日とされた日が当該育児休業申出があった日の翌日から起算

して一月（前条第三項の規定による申出（当該申出があった日が当該申出に係る子の一歳到達日以前の日であるものに限る。）又は同条第四項の規定による申出（当該申出があった日が当該申出に係る子の一歳六か月到達日以前の日であるものに限る。）にあっては二週間）を経過する日（以下この項において「一月等経過日」という。）前の日であるときは、厚生労働省令で定めるところにより、当該育児休業開始予定日とされた日から当該一月等経過日（当該育児休業申出があった日までに、出産予定日前に子が出生したことその他の厚生労働省令で定める事由が生じた場合にあっては、当該一月等経過日前の日で厚生労働省令で定める日）までの間のいずれかの日を当該育児休業開始予定日として指定することができる。

4　第一項ただし書及び前項の規定は、労働者が前条第七項に規定する育児休業申出をする場合には、これを適用しない。

（不利益取扱いの禁止）

**第10条**　事業主は、労働者が育児休業申出をし、又は育児休業をしたことを理由として、当該労働者に対して解雇その他不利益な取扱いをしてはならない。

（介護休業の申出）

**第11条**　労働者は、その事業主に申し出ることにより、介護休業をすることができる。ただし、期間を定めて雇用される者にあっては、第三項に規定する介護休業開始予定日から起算して九十三日を経過する日から六月を経過する日までに、その労働契約が満了することが明らかでない者に限り、当該申出をすることができる。

2　前項の規定にかかわらず、介護休業をしたことがある労働者は、当該介護休業に係る対象家族が次の各号のいずれかに該当する場合には、当該対象家族については、同項の規定による申出をすることができない。

一　当該対象家族について三回の介護休業をした場合

二　当該対象家族について介護休業をした日数（介護休業を開始した日から介護休業を終了した日までの日数とし、二回以上の介護休業をした場合にあっては、介護休業ごとに、当該介護休業を開始した日から当該介護休業を終了した日までの日数を合算して得た日数とする。第十五条第一項において「介護休業日数」という。）が九十三日に達している場合

3　第一項の規定による申出（以下「介護休業申出」という。）は、厚生労働省令で定めるところにより、介護休業申出に係る対象家族が要介護状態にあることを明らかにし、かつ、その期間中は当該対象家族に係る介護休業をすることとする一の期間に

ついて、その初日（以下「介護休業開始予定日」という。）及び末日（以下「介護休業終了予定日」という。）とする日を明らかにして、しなければならない。

4　第一項ただし書及び第二項（第二号を除く。）の規定は、期間を定めて雇用される者であって、その締結する労働契約の期間の末日を介護休業終了予定日（第十三条において準用する第七条第三項の規定により当該介護休業終了予定日が変更された場合にあっては、その変更後の介護休業終了予定日とされた日）とする介護休業をしているものが、当該介護休業に係る対象家族について、当該労働契約の更新に伴い、当該更新後の労働契約の期間の初日を介護休業開始予定日とする介護休業申出をする場合には、これを適用しない。

（介護休業申出があった場合における事業主の義務等）

**第12条**　事業主は、労働者からの介護休業申出があったときは、当該介護休業申出を拒むことができない。

2　第六条第一項ただし書及び第二項の規定は、労働者からの介護休業申出があった場合について準用する。この場合において、同項中「前項ただし書」とあるのは「第十二条第二項において準用する前項ただし書」と、「前条第一項、第三項及び第四項」とあるのは「第十一条第一項」と読み替えるものとする。

3　事業主は、労働者からの介護休業申出があった場合において、当該介護休業申出に係る介護休業開始予定日とされた日が当該介護休業申出があった日の翌日から起算して二週間を経過する日（以下この項において「二週間経過日」という。）前の日であるときは、厚生労働省令で定めるところにより、当該介護休業開始予定日とされた日から当該２週間経過日までの間のいずれかの日を当該介護休業開始予定日として指定することができる。

4　前２項の規定は、労働者が前条第四項に規定する介護休業申出をする場合には、これを適用しない。

（不利益取扱いの禁止）

**第 16 条**　事業主は、労働者が介護休業申出をし、又は介護休業をしたことを理由として、当該労働者に対して解雇その他不利益な取扱いをしてはならない。

（子の看護休暇の申出）

**第16条の２**　小学校就学の始期に達するまでの子を養育する労働者は、その事業主に申し出ることにより、一の年度において５労働日（その養育する小学校就学の始期に達するまでの子が２人以上の場合にあっては、10労働日）を限度として、負傷し、若しくは疾病にかかった当該子の世話又は疾病の予防を図るために必要なものとして厚生労働省令で定める当該子の世話を行うための休暇（以下「子の看護休暇」という。）を取得することができる。

（準用）

**第16条の４**　第10条の規定は、第16条の２第１項の規定による申出及び子の看護休暇について準用する。

（介護休暇の申出）

**第16条の５**　要介護状態にある対象家族の介護その他の厚生労働省令で定める世話を行う労働者は、その事業主に申し出ることにより、一の年度において５労働日（要介護状態にある対象家族が２人以上の場合にあっては、10労働日）を限度として、当該世話を行うための休暇（以下「介護休暇」という。）を取得することができる。

（準用）

**第16条の７**　第10条の規定は、第16条の５第１項の規定による申出及び介護休暇について準用する。

**第16条の８**　事業主は、３歳に満たない子を養育する労働者であって、当該事業主と当該労働者が雇用される事業所の労働者の過半数で組織する労働組合があるときはその労働組合、その事業所の労働者の過半数で組織する労働組合がないときはその労働者の過半数を代表する者との書面による協定で、次に掲げる労働者のうちこの項本文の規定による請求をできないものとして定められた労働者に該当しない労働者が当該子を養育するために請求した場合においては、所定労働時間を超えて労働させてはならない。ただし、事業の正常な運営を妨げる場合は、この限りでない。

一　当該事業主に引き続き雇用された期間が１年に満たない労働者

二　前号に掲げるもののほか、当該請求をできないこととすることについて合理的な理由があると認められる労働者として厚生労働省令で定めるもの

**第16条の10**　事業主は、労働者が第16条の８第１項（前条第１項において準用する場合を含む。以下この条において同じ。）の規定による請求をし、又は第16条の８第１項の規定により当該事業主が当該請求をした労働者について所定労働時間を超えて

労働させてはならない場合に当該労働者が所定労働時間を超えて労働しなかったことを理由として、当該労働者に対して解雇その他不利益な取扱いをしてはならない。

**第17条**　事業主は、労働基準法第36条第１項本文の規定により同項に規定する労働時間（以下この条において単に「労働時間」という。）を延長することができる場合において、小学校就学の始期に達するまでの子を養育する労働者であって次の各号のいずれにも該当しないものが当該子を養育するために請求したときは、制限時間（１月について24時間、１年について150時間をいう。次項及び第18条の２において同じ。）を超えて労働時間を延長してはならない。ただし、事業の正常な運営を妨げる場合は、この限りでない。

一　当該事業主に引き続き雇用された期間が１年に満たない労働者

二　前号に掲げるもののほか、当該請求をできないこととすることについて合理的な理由があると認められる労働者として厚生労働省令で定めるもの

**第18条の２**　事業主は、労働者が第17第１項（前条第１項において準用する場合を含む。以下この条において同じ。）の規定による請求をし、又は第17条第１項の規定により当該事業主が当該請求をした労働者について制限時間を超えて労働時間を延長してはならない場合に当該労働者が制限時間を超えて労働しなかったことを理由として、当該労働者に対して解雇その他不利益な取扱いをしてはならない。

**第19条**　事業主は、小学校就学の始期に達するまでの子を養育する労働者であって次の各号のいずれにも該当しないものが当該子を養育するために請求した場合においては、午後10時から午前５時までの間（以下この条及び第20条の２において「深夜」という。）において労働させてはならない。ただし、事業の正常な運営を妨げる場合は、この限りでない。

一　当該事業主に引き続き雇用された期間が１年に満たない労働者

二　当該請求に係る深夜において、常態として当該子を保育することができる当該子の同居の家族その他の厚生労働省令で定める者がいる場合における当該労働者

三　前２号に掲げるもののほか、当該請求をできないこととすることについて合理的な理由があると認められる労働者として厚生労働省令で定めるもの

**第20条の２**　事業主は、労働者が第19条第１項（前条第１項において準用する場合を含む。以下この条において同じ。）の規定による請求をし、又は第19条第１項の規定により当該事業主が当該請求をした労働者について深夜において労働させてはならない場合に当該労働者が深夜において労働しなかったことを理由として、当該労働者に対して解雇その他不利益な取扱いをしてはならない。

（所定労働時間の短縮措置等）

**第23条**　事業主は、その雇用する労働者のうち、その３歳に満たない子を養育する労働者であって育児休業をしていないもの（１日の所定労働時間が短い労働者として厚生労働省令で定めるものを除く。）に関して、厚生労働省令で定めるところにより、労働者の申出に基づき所定労働時間を短縮することにより当該労働者が就業しつつ当該子を養育することを容易にするための措置（以下この条及び第24条第１項第３号において「育児のための所定労働時間の短縮措置」という。）を講じなければならない。ただし、当該事業主と当該労働者が雇用される事業所の労働者の過半数で組織する労働組合があるときはその労働組合、その事業所の労働者の過半数で組織する労働組合がないときはその労働者の過半数を代表する者との書面による協定で、次に掲げる労働者のうち育児のための所定労働時間の短縮措置を講じないものとして定められた労働者に該当する労働者については、この限りでない。

一　当該事業主に引き続き雇用された期間が１年に満たない労働者

二　前号に掲げるもののほか、育児のための所定労働時間の短縮措置を講じないこととすることについて合理的な理由があると認められる労働者として厚生労働省令で定めるもの

三　前２号に掲げるもののほか、業務の性質又は業務の実施体制に照らして、育児のための所定労働時間の短縮措置を講ずることが困難と認められる業務に従事する労働者

２　事業主は、その雇用する労働者のうち、前項ただし書の規定により同項第３号に掲げる労働者であってその３歳に満たない子を養育するものについて育児のための所定労働時間の短縮措置を講じないこととするときは、当該労働者に関して、厚生労働省令で定めるところにより、労働者の申出に基づく育児休業に関する制度に準ずる措置又は労働基準法第32条の３の規定により労働させることその他の当該労働者が就業しつつ当該子を養育することを容易にするための措置（第24条第１項において「始業時刻変更等の措置」という。）を講じなければならない。

３　事業主は、その雇用する労働者のうち、その要介護状態にある対象家族を介護する労働者であって介護休業をしていないものに関して、厚生労働省令で定めるところ

により、労働者の申出に基づく連続する３年の期間以上の期間における所定労働時間の短縮その他の当該労働者が就業しつつその要介護状態にある対象家族を介護することを容易にするための措置（以下この条及び第24条第２項において「介護のための所定労働時間の短縮等の措置」という。）を講じなければならない。ただし、当該事業主と当該労働者が雇用される事業所の労働者の過半数で組織する労働組合があるときはその労働組合、その事業所の労働者の過半数で組織する労働組合がないときはその労働者の過半数を代表する者との書面による協定で、次に掲げる労働者のうち介護のための所定労働時間の短縮等の措置を講じないものとして定められた労働者に該当する労働者については、この限りでない。

一　当該事業主に引き続き雇用された期間が１年に満たない労働者

二　前号に掲げるもののほか、介護のための所定労働時間の短縮等の措置を講じないこととすることについて合理的な理由があると認められる労働者として厚生労働省令で定めるもの

**第23条の２**　事業主は、労働者が前条の規定による申出をし、又は同条の規定により当該労働者に措置が講じられたことを理由として、当該労働者に対して解雇その他不利益な取扱いをしてはならない。

（小学校就学の始期に達するまでの子を養育する労働者等に関する措置）

**第24条**　事業主は、その雇用する労働者のうち、その小学校就学の始期に達するまでの子を養育する労働者に関して、労働者の申出に基づく育児に関する目的のために利用することができる休暇（子の看護休暇、介護休暇及び労働基準法第三十九条の規定による年次有給休暇として与えられるものを除き、出産後の養育について出産前において準備することができる休暇を含む。）を与えるための措置及び次の各号に掲げる当該労働者の区分に応じ当該各号に定める制度又は措置に準じて、それぞれ必要な措置を講ずるよう努めなければならない。

一　その一歳（当該労働者が第五条第三項の規定による申出をすることができる場合にあっては一歳六か月、当該労働者が同条第四項の規定による申出をすることができる場合にあっては二歳。次号において同じ。）に満たない子を養育する労働者（第二十三条第二項に規定する労働者を除く。同号において同じ。）で育児休業をしていないもの　始業時刻変更等の措置

二　その一歳から三歳に達するまでの子を養育する労働者　育児休業に関する制度又は始業時刻変更等の措置

三　その三歳から小学校就学の始期に達するまでの子を養育する労働者　育児休業に関する制度、第十六条の八の規定による所定外労働の制限に関する制度、育児のための所定労働時間の短縮措置又は始業時刻変更等の措置

2　事業主は、その雇用する労働者のうち、その家族を介護する労働者に関して、介護休業若しくは介護休暇に関する制度又は介護のための所定労働時間の短縮等の措置に準じて、その介護を必要とする期間、回数等に配慮した必要な措置を講ずるように努めなければならない。

（職場における育児休業等に関する言動に起因する問題に関する雇用管理上の措置）

**第25条**　事業主は、職場において行われるその雇用する労働者に対する育児休業、介護休業その他の子の養育又は家族の介護に関する厚生労働省令で定める制度又は措置の利用に関する言動により当該労働者の就業環境が害されることのないよう、当該労働者からの相談に応じ、適切に対応するために必要な体制の整備その他の雇用管理上必要な措置を講じなければならない。

2　事業主は、労働者が前項の相談を行ったこと又は事業主による当該相談への対応に協力した際に事実を述べたことを理由として、当該労働者に対して解雇その他不利益な取扱いをしてはならない。

（職場における育児休業等に関する言動に起因する問題に関する国、事業主及び労働者の責務）

**第25条の2**　国は、労働者の就業環境を害する前条第一項に規定する言動を行ってはならないことその他当該言動に起因する問題（以下この条において「育児休業等関係言動問題」という。）に対する事業主その他国民一般の関心と理解を深めるため、広報活動、啓発活動その他の措置を講ずるように努めなければならない。

2　事業主は、育児休業等関係言動問題に対するその雇用する労働者の関心と理解を深めるとともに、当該労働者が他の労働者に対する言動に必要な注意を払うよう、研修の実施その他の必要な配慮をするほか、国の講ずる前項の措置に協力するように努めなければならない。

3　事業主（その者が法人である場合にあっては、その役員）は、自らも、育児休業等関係言動問題に対する関心と理解を深め、労働者に対する言動に必要な注意を払うように努めなければならない。

4　労働者は、育児休業等関係言動問題に対する関心と理解を深め、他の労働者に対する言動に必要な注意を払うとともに、事業主の講ずる前条第一項の措置に協力する

ように努めなければならない。

（苦情の自主的解決）

**第52条の２**　事業主は、第二章から第八章まで、第二十一条、第二十三条、第二十三条の二及び第二十六条に定める事項に関し、労働者から苦情の申出を受けたときは、苦情処理機関（事業主を代表する者及び当該事業所の労働者を代表する者を構成員とする当該事業所の労働者の苦情を処理するための機関をいう。）に対し当該苦情の処理を委ねる等その自主的な解決を図るように努めなければならない。

（紛争の解決の促進に関する特例）

**第52条の３**　第25条に定める事項及び前条の事項についての労働者と事業主との間の紛争については、個別労働関係紛争の解決の促進に関する法律（平成13年法律第112号）第４条、第５条及び第12条から第19条までの規定は適用せず、次条から第52条の６までに定めるところによる。

（紛争の解決の援助）

**第52条の４**　都道府県労働局長は、前条に規定する紛争に関し、当該紛争の当事者の双方又は一方からその解決につき援助を求められた場合には、当該紛争の当事者に対し、必要な助言、指導又は勧告をすることができる。

２　第二十五条第二項の規定は、労働者が前項の援助を求めた場合について準用する。

（調停の委任）

**第52条の５**　都道府県労働局長は、第52条の３に規定する紛争について、当該紛争の当事者の双方又は一方から調停の申請があった場合において当該紛争の解決のために必要があると認めるときは、個別労働関係紛争の解決の促進に関する法律第６条第１項の紛争調整委員会に調停を行わせるものとする。

２　第二十五条第二項の規定は、労働者が前項の申請をした場合について準用する。

（調停）

**第52条の６**　雇用の分野における男女の均等な機会及び待遇の確保等に関する法律（昭和47年法律第113号）第19条、第20条第１項及び第21条から第26条までの規定は、前条第１項の調停の手続について準用する。この場合において、同法第19条第１項中「前条第１項」とあるのは「育児休業、介護休業等育児又は家族介護を行う労働者の福祉に関する法律第52条の５第１項」と、同法第20条第１項中「関係当事者」とあるのは「関係当事者又は関係当事者と同一の事業所に雇用される労働者その他の参考人」と、同法第25条第１項中「第18条第１項」とあるのは「育児休業、介護休業等育児又は家族介護を行う労働者の福祉に関する法律第52条の５第１項」と読み替えるものとする。

（報告の徴収並びに助言、指導及び勧告）

**第56条**　厚生労働大臣は、この法律の施行に関し必要があると認めるときは、事業主に対して、報告を求め、又は助言、指導若しくは勧告をすることができる。

（公表）

**第56条の２**　厚生労働大臣は、第六条第一項（第九条の三第二項、第十二条第二項、第十六条の三第二項及び第十六条の六第二項において準用する場合を含む。）、第九条の三第一項、第十条、第十二条第一項、第十六条（第十六条の四及び第十六条の七において準用する場合を含む。）、第十六条の三第一項、第十六条の六第一項、第十六条の八第一項（第十六条の九第一項において準用する場合を含む。）、第十六条の十、第十七条第一項（第十八条第一項において準用する場合を含む。）、第十八条の二、第十九条第一項（第二十条第一項において準用する場合を含む。）、第二十条の二、第二十一条、第二十二条第一項、第二十二条の二、第二十三条第一項から第三項まで、第二十三条の二、第二十五条第一項若しくは第二項（第五十二条の四第二項及び第五十二条の五第二項において準用する場合を含む。）又は第二十六条の規定に違反している事業主に対し、前条の規定による勧告をした場合において、その勧告を受けた者がこれに従わなかったときは、その旨を公表することができる。

**第66条**　第56条の規定による報告をせず、又は虚偽の報告をした者は、20万円以下の過料に処する。

## 11. 労働者派遣法（ハラスメント関連につき抜粋）

（雇用の分野における男女の均等な機会及び待遇の確保等に関する法律の適用に関する特例）

**第47条の2**　労働者派遣の役務の提供を受ける者がその指揮命令の下に労働させる派遣労働者の当該労働者派遣に係る就業に関しては、当該労働者派遣の役務の提供を受ける者もまた、当該派遣労働者を雇用する事業主とみなして、雇用の分野における男女の均等な機会及び待遇の確保等に関する法律（昭和四十七年法律第百十三号）第九条第三項、第十一条第一項、第十一条の二第二項、第十一条の三第一項、第十一条の四第二項、第十二条及び第十三条第一項の規定を適用する。この場合において、同法第十一条第一項及び第十一条の三第一項中「雇用管理上」とあるのは、「雇用管理上及び指揮命令上」とする。

（育児休業、介護休業等育児又は家族介護を行う労働者の福祉に関する法律の適用に関する特例）

**第47条の3**　労働者派遣の役務の提供を受ける者がその指揮命令の下に労働させる派遣労働者の当該労働者派遣に係る就業に関しては、当該労働者派遣の役務の提供を受ける者もまた、当該派遣労働者を雇用する事業主とみなして、育児休業、介護休業等育児又は家族介護を行う労働者の福祉に関する法律第十条、第十六条（同法第十六条の四及び第十六条の七において準用する場合を含む。）、第十六条の十、第十八条の二、第二十条の二、第二十一条第二項、第二十三条の二、第二十五条及び第二十五条の二第二項の規定を適用する。この場合において、同法第二十五条第一項中「雇用管理上」とあるのは、「雇用管理上及び指揮命令上」とする。

（労働施策の総合的な推進並びに労働者の雇用の安定及び職業生活の充実等に関する法律の適用に関する特例）

**第47条の4**　労働者派遣の役務の提供を受ける者がその指揮命令の下に労働させる派遣労働者の当該労働者派遣に係る就業に関しては、当該労働者派遣の役務の提供を受ける者もまた、当該派遣労働者を雇用する事業主とみなして、労働施策の総合的な推進並びに労働者の雇用の安定及び職業生活の充実等に関する法律（昭和四十一年法律第百三十二号）第三十条の二第一項及び第三十条の三第二項の規定を適用する。この場合において、同法第三十条の二第一項中「雇用管理上」とあるのは、「雇用管理上及び指揮命令上」とする。

## 12. 労働基準法（ハラスメント関連につき抜粋）

（解雇制限）

**第19条**　使用者は、労働者が業務上負傷し、又は疾病にかかり療養のために休業する期間及びその後三十日間並びに産前産後の女性が第六十五条の規定によって休業する期間及びその後三十日間は、解雇してはならない。ただし、使用者が、第八十一条の規定によって打切補償を支払う場合又は天災事変その他やむを得ない事由のために事業の継続が不可能となった場合においては、この限りでない。

2　前項但書後段の場合においては、その事由について行政官庁の認定を受けなければならない。

（労働時間）

**第32条**　使用者は、労働者に、休憩時間を除き一週間について四十時間を超えて、労働させてはならない。

2　使用者は、一週間の各日については、労働者に、休憩時間を除き一日について八時間を超えて、労働させてはならない。

（坑内業務の就業制限）

**第64条の２**　使用者は、次の各号に掲げる女性を当該各号に定める業務に就かせてはならない。

一　妊娠中の女性及び坑内で行われる業務に従事しない旨を使用者に申し出た産後一年を経過しない女性の坑内で行われるすべての業務

二　前号に掲げる女性以外の満十八歳以上の女性の坑内で行われる業務のうち人力により行われる掘削の業務その他の女性に有害な業務として厚生労働省令で定めるもの

（危険有害業務の就業制限）

**第64条の３**　使用者は、妊娠中の女性及び産後一年を経過しない女性（以下「妊産婦」という。）を、重量物を取り扱う業務、有害ガスを発散する場所における業務その他妊産婦の妊娠、出産、哺育等に有害な業務に就かせてはならない。

2　前項の規定は、同項に規定する業務のうち女性の妊娠又は出産に係る機能に有害である業務につき、厚生労働省令で、妊産婦以外の女性に関して、準用することができる。

3　前二項に規定する業務の範囲及びこれらの規定によりこれらの業務に就かせてはならない者の範囲は、厚生労働省令で定める。

（産前産後）

**第65条**　使用者は、六週間（多胎妊娠の場合にあつては、十四週間）以内に出産する予定の女性が休業を請求した場合においては、その者を就業させてはならない。

2　使用者は、産後八週間を経過しない女性を就業させてはならない。ただし、産後六週間を経過した女性が請求した場合において、その者について医師が支障がないと認めた業務に就かせることは、差し支えない。

3　使用者は、妊娠中の女性が請求した場合においては、他の軽易な業務に転換させなければならない。

**第66条**　使用者は、妊産婦が請求した場合においては、第三十二条の二第一項、第三十二条の四第一項及び第三十二条の五第一項の規定にかかわらず、一週間について第三十二条第一項の労働時間、一日について同条第二項の労働時間を超えて労働させてはならない。

2　使用者は、妊産婦が請求した場合においては、第三十三条第一項及び第三項並びに第三十六条第一項の規定にかかわらず、時間外労働をさせてはならず、又は休日に労働させてはならない。

3　使用者は、妊産婦が請求した場合においては、深夜業をさせてはならない。

（育児時間）

**第67条**　生後満一年に達しない生児を育てる女性は、第三十四条の休憩時間のほか、一日二回各々少なくとも三十分、その生児を育てるための時間を請求することができる。

2　使用者は、前項の育児時間中は、その女性を使用してはならない。

（作成及び届出の義務）

**第89条**　常時十人以上の労働者を使用する使用者は、次に掲げる事項について就業規則を作成し、行政官庁に届け出なければならない。次に掲げる事項を変更した場合においても、同様とする。

一　始業及び終業の時刻、休憩時間、休日、休暇並びに労働者を二組以上に分けて交替に就業させる場合においては就業時転換に関する事項

二　賃金（臨時の賃金等を除く。以下この号において同じ。）の決定、計算及び支払の方法、賃金の締切り及び支払の時期並びに昇給に関する事項

三　退職に関する事項（解雇の事由を含む。）

三の二　退職手当の定めをする場合においては、適用される労働者の範囲、退職手当の決定、計算及び支払の方法並びに退職手当の支払の時期に関する事項

四　臨時の賃金等（退職手当を除く。）及び最低賃金額の定めをする場合においては、これに関する事項

五　労働者に食費、作業用品その他の負担をさせる定めをする場合においては、これに関する事項

六　安全及び衛生に関する定めをする場合においては、これに関する事項

七　職業訓練に関する定めをする場合においては、これに関する事項

八　災害補償及び業務外の傷病扶助に関する定めをする場合においては、これに関する事項

九　表彰及び制裁の定めをする場合においては、その種類及び程度に関する事項

十　前各号に掲げるもののほか、当該事業場の労働者のすべてに適用される定めをする場合においては、これに関する事項

（作成の手続）

**第90条**　使用者は、就業規則の作成又は変更について、当該事業場に、労働者の過半数で組織する労働組合がある場合においてはその労働組合、労働者の過半数で組織する労働組合がない場合においては労働者の過半数を代表する者の意見を聴かなければならない。

2　使用者は、前条の規定により届出をなすについて、前項の意見を記した書面を添付しなければならない。

（制裁規定の制限）

**第91条**　就業規則で、労働者に対して減給の制裁を定める場合においては、その減給は、一回の額が平均賃金の一日分の半額を超え、総額が一賃金支払期における賃金の総額の十分の一を超えてはならない。

## 13. 労働施策総合推進法（ハラスメント関連につき抜粋）

（国の施策）

**第4条** 国は、第一条第一項の目的を達成するため、前条に規定する基本的理念に従って、次に掲げる事項について、総合的に取り組まなければならない。

一～十三（略）

十四 職場における労働者の就業環境を害する言動に起因する問題の解決を促進するために必要な施策を充実すること。

（雇用管理上の措置等）

**第30条の2** 事業主は、職場において行われる優越的な関係を背景とした言動であって、業務上必要かつ相当な範囲を超えたものによりその雇用する労働者の就業環境が害されることのないよう、当該労働者からの相談に応じ、適切に対応するために必要な体制の整備その他の雇用管理上必要な措置を講じなければならない。

2 事業主は、労働者が前項の相談を行ったこと又は事業主による当該相談への対応に協力した際に事実を述べたことを理由として、当該労働者に対して解雇その他不利益な取扱いをしてはならない。

3 厚生労働大臣は、前二項の規定に基づき事業主が講ずべき措置等に関して、その適切かつ有効な実施を図るために必要な指針（以下この条において「指針」という。）を定めるものとする。

4 厚生労働大臣は、指針を定めるに当たっては、あらかじめ、労働政策審議会の意見を聴くものとする。

5 厚生労働大臣は、指針を定めたときは、遅滞なく、これを公表するものとする。

6 前二項の規定は、指針の変更について準用する。

（国、事業主及び労働者の責務）

**第30条の3** 国は、労働者の就業環境を害する前条第一項に規定する言動を行ってはならないことその他当該言動に起因する問題（以下この条において「優越的言動問題」という。）に対する事業主その他国民一般の関心と理解を深めるため、広報活動、啓発活動その他の措置を講ずるように努めなければならない。

2 事業主は、優越的言動問題に対するその雇用する労働者の関心と理解を深めるとともに、当該労働者が他の労働者に対する言動に必要な注意を払うよう、研修の実施その他の必要な配慮をするほか、国の講ずる前項の措置に協力するように努めなければならない。

3　事業主（その者が法人である場合にあっては、その役員）は、自らも、優越的言動問題に対する関心と理解を深め、労働者に対する言動に必要な注意を払うように努めなければならない。

4　労働者は、優越的言動問題に対する関心と理解を深め、他の労働者に対する言動に必要な注意を払うとともに、事業主の講ずる前条第一項の措置に協力するように努めなければならない。

（紛争の解決の促進に関する特例）

**第30条の４**　第三十条の二第一項及び第二項に定める事項についての労働者と事業主との間の紛争については、個別労働関係紛争の解決の促進に関する法律（平成十三年法律第百十二号）第四条、第五条及び第十二条から第十九条までの規定は適用せず、次条から第三十条の八までに定めるところによる。

（紛争の解決の援助）

**第30条の５**　都道府県労働局長は、前条に規定する紛争に関し、当該紛争の当事者の双方又は一方からその解決につき援助を求められた場合には、当該紛争の当事者に対し、必要な助言、指導又は勧告をすることができる。

2　第三十条の二第二項の規定は、労働者が前項の援助を求めた場合について準用する。

（調停の委任）

**第30条の６**　都道府県労働局長は、第三十条の四に規定する紛争について、当該紛争の当事者の双方又は一方から調停の申請があつた場合において当該紛争の解決のために必要があると認めるときは、個別労働関係紛争の解決の促進に関する法律第六条第一項の紛争調整委員会に調停を行わせるものとする。

2　第三十条の二第二項の規定は、労働者が前項の申請をした場合について準用する。

（調停）

**第30条の７**　雇用の分野における男女の均等な機会及び待遇の確保等に関する法律（昭和四十七年法律第百十三号）第十九条から第二十六条までの規定は、前条第一項の調停の手続について準用する。この場合において、同法第十九条第一項中「前条第一項」とあるのは「労働施策の総合的な推進並びに労働者の雇用の安定及び職業生活の充実等に関する法律（昭和四十一年法律第百三十二号）第三十条の六第一項」

と、同法第二十条中「事業場」とあるのは「事業所」と、同法第二十五条第一項中「第十八条第一項」とあるのは「労働施策の総合的な推進並びに労働者の雇用の安定及び職業生活の充実等に関する法律第三十条の四」と読み替えるものとする。

（厚生労働省令への委任）

**第30条の８**　前二条に定めるもののほか、調停の手続に関し必要な事項は、厚生労働省令で定める。

（助言、指導及び勧告並びに公表）

**第33条**　厚生労働大臣は、この法律の施行に関し必要があると認めるときは、事業主に対して、助言、指導又は勧告をすることができる。

２　厚生労働大臣は、第三十条の二第一項及び第二項（第三十条の五第二項及び第三十条の六第二項において準用する場合を含む。第三十五条及び第三十六条第一項において同じ。）の規定に違反している事業主に対し、前項の規定による勧告をした場合において、その勧告を受けた者がこれに従わなかつたときは、その旨を公表することができる。

（資料の提出の要求等）

**第35条**　厚生労働大臣は、この法律（第二十七条第一項、第二十八条第一項並びに第三十条の二第一項及び第二項を除く。）を施行するために必要があると認めるときは、事業主に対して、必要な資料の提出及び説明を求めることができる。

（報告の請求）

**第36条**　厚生労働大臣は、事業主から第三十条の二第一項及び第二項の規定の施行に関し必要な事項について報告を求めることができる。

**第40条**　次の各号のいずれかに該当する者は、三十万円以下の罰金に処する。

一～三（略）

四　第三十六条第二項の規定による報告をせず、又は虚偽の報告をした者

**第41条**　第三十六条第一項の規定による報告をせず、又は虚偽の報告をした者は、二十万円以下の過料に処する。

# 14. 業務による心理的負荷評価表（ハラスメント関連につき抜粋）

| 具体的出来事 | 心理的負荷の総合評価の視点 | 心理的負荷の強度を「弱」「中」「強」と判断する具体例 | | |
|---|---|---|---|---|
| | | 弱 | 中 | 強 |
| 上司等から、身体的攻撃、精神的攻撃等のパワーハラスメントを受けた | ①指導・叱責等の言動に至る経緯や状況<br>②身体的攻撃、精神的攻撃等の内容、程度等<br>③反復・継続など執拗性の状況<br>④就業環境を害する程度<br>⑤会社の対応の有無及び内容、改善の状況<br>(注) 当該出来事の評価対象とならない対人関係のトラブルは、出来事の類型「対人関係」の各出来事で評価する。<br>(注)「上司等」には、職務上の地位が上位の者のほか、同僚又は部下であっても、業務上必要な知識や豊富な経験を有しており、その者の協力が得られなければ業務の円滑な遂行を行うことが困難な場合、同僚又は部下からの集団による行為でこれに抵抗又は拒絶することが困難である場合も含む。 | 【解説】<br>上司等による身体的攻撃、精神的攻撃等が「強」に至らない場合、心理的負荷の総合評価の視点を踏まえて「弱」又は「中」と評価 | | **上司等から、身体的攻撃、精神的攻撃等のパワーハラスメントを受けた**<br>【「強」である例】<br>●上司等から、治療を要する程度の暴行等の身体的攻撃を受けた場合<br>●上司等から、暴行等の身体的攻撃を執拗に受けた場合<br>●上司等による次のような精神的攻撃が執拗に行われた場合<br>◆人格や人間性を否定するような、業務上明らかに必要性がない又は業務の目的を大きく逸脱した精神的攻撃<br>◆必要以上に長時間にわたる厳しい叱責、他の労働者の面前における大声での威圧的な叱責など、態様や手段が社会通念に照らして許容される範囲を超える精神的攻撃<br>●心理的負荷としては「中」程度の身体的攻撃、精神的攻撃等を受けた場合であって、会社に相談しても適切な対応がなく、改善されなかった場合 |
| | | 【「弱」になる例】<br>●上司等による「中」に至らない程度の身体的攻撃、精神的攻撃等が行われた場合 | 【「中」になる例】<br>●上司等による次のような身体的攻撃・精神的攻撃が行われ、行為が反復・継続していない場合<br>◆治療を要さない程度の暴行による身体的攻撃<br>◆人格や人間性を否定するような、業務上明らかに必要性がない又は業務の目的を逸脱した精神的攻撃<br>◆必要以上に長時間にわたる叱責、他の労働者の面前における威圧的な叱責など、態様や手段が社会通念に照らして許容される範囲を超える精神的攻撃 | |
| 同僚等から、暴行又は(ひどい)いじめ・嫌がらせを受けた | ①暴行又はいじめ・嫌がらせの内容、程度等<br>②反復・継続など執拗性の状況<br>③会社の対応の有無及び内容、改善の状況 | 【解説】<br>同僚等による暴行又はいじめ・嫌がらせが「強」の程度に至らない場合、心理的負荷の総合評価の視点を踏まえて「弱」又は「中」と評価 | | **同僚等から、暴行又はひどいいじめ・嫌がらせを受けた**<br>【「強」である例】<br>●同僚等から、治療を要する程度の暴行等を受けた場合<br>●同僚等から、暴行等を執拗に受けた場合<br>●同僚等から、人格や人間性を否定するような言動を執拗に受けた場合<br>●心理的負荷としては「中」程度の暴行又はいじめ・嫌がらせを受けた場合であって、会社に相談しても適切な対応がなく、改善されなかった場合 |
| | | 【「弱」になる例】<br>●同僚等から、「中」に至らない程度の言動を受けた場合 | 【「中」になる例】<br>●同僚等から、治療を要さない程度の暴行を受け、行為が反復・継続していない場合<br>●同僚等から、人格や人間性を否定するような言動を受け、行為が反復・継続していない場合 | |
| 達成困難なノルマが課された | ①達成できなかったことによる経営上の影響度、ペナルティの程度等<br>②事後対応の困難性等<br>(注) 期限に至っていない場合でも、達成できない状況が明らかになった場合にはこの項目で評価する。 | 【「弱」になる例】<br>●ノルマが達成できなかったが、何ら事後対応は必要なく、会社から責任を問われること等もなかった<br>●業績目標が達成できなかったものの、当該目標の達成は、強く求められていたものではなかった | 【「中」である例】<br>● ノルマが達成できなかったことによりペナルティ（昇進の遅れ等を含む）があった | 【「強」になる例】<br>● 経営に影響するようなノルマ（達成できなかったことにより倒産を招きかねないもの、大幅な業績悪化につながるもの、会社の信用を著しく傷つけるもの等）が達成できず、そのため、事後対応に多大な労力を費した（懲戒処分、降格、左遷、賠償責任の追及等重いペナルティを課された等を含む） |
| 顧客や取引先からクレームを受けた | ①顧客・取引先の重要性、会社に与えた損害の内容、程度等<br>②事後対応の困難性等<br>(注) この項目は、本人に過失のないクレームについて評価する。 | 【「弱」になる例】<br>●顧客等からクレームを受けたが、特に対応を求められるものではなく、取引関係や、業務内容・業務量に大きな変化もなかった | 【「中」である例】<br>●業務に関連して、顧客等からクレーム（納品物の不適合の指摘等その内容が妥当なもの）を受けた | 【「強」になる例】<br>● 顧客や取引先から重大なクレーム（大口の顧客等の喪失を招きかねないもの、会社の信用を著しく傷つけるもの等）を受け、その解消のために他部門や別の取引先と困難な調整に当たった |

| 具体的出来事 | 心理的負荷の総合評価の視点 | 心理的負荷の強度を「弱」「中」「強」と判断する具体例 | | |
|---|---|---|---|---|
| | | 弱 | 中 | 強 |
| 上司とのトラブルがあった | ①トラブルの内容、程度等<br>②その後の業務への支障等 | 【「弱」になる例】<br>●上司から、業務指導の範囲内である指導・叱責を受けた<br>●業務をめぐる方針等において、上司との考え方の相違が生じた（客観的にはトラブルとはいえないものも含む） | **上司とのトラブルがあった**【「中」である例】<br>●上司から、業務指導の範囲内である強い指導・叱責を受けた<br>●業務をめぐる方針等において、周囲からも客観的に認識されるような対立が上司との間に生じた | 【「強」になる例】<br>●業務をめぐる方針等において、周囲からも客観的に認識されるような大きな対立が上司との間に生じ、その後の業務に大きな支障を来した |
| 同僚とのトラブルがあった | ①トラブルの内容、程度、同僚との職務上の関係等<br>②その後の業務への支障等 | 【「弱」になる例】<br>●業務をめぐる方針等において、同僚との考え方の相違が生じた<br>（客観的にはトラブルとはいえないものも含む） | **同僚とのトラブルがあった**【「中」である例】<br>●業務をめぐる方針等において、周囲からも客観的に認識されるような対立が同僚との間に生じた | 【「強」になる例】<br>●業務をめぐる方針等において、周囲からも客観的に認識されるような大きな対立が多数の同僚との間に生じ、その後の業務に大きな支障を来した |
| 部下とのトラブルがあった | ①トラブルの内容、程度等<br>②その後の業務への支障等 | 【「弱」になる例】<br>●業務をめぐる方針等において、部下との考え方の相違が生じた<br>（客観的にはトラブルとはいえないものも含む） | **部下とのトラブルがあった**【「中」である例】<br>●業務をめぐる方針等において、周囲からも客観的に認識されるような対立が部下との間に生じた | 【「強」になる例】<br>●業務をめぐる方針等において、周囲からも客観的に認識されるような大きな対立が多数の部下との間に生じ、その後の業務に大きな支障を来した |
| セクシュアルハラスメントを受けた | ①セクシュアルハラスメントの内容、程度等<br>②その継続する状況<br>③会社の対応の有無及び内容、改善の状況、職場の人間関係等 | 【「弱」になる例】<br>●「〇〇ちゃん」等のセクシュアルハラスメントに当たる発言をされた場合<br>●職場内に水着姿の女性のポスター等を掲示された場合 | **セクシュアルハラスメントを受けた**<br>【「中」である例】<br>●胸や腰等への身体接触を含むセクシュアルハラスメントであっても、行為が継続しておらず、会社が適切かつ迅速に対応し発病前に解決した場合<br>●身体接触のない性的な発言のみのセクシュアルハラスメントであって、発言が継続していない場合<br>●身体接触のない性的な発言のみのセクシュアルハラスメントであって、複数回行われたものの、会社が適切かつ迅速に対応し発病前にそれが終了した場合 | 【「強」になる例】<br>●胸や腰等への身体接触を含むセクシュアルハラスメントであって、継続して行われた場合<br>●胸や腰等への身体接触を含むセクシュアルハラスメントであって、行為は継続していないが、会社に相談しても適切な対応がなく、改善されなかった又は会社への相談等の後に職場の人間関係が悪化した場合<br>●身体接触のない性的な発言のみのセクシュアルハラスメントであって、発言の中に人格を否定するようなものを含み、かつ継続してなされた場合<br>●身体接触のない性的な発言のみのセクシュアルハラスメントであって、性的な発言が継続してなされ、かつ会社がセクシュアルハラスメントがあると把握していても適切な対応がなく、改善がなされなかった場合 |

厚生労働省「心理的負荷による精神障害の認定基準の改正について」より作成

## 15. 職場のハラスメントに関する実態調査報告書令和２年度版（抜粋）（厚生労働省）

### 【企業調査】

#### （1）過去３年間のハラスメント相談件数の傾向

**貴社におけるハラスメントまたは不利益取扱いに関する相談として過去３年間で取り扱った件数の推移についてお教えください。最終的にハラスメントまたは不利益取扱いに該当しないと判断したものも含めてお考えください。（単数回答）**

＜ハラスメントの種類別＞

過去３年間に各ハラスメントの相談があったと回答した企業の割合をみると、高い順にパワハラ（48.2%）、セクハラ（29.8%）、顧客等からの著しい迷惑行為（19.5%）、妊娠・出産・育児休業等ハラスメント（5.2%）、介護休業等ハラスメント（1.4%）、就活等セクハラ（0.5%）であった。パワハラ、セクハラ、妊娠・出産・育児休業等ハラスメント、介護休業等ハラスメント、顧客等からの著しい迷惑行為、就活等セクハラについて、過去3年間の相談件数の推移を聞いたところ、セクハラ以外では「件数は変わらない」の割合が最も高く、セクハラのみ「減少している」が最も高かった（「件数の増減は分からない」「把握していない」を除く）。顧客等からの著しい迷惑行為のみ「件数が増加している」の割合の方が「件数は減少している」より高かったが、それ以外は「件数が減少している」の割合の方が「増加している」より高かった。

＜従業員規模別＞

パワハラ、セクハラ、妊娠・出産・育児休業等ハラスメント、介護休業等ハラスメントに関する相談件数の推移をそれぞれ従業員規模別で比較すると、いずれのハラスメントとも従業員規模が大きいほど、過去3年間に相談を取扱った企業の割合が高く、「相談はない」、「相談の有無を把握していない」と回答する割合が低かった。

パワハラに関する相談について、999人以下の企業では、「件数が増加している」より「件数は減少している」の方が多いのに対し、1,000人以上の企業では、「件数が増加している」の方が15.9ポイント多かった。

セクハラ、妊娠・出産・育児休業等ハラスメント、介護休業等ハラスメントに関する相談については、いずれの従業員規模においても、「件数が増加している」の割合より「件数は減少している」の割合の方が高かった。

## （2）過去３年間のハラスメント該当件数の傾向

**過去3年間に受けたハラスメントに関する相談のうち、貴社において最終的にハラスメントに該当すると判断した事例の件数の傾向についてお教えください。**

<ハラスメントの種類別>

過去3年間に各ハラスメントの相談があった企業のうち、顧客等からの著しい迷惑行為（92.7%）、セクハラ（78.7%）、パワハラ（70.0%）に該当する事案があったと回答した企業の割合が、介護休業等ハラスメント（21.9%）、妊娠・出産・育児休業等ハラスメント（47.9%）に該当する事案があったと回答した企業の割合より高い結果となった。

該当件数の推移については、顧客等からの著しい迷惑行為については「件数が増加している」の方が「件数は減少している」よりも多いが、それ以外のハラスメントについては「件数は減少している」の方が「件数が増加している」より多かった。

## （3）ハラスメントの該当事案の内容

**ハラスメントまたは不利益取扱いに該当すると判断した事案で、どのようなものがありましたか。具体的な内容として当てはまるものを全てお教えください。（複数回答）**

パワハラに該当すると判断した事例があった企業における事案の内容としては、「精神的な攻撃」（74.5%）が最も高く、「人間関係からの切り離し」（20.6%）が続いた。

過去３年間にパワハラに該当すると判断した事案の具体的な内容

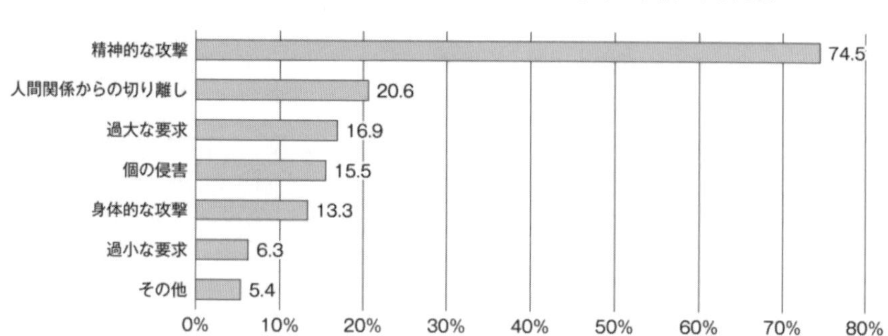


（対象：過去３年間にパワハラに該当する事案があった企業（n=2158））

セクハラの該当事案の内容としては、「性的な冗談やからかい」（56.5%）が最も高く、「不必要な身体への接触」（49.1%）、「食事やデートへの執拗な誘い」（38.1%）が続いた。

**過去３年間にセクハラに該当すると判断した事案の具体的な内容**

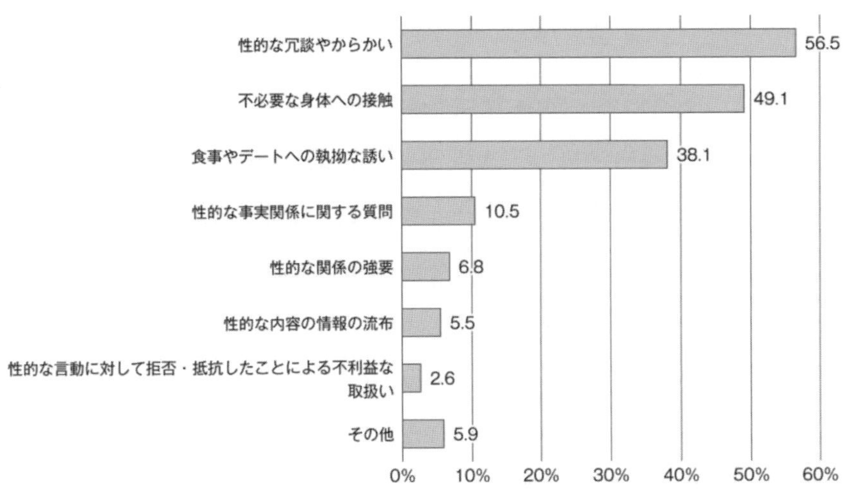


（対象：過去３年間にセクハラに該当する事案があった企業（n=1504））

顧客等からの著しい迷惑行為の該当事案の内容としては、「長時間の拘束や同じ内容を繰り返す等の過度なクレーム」（59.5%）が最も高く、次いで「名誉棄損・侮辱・ひどい暴言」（55.7%）が高い。

**過去３年間に顧客等からの著しい迷惑行為に該当すると判断した事案の具体的な内容**

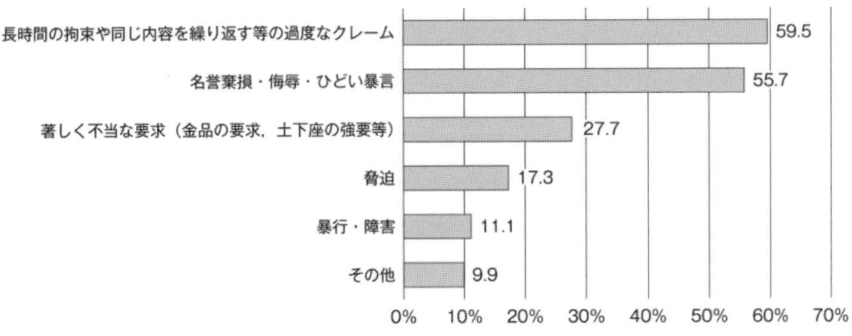


（対象：過去３年間に顧客等からの著しい迷惑行為に該当する事案があった企業（n=1157））

妊娠・出産・育児休業等ハラスメントの該当事案の内容としては、「上司が制度等の利用の請求や制度等の利用を阻害する言動を行う」（42.9%）が最も高く、「繰り返し又は継続的に嫌がらせ等を行う」（25.3%）が続いた。

**過去３年間に妊娠・出産・育児休業等ハラスメントに該当すると判断した事案の具体的な内容**

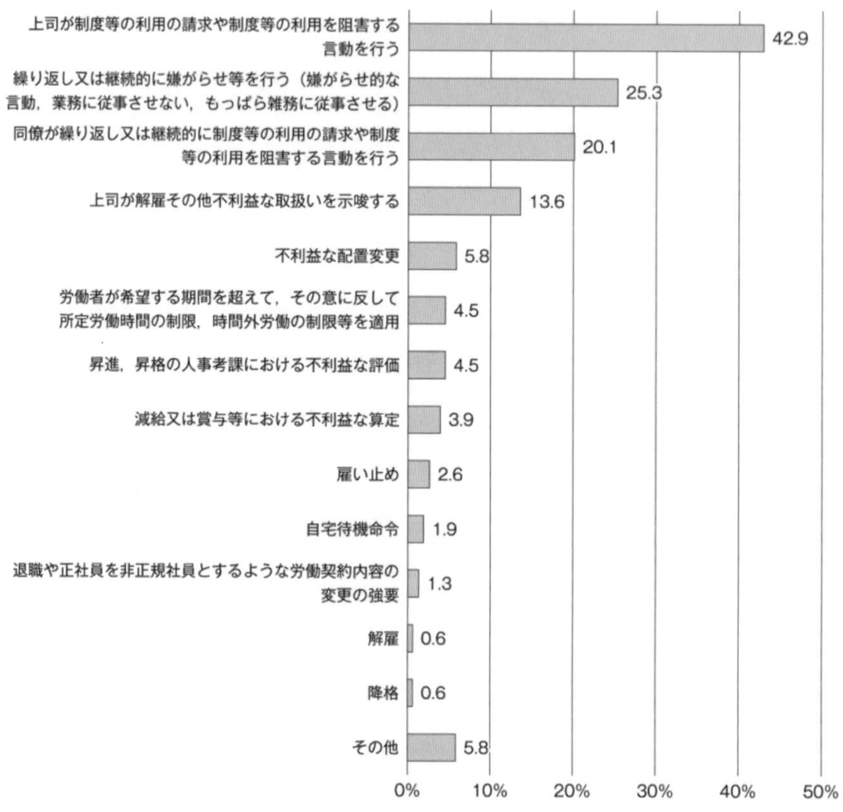


（対象：過去３年間に妊娠・出産・育児休業等ハラスメントに該当する事案があった企業（n＝154））

介護休業等ハラスメントでは、「上司が制度等の利用の請求や制度等の利用を阻害する言動を行う」（45.0%）が最も高い。

### 過去３年間に介護休業等ハラスメントに該当すると判断した事案の具体的な内容

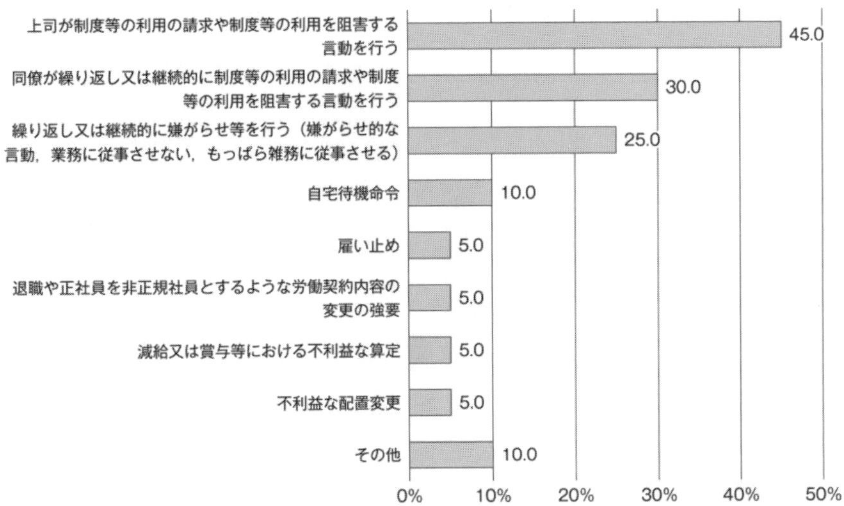


（対象：過去３年間に介護休業等ハラスメントに該当する事案があった企業（n=20））

就活等セクハラの該当事案の内容としては、「食事やデートへの執拗な誘い」(52.2%)の回答割合が最も高い。

### 過去３年間に就活等セクハラに該当すると判断した事案の具体的な内容

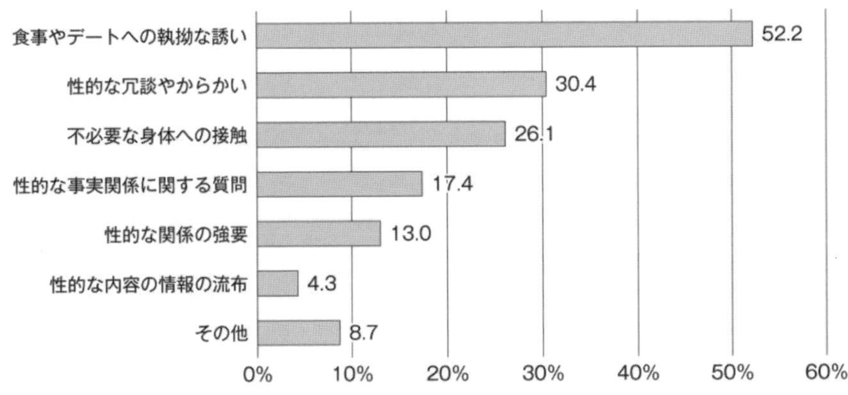


（対象：過去３年間に就活等セクハラに該当する事案があった企業（n=23））

### （4）妊娠・出産・育児休業・介護休業等ハラスメントを受ける要因となった理由・制度

**妊娠・出産・育児休業等に関するハラスメント又は不利益取扱いを受ける要因となった理由又は制度として当てはまるものをお教えください。**

妊娠・出産・育児休業等ハラスメントを受ける要因となった理由・制度としては、「妊娠・出産したこと」（41.8％）が最も高く、次いで「妊娠又は出産に起因する症状により労務の提供ができないこと若しくはできなかったこと又は労働能率が低下したこと」（28.1％）が高い。

**過去３年間に妊娠・出産・育児休業等ハラスメントを受ける要因となった理由又は制度**

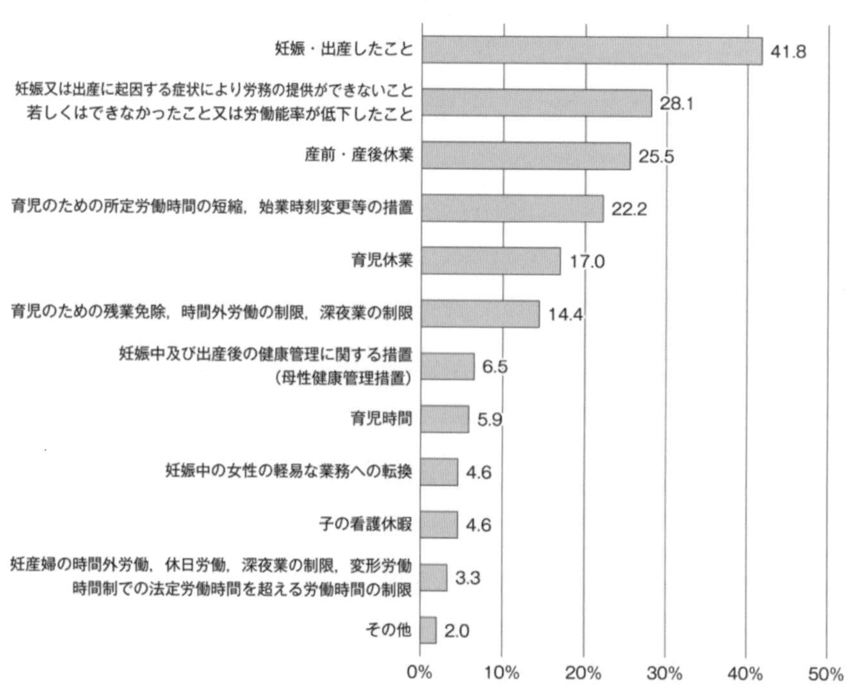


（対象：過去３年間に妊娠・出産・育児休業等ハラスメントに該当する事案があった企業（n=153））

介護休業等ハラスメントを受ける要因となった理由・制度として最も多かったのは「介護休暇」（50.0％）で、次に「介護休業」（45.5％）であった。

### （5）行為者と被害者の関係

**ハラスメントまたは不利益取扱いの行為者と被害者の関係として当てはまるものを全てお教えください。**

ハラスメント該当事案における行為者と被害者の関係をみると、パワハラ、セクハラ、妊娠・出産・育児休業等ハラスメント、介護休業等ハラスメントのいずれにおいても、「上司（役員以外）から部下へ」の割合が最も高かった。

ハラスメント間で比較すると、「上司（役員以外）から部下へ」の割合は、パワハラ、妊娠・出産・育児休業等ハラスメントがセクハラ、介護休業等ハラスメントに比べて高い。

一方、「同僚同士」の割合は、セクハラ、介護休業等ハラスメントがパワハラ、妊娠・出産・育児休業等ハラスメントに比べて高い。

**ハラスメント該当事案における行為者と被害者の関係**
（パワハラ、セクハラ、妊娠・出産・育児休業等ハラスメント、介護休業等ハラスメント）

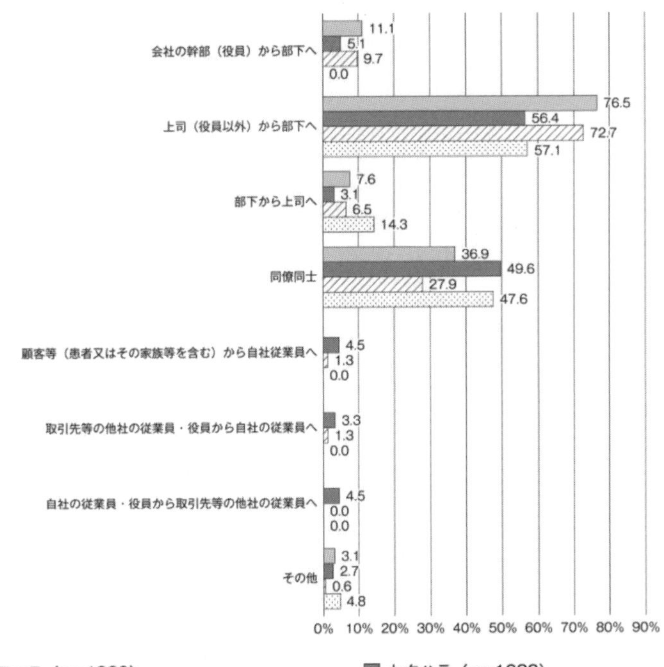


（対象：各種ハラスメントまたは不利益取扱いに該当すると判断した事案があった企業）

※顧客等からの著しい迷惑行為に関する設問を別途設けたため、パワハラについては顧客・取引先に関する選択肢を除外

## （6）ハラスメントに関する雇用管理上の措置の実施状況

ハラスメントの予防・解決のための取組について、実施しているものをお答えください。

企業がハラスメントの予防・解決のための実施している取組を従業員規模別にみると、いずれのハラスメントのいずれの取組についても、従業員規模が大きいほど、取組割合が高かった。

過去３年間にハラスメントに関する相談があった企業が、その解決のため実施した取組をみると、セクハラに関する相談に対する「事実関係の迅速かつ正確な確認」（83.4%）が最も高く、妊娠・出産・育児休業・介護休業等ハラスメントの相談に対する「再発防止に向けた措置」（53.6%）が最も低かった。

企業がハラスメントの解決のための実施している取組
（パワハラ、セクハラ、妊娠・出産・育児休業・介護休業等ハラスメント）

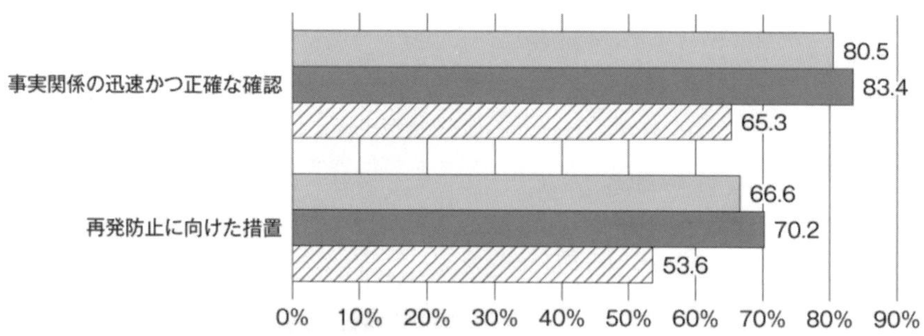


（対象：パワハラ / セクハラ / 妊娠・出産・育児休業・介護休業等ハラスメントに関する相談があった企業）

ハラスメントの種類を問わず、予防・解決のために実施している取組として、「ハラスメントの内容、ハラスメントを行ってはならない旨の方針の明確化と周知・啓発」の割合が最も高く、次いで「相談窓口の設置と周知」であった。いずれもの取組とも、回答企業の約８割が実施している。

企業がハラスメントの予防・解決のための実施している取組
（パワハラ、セクハラ、妊娠・出産・育児休業・介護休業等ハラスメント）

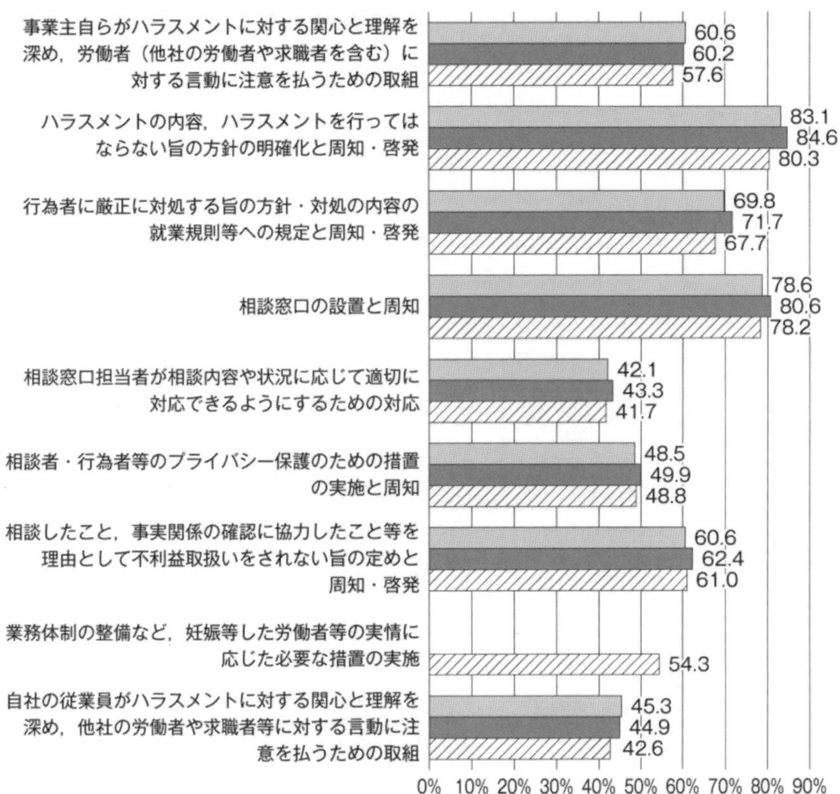


（対象：全企業）

※「業務体制の整備など」の選択肢は妊娠・出産・育児休業・介護休業等ハラスメントのみ

### （7）相談窓口の設置状況

**貴社におけるハラスメント相談窓口の設置状況をお教えください。**

ハラスメントの予防・解決のための取組として「相談窓口の設置と周知」を行っている企業のうち、相談窓口を「社内のみに設置している」は63.8%、「社内と社外の両方に設置している」は33.3%、「社外のみに設置している」は2.9%であった。

相談窓口の設置状況を従業員規模別でみると、従業員規模が大きいほど、「社内のみに設置している」の割合が少なくなり、「社内と社外の両方に設置している」の割合が大きかった。

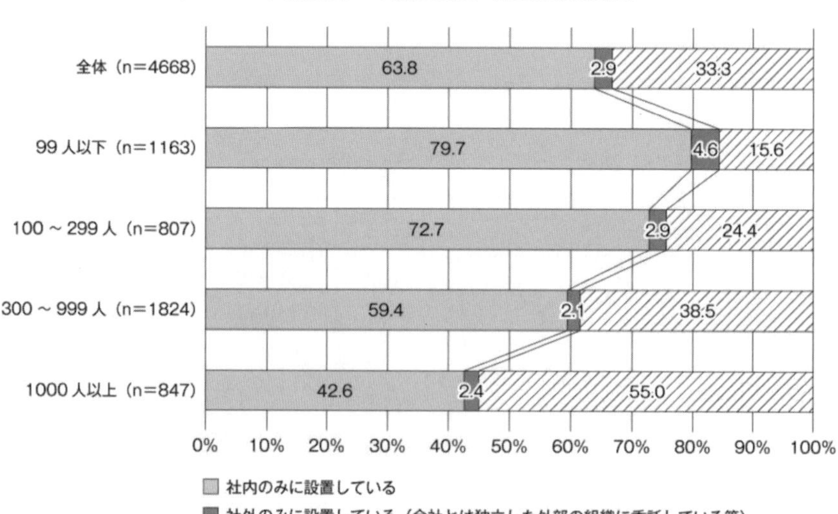


（対象：ハラスメントの予防・解決のため"相談窓口の設置と周知"をしていると回答した企業（n=4688））

他社から事実確認や協力を求められた場合の対応については、「そのような対応を求められたことがない」が約９割で、「応じている」が11.7%、「応じていない」が0.3%であった。

### (8) その他ハラスメントの予防・解決のための取組状況

**顧客等からの著しい迷惑行為に関する取組として実施しているものがあればお答えください。**

顧客等からの著しい迷惑行為に関する取組として実施しているものとしては、「特にない」(57.3%) との回答が最も多く、次いで「相談体制の実施」(27.5%)、「顧客等からの著しい迷惑行為が認められた場合の被害者への配慮のための取組」(22.1%) であった。

また、従業員規模別でみると、従業員規模が大きいほど、「特にない」の割合が低く、「顧客等への周知・啓発」を除いた取組の実施割合が高かった。

顧客等からの著しい迷惑行為に関する取組状況(従業員規模別)

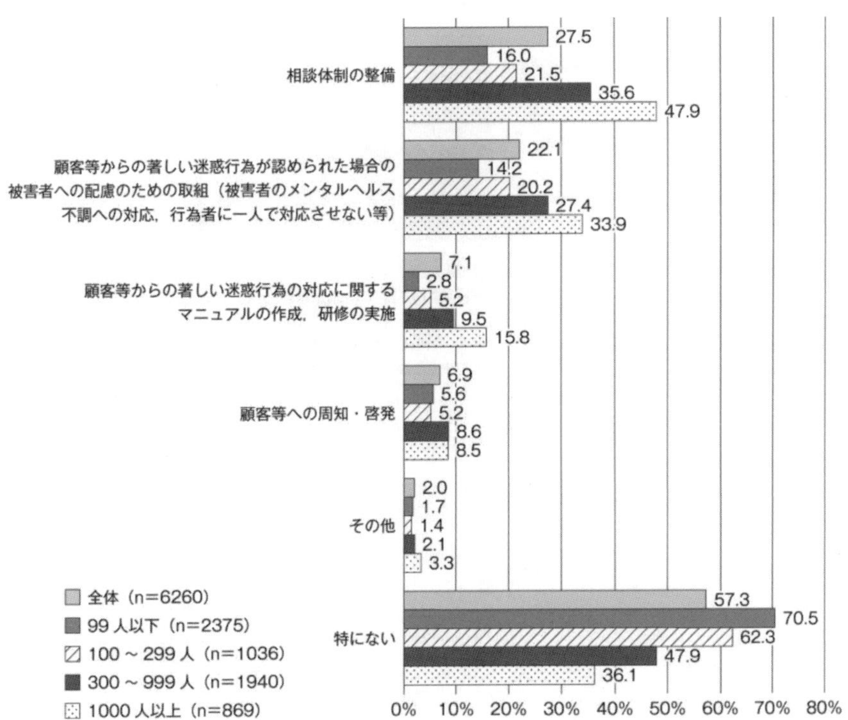


(対象:全企業(n=6260))

## （9）ハラスメントの取組を進めたことによる副次的効果

| ハラスメント予防・解決のための取組を進めた結果、ハラスメントの予防・解決以外の効果として、どのようなことがありましたか。当てはまるものを全てお教えください。 |
|---|

ハラスメント予防・解決のための取組を進めたことによる、予防・解決以外の効果としては、「職場のコミュニケーションが活性化する／風通しが良くなる」(35.9%) の回答割合が最も高く、「管理職の意識の変化によって職場環境が変わる」(32.4%)、「会社への信頼感が高まる」(31.9%) が続いた。「特にない」の回答は30.3%あった。

ハラスメントの取組を進めたことによる副次的効果（従業員規模別）

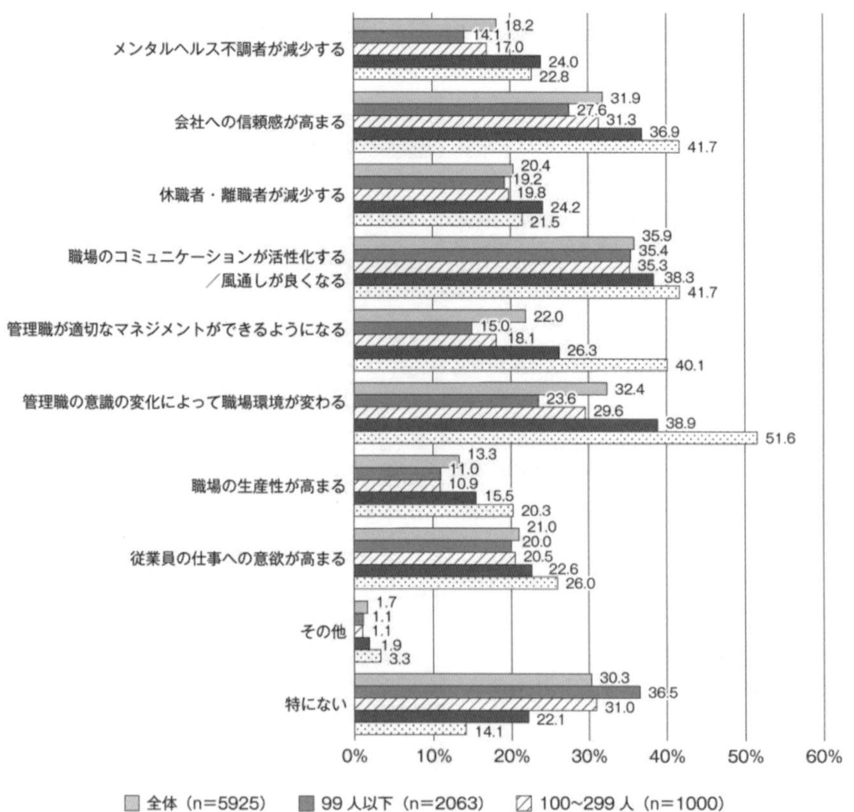


（対象：何らかの取組を回答した企業（n=6282））

### (10) ハラスメントの取組を進める上での課題

| ハラスメントの予防・解決のための取組を進める上での課題としてどのようなことが考えられますか。あてはまるものを全てお教えください。 |
|---|

ハラスメントの取組を進める上での課題としては、「ハラスメントかどうかの判断が難しい」(65.5%) が最も高く、次いで「発生状況を把握することが困難」(31.8%) が高い。

また、取組を進める上での課題を従業員規模別にみると、1,000 人以上の企業では、「ハラスメントかどうかの判断が難しい」、「管理職の意識が低い／理解不足」、「一般社員等の意識が低い／理解不足」の割合が他の従業員規模の企業より高い一方、99 人以下の企業では、それらの割合が他の従業員規模の企業より低い。1,000 人以上の企業では、「適正な処罰・対処の目安がわからない」、「ハラスメントの予防・解決のための取組を行うノウハウがない」を回答した割合が、他の従業員規模の企業より低い。

予防・解決のための取組を進める上での課題（従業員規模別）

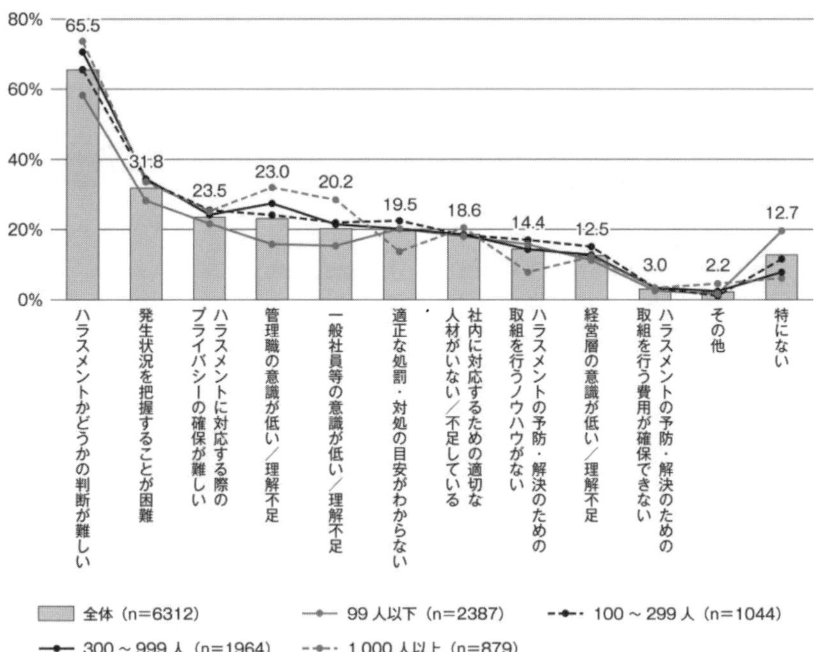


（対象：全企業）

## 【労働者等調査】

### （1）過去３年間にハラスメントを受けた経験

| あなたは過去３年間に、勤務先（現在の勤務先だけでなく、過去３年間に勤務していた他の勤務先も含む）でパワハラ、セクハラ、顧客や取引先からの著しい迷惑行為を受けたことがありますか。 |
|---|

過去３年間に勤務先で受けたハラスメントとして、パワハラ、セクハラ、顧客等からの著しい迷惑行為の中ではパワハラ（31.4%）が最も高く、次いで顧客等からの著しい迷惑行為（15.0%）が高かった。

過去３年間のパワハラ経験者の割合については、H28調査における同割合（32.5%）と比較して減少したが、大きな違いは見られない。

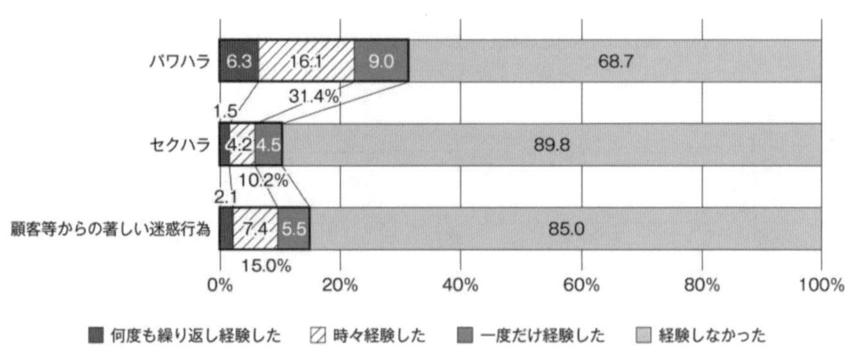


（対象：全回答者（n=8,000））

男女別・雇用形態別にみると、過去３年間にパワハラを一度以上経験した割合を男女別にみると、男性（33.3%）の方が女性（29.1%）よりも高い。

また、男女・雇用形態別でみると、「女性管理職」（38.1%）が最も高く、次に「男性派遣社員」（38.0%）が高かった。一方、「女性非正規雇用」（25.2%）、「男性非正規雇用」（26.6%）は、パワハラを受けたと回答した割合は他の群と比べて低い結果となった。

### （2）受けたハラスメントの内容

**あなたが受けたパワハラは以下のどれに当てはまるかお教えください。**

受けたパワハラの内容については、「精神的な攻撃」（49.4%）が最も多く、次いで「過大な要求」（33.3%）が多かった。H28 調査結果と比較すると、「人間関係からの切り離し」を除けば概ね同様の傾向（回答割合の順序）であるが、「精神的な攻撃」、「人間関係からの切り離し」等の割合は前回より減少した一方、「過大な要求」等の割合は前回より増加した。

受けたパワハラの内容（H28調査結果との比較）

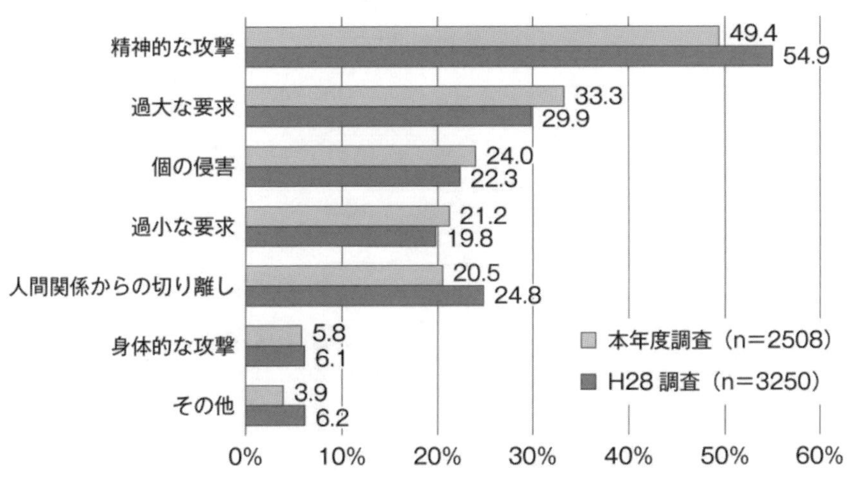


（対象：過去３年間にパワハラを受けた者）

また、受けたパワハラの内容を男女別で比較すると、「過大な要求」については男性の方が女性より割合が高く、「人間関係からの切り離し」や「個の侵害」については女性の方が男性より割合が高かった。

**あなたが受けたセクハラは以下のどれに当てはまるかお教えください。**

受けたセクハラの内容については、「性的な冗談やからかい」(49.8%) が最も多く、次いで「不必要な身体への接触」(22.7%) が多かった。

男女別でみると、「性的な冗談やからかい」、「不必要な身体への接触」、「食事やデートへの執拗な誘い」などは女性の方が男性より割合が高く、「性的な言動に対して拒否・抵抗したことによる不利益な取扱い」、「性的な内容の情報の流布」などは男性の方が女性より割合が高かった。

受けたセクハラの内容（男女別）

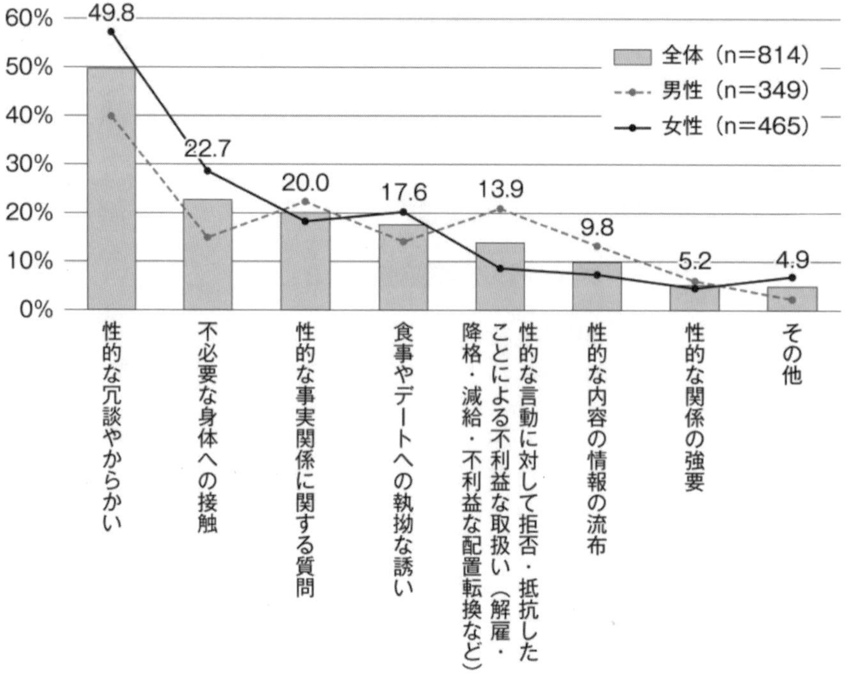

（対象：過去３年間にセクハラを受けた者）

**あなたが受けた顧客等からの著しい迷惑行為は以下のどれに当てはまるかお教えください。**

受けた顧客等からの著しい迷惑行為としては、「長時間の拘束や同じ内容を繰り返すクレーム（過度なもの）」（52.0%）が最も多く、「名誉棄損・侮辱・ひどい暴言」（46.9%）がそれに続いた。

男女別で比較すると、「著しく不当な要求（金品の要求、土下座の強要等）」等については男性の方が女性より割合が高かった。

受けた顧客等からの著しい迷惑行為の内容（男女別）

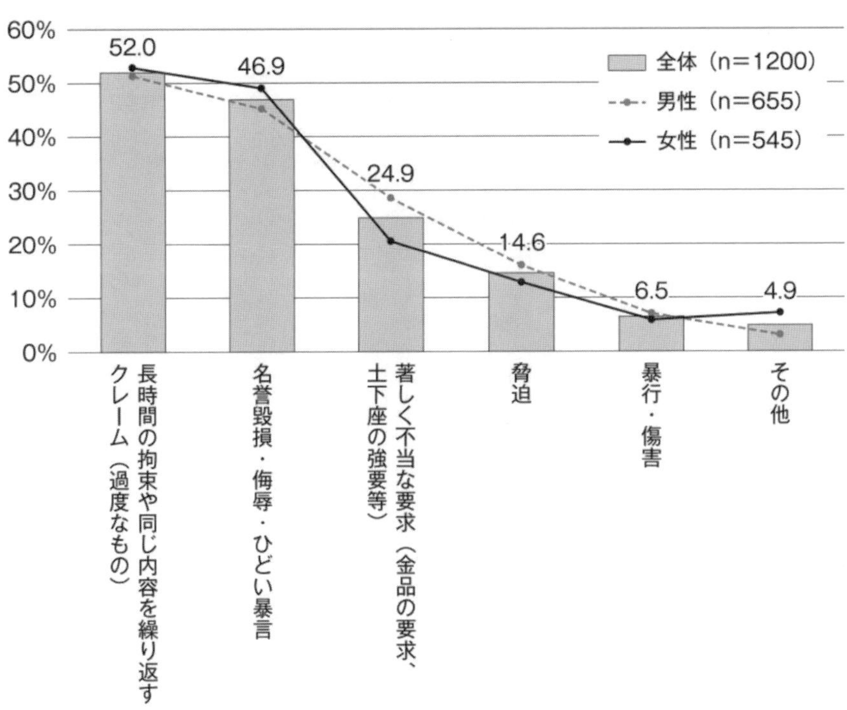


（対象：過去３年間に顧客等からの著しい迷惑行為を受けた者）

### （3）ハラスメントを受けたことによる心身への影響

**パワハラ行為を受けて、あなたの心身にどのような影響がありましたか。**

パワハラを受けての心身への影響としては、「怒りや不満、不安などを感じた」（70.6%）の割合が最も高く、次いで「仕事に対する意欲が減退した」（62.0%）が高かった。

H28調査結果と比較したところ、全体としての傾向（回答割合の多い順）は同様であったが、「職場でのコミュニケーションが減った」の割合は、H28調査より本年度調査の方が1.8ポイント高かった。

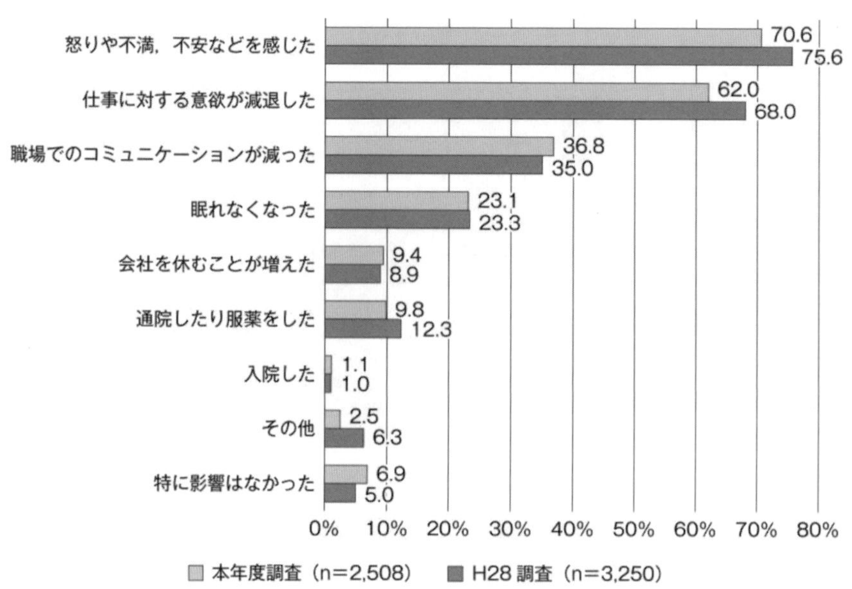


（対象：過去３年間にパワハラを受けた者）

### （4）ハラスメント行為を受けた後の行動

**パワハラ行為またはセクハラ行為あるいは顧客等からの著しい迷惑行為を受けて、あなたはどのような行動をしましたか。**

パワハラ、セクハラを受けた後の行動としては、「何もしなかった」が3割を超えており最も多い。一方、顧客等からの著しい迷惑行為については、「社内の上司に相談した」(48.4%) が最も多く、2番目に「社内の同僚に相談した」(34.0%) が多かった。

また、「会社を退職した」の割合は、パワハラがセクハラ、顧客等からの著しい迷惑行為より6ポイント以上高かった。

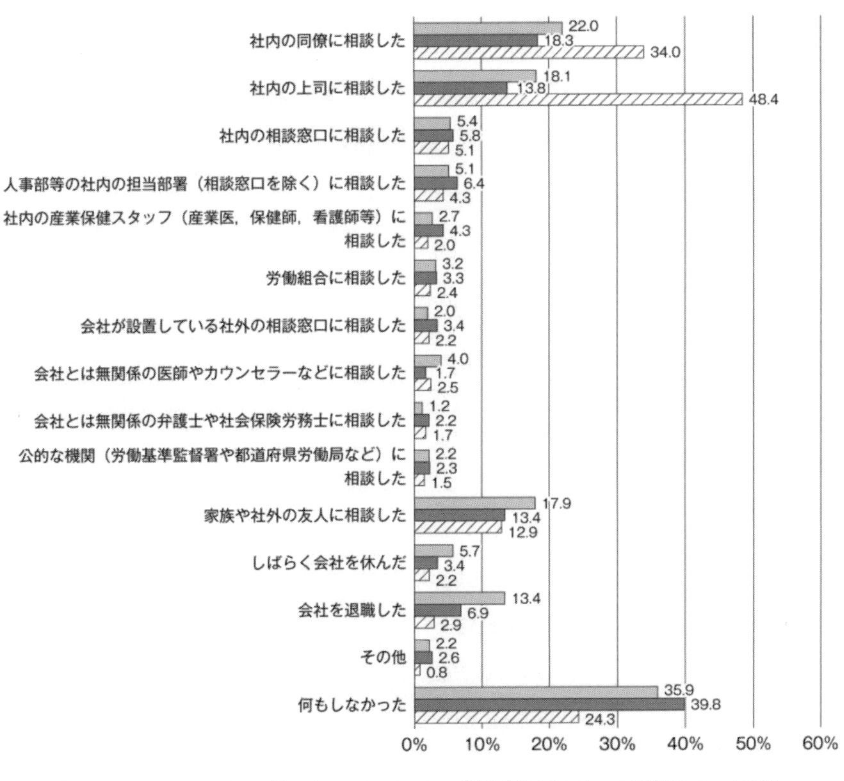


（対象：過去３年間にパワハラ／セクハラ／顧客等からの著しい迷惑行為を受けた者）

### （5）ハラスメントを受けて何もしなかった理由

| パワハラ行為またはセクハラ行為を受けて、あなたが何もしなかった理由をお教えください。 |
|---|

ハラスメントを受けて何もしなかった理由として、パワハラ、セクハラともに「何をしても解決にならないと思ったから」が最も多く、いずれも半数を超えていた。

「何をしても解決にならないと思ったから」、「職務上不利益が生じると思ったから」、「行為がさらにエスカレートすると思ったから」等についてはパワハラの方がセクハラより割合が高く、「何らかの行動をするほどのことではなかったから」、「職場内で公になることが懸念されたから」等についてはセクハラの方がパワハラより割合が高かった。

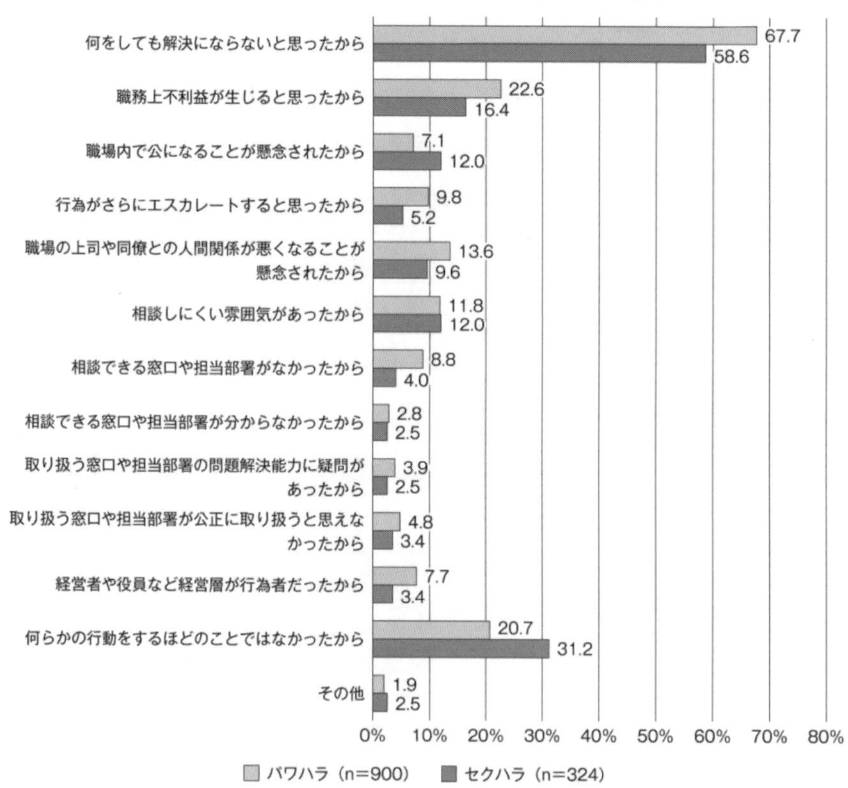


（対象：過去３年間にパワハラ／セクハラ行為を受けた者）

### （6）ハラスメントを知った後の勤務先の対応

**あなたの勤務先は、あなたがハラスメントを受けている（または可能性がある）ことを知った後で、どのような対応をしましたか。**

ハラスメントを知った後の勤務先の対応としては、パワハラでは「特に何もしなかった」（47.1%）が最も高く、セクハラでは「あなたの要望を聞いたり、問題を解決するために相談にのってくれた」（34.6%）が最も高かった。また、「相談したことを理由としてあなたに不利益な扱いをした」は、セクハラの方がパワハラより7.3ポイント高かった。

顧客等からの著しい迷惑行為については、「あなたの要望を聞いたり、問題を解決するために相談にのってくれた」（48.6%）が最も高く、「事実確認のためにヒアリングを行った」（32.2%）が続いた。

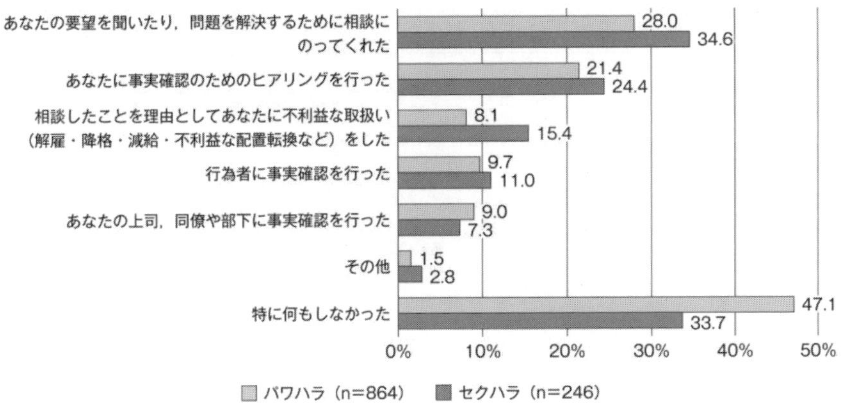


（対象：過去３年間にパワハラ／セクハラを受けた者）

また、勤務先によるハラスメントの認定については、パワハラ、セクハラともに、「ハラスメントがあったともなかったとも判断せずあいまいなままだった」の割合が最も高かった。

## （7）ハラスメント認定後の勤務先の対応

**あなたの勤務先は、あなたがパワハラまたはセクハラを受けていると認めた後、どのような対応をしましたか。**

パワハラ認定後の勤務先の対応としては、「行為者に謝罪させた」(28.5%) が最も多く、次いで「何もしなかった」(22.3%) であった。

セクハラ認定後の勤務先対応として、「会社として謝罪をした」(32.4%) が最も多く、次いで「行為者に謝罪させた」(27.0%) が多かった。

パワハラとセクハラを比較すると、「行為者を配置転換した」、「行為者を処分した」、「あなたを配置転換した」等の割合はパワハラの方がセクハラより高く「会社として謝罪をした」、「あなたに対して社内産業保健スタッフへの相談を勧めた」、「あなた自身の問題点を指摘し、改善するよう指導した」等はセクハラの方がパワハラより高かった。

ハラスメントを受けていることを認定した後の勤務先の対応

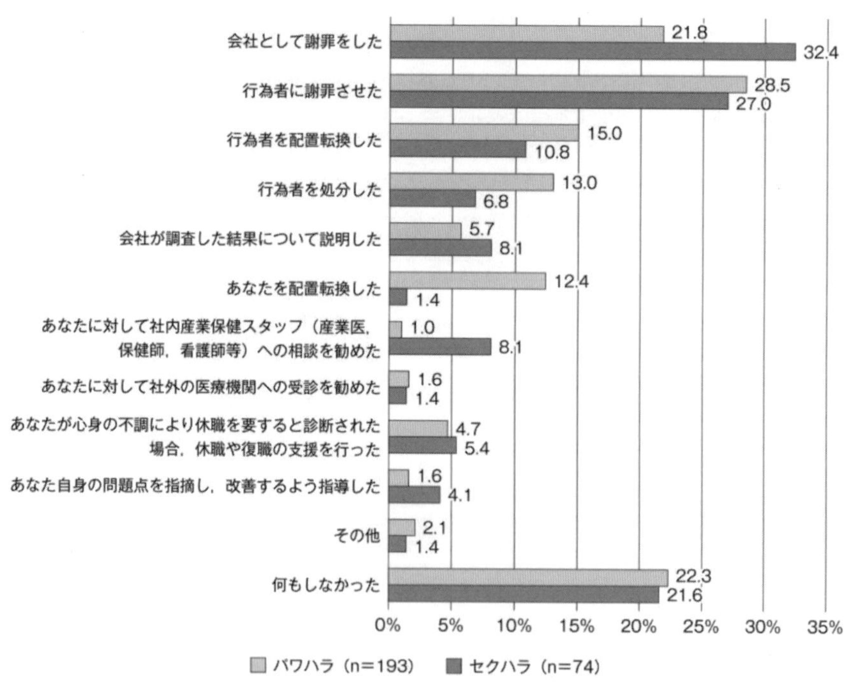


（対象：過去３年間にパワハラ／セクハラを受けた者）

### （8）ハラスメントに関する職場の特徴

**あなた（現在の勤務先でパワハラを経験した者）が働いている職場の特徴として当てはまるものをお教えください。**

現在の勤務先でパワハラを経験した者と、パワハラを経験しなかった者とで職場の特徴の回答を比較すると、「従業員が女性ばかりである」を除いたすべての職場の特徴について、パワハラを経験した者の方が経験しなかった者よりも回答割合が高かった。

特に、パワハラを経験しなかった回答者を基準にパワハラを受けた人の回答割合をみると、「上司と部下のコミュニケーションが少ない／ない」、「ハラスメント防止規定が制定されていない」、「失敗が許されない／失敗への許容度が低い」、「従業員間に冗談、おどかし、からかいが日常的に見られる」などにおいて、経験した者の回答割合が高い。

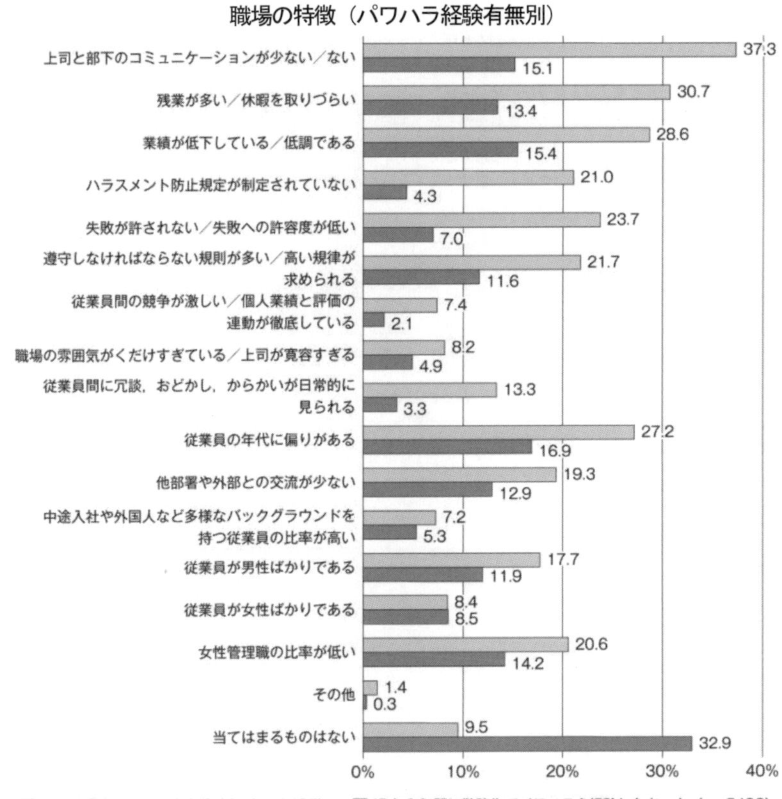

### （9）自身のハラスメント認識、勤務先によるハラスメントの認定

ハラスメント行為をしたと感じたり、したと指摘されたことについてお聞かせください。あなたご自身や勤務先は、あなたの行為がハラスメントに当たると考えていますか。ハラスメント行為をしたり、したと指摘を受けた経験が複数ある場合は、最も新しいものについてお教えください。

ハラスメント行為をしたと感じたり、したと指摘された行為について、自身や勤務先がどう捉えたかについては、「勤務先は、あなたがそのような行為をしたことを認識していなかった」（28.5%）が最も多く、次いで「自分ではハラスメント行為をしたと感じているものの、勤務先はハラスメントと認めなかった」（18.1%）が多かった。

ご自身や勤務先は、あなたの行為がハラスメントに当たると考えているか

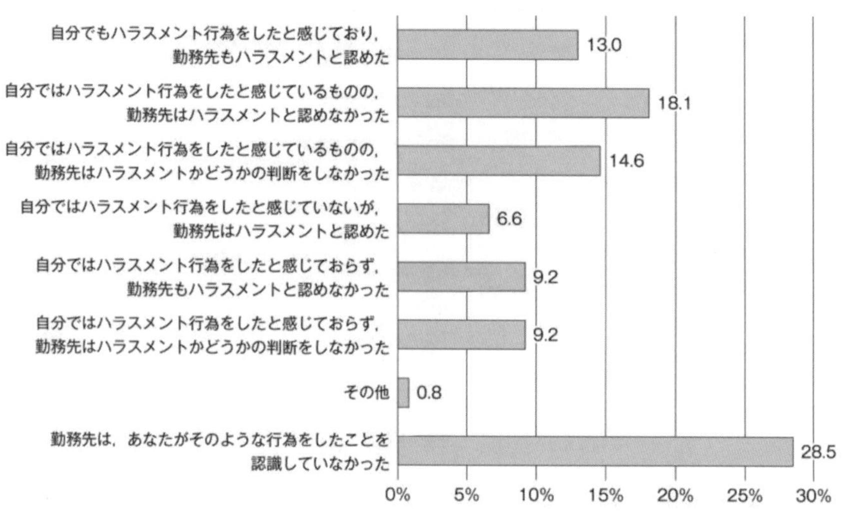


（対象：過去３年間にハラスメント行為をしたと感じた／指摘された者（n=608））

### (10) あなたのハラスメント行為に対する勤務先の対応

**あなたの行為に対して、あなたの勤務先（経営者や人事労務、上司など）はどのような対応をしましたか。**

ハラスメント行為に対する勤務先の対応としては、「ハラスメントを受けた人に謝罪させた」（36.1%）が最も多く、次いで「配置転換した」（19.3%）、「ハラスメントを受けた人を配置転換した」（12.6%）であった。

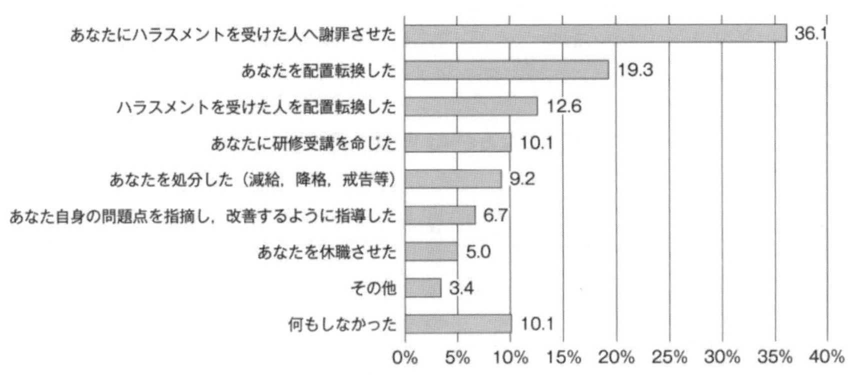


### (11) 勤務先がハラスメントの予防・解決のために取り組むハラスメントの種類

**あなたの勤務先は以下のハラスメントについて、予防・解決のための取組を行っていますか。**

勤務先が予防・解決のための取組を行っているハラスメントの種類については、「パワハラ」（39.2%）が最も割合が高く、次いで「セクハラ」（36.2%）、「妊娠・出産・育児休業・介護休業等ハラスメント」（22.6%）となった。

業種別にみると、「金融業、保険業」および「情報通信業」において、各ハラスメントの取組を行っているとの回答割合が他の業種より高く、「いずれにも取り組んでいない」の割合が低かった。

一方で、「医療、福祉」、「建設業」や「宿泊業、飲食サービス業」においては、各ハラスメントの取組を行っているとの回答割合が他の業種より低く、「いずれにも取り組んでいない」の割合が高かった。

### (12) 勤務先が今後実施した方がよい取組

**あなたの勤務先は、ハラスメントの予防・解決のために、今後どのような取組を実施した方がよい、または力を入れた方がよいと思いますか。**

勤務先が今後実施した方がよい取組としては、約半数(49.9%)が「特にない」と回答していた。具体的な取組としては、「コミュニケーションの活性化や円滑化のための取組」(30.4%)が最も割合が高く、次いで「職場環境の改善のための取組」(28.7%)が高かった。

業種別でみると、「教育、学習支援業」や「金融業、保険業」では「コミュニケーションの活性化や円滑化のための取組」の割合が高く、「情報通信業」では「職場環境の改善のための取組」の割合が高かった。

実施した方がよい取組(業種別)

n=30以上の場合

[比率の差]
全体 +10ポイント
全体 +5ポイント
全体 −5ポイント
全体 −10ポイント

| | 該当数 | コミュニケーションの活性化や円滑化のための取組 | 職場環境の改善のための取組 | 労働者や労働組合等の参画の促進 | 顧客や取引先からの迷惑行為に関する取組 | その他 | 特にない |
|---|---|---|---|---|---|---|---|
| 全体 | 8000 | 30.4 | 28.7 | 17.9 | 10.3 | 0.7 | 49.9 |
| 建設業 | 425 | 26.6 | 25.9 | 16.5 | 8.0 | 0.9 | 52.2 |
| 製造業 | 1965 | 30.2 | 30.6 | 19.1 | 7.5 | 0.8 | 48.8 |
| 電気・ガス・熱供給・水道業 | 129 | 24.8 | 22.5 | 14.0 | 10.1 | 2.3 | 50.4 |
| 情報通信業 | 543 | 34.4 | 34.3 | 21.9 | 11.8 | 0.4 | 46.4 |
| 運輸業，郵便業 | 500 | 29.6 | 28.8 | 19.6 | 13.0 | 1.4 | 48.2 |
| 卸売業，小売業 | 1001 | 29.8 | 27.2 | 18.6 | 13.4 | 1.0 | 51.8 |
| 金融業，保険業 | 446 | 37.2 | 33.2 | 20.4 | 11.0 | 0.7 | 42.4 |
| 不動産業，物品賃貸業 | 186 | 29.6 | 28.0 | 11.8 | 11.8 | 0.5 | 52.2 |
| 学術研究，専門・技術サービス業 | 137 | 27.7 | 29.9 | 16.8 | 11.7 | 1.5 | 48.2 |
| 宿泊業，飲食サービス業 | 287 | 32.1 | 28.2 | 18.8 | 11.8 | 0.3 | 48.1 |
| 生活関連サービス業，娯楽業 | 199 | 29.1 | 28.1 | 17.6 | 11.6 | 0.0 | 48.2 |
| 教育，学習支援業 | 250 | 37.6 | 31.2 | 18.4 | 11.6 | 0.8 | 46.8 |
| 医療，福祉 | 620 | 30.6 | 26.9 | 15.2 | 10.0 | 0.6 | 51.5 |
| その他サービス業 | 1005 | 25.9 | 23.3 | 13.7 | 10.2 | 0.0 | 57.6 |
| その他 | 307 | 33.9 | 30.3 | 19.9 | 9.1 | 0.0 | 43.6 |

(対象：全回答者(n=8,000)，単位%)

※サンプル数が30未満の「農林水産業」，「鉱業，採石業」，「複合サービス業」は「その他」としてまとめている。(以下同じ)

【女性の妊娠･出産･育児休業等ハラスメント】

（1）過去５年間に妊娠・出産・育児休業等ハラスメントを受けた経験

**あなたは過去５年間に、勤務先（現在の勤務先だけでなく、過去5 年間に勤務していた他の勤務先も含む）で、妊娠・出産・育児休業等に関するハラスメントまたは不利益取扱いを受けたことがありますか。**

過去５年間に就業中に妊娠/出産した女性労働者の中で、妊娠・出産・育児休業等ハラスメントを受けたと回答した者の割合は、26.3%であった。経験頻度としては、「一度だけ経験した」（17.7%）が最も多かった。

勤務先の業種別にみると、「建設業」（31.8%）、「その他サービス業」（31.8%）、「情報通信業」（30.2%）等では経験したとの割合が高く、「金融業、保険業」（17.6%）において最も低かった。

（2）受けたハラスメントの内容

**あなたが受けたハラスメントまたは不利益取扱いはどのようなものがありましたか。具体的な内容として当てはまるものを全てお教えください。**

受けたハラスメントの内容としては、全体では「上司による、制度等の利用の請求や制度等の利用を阻害する言動」（24.3%）が最も多く、次に「繰り返しまたは継続的な嫌がらせ等（嫌がらせ的な言動、業務に従事させない、もっぱら雑務に従事させる）」（24.0%）が多かった。

回答者の年代別にみると、「繰り返しまたは継続的な嫌がらせ等（嫌がらせ的な言動、業務に従事させない、もっぱら雑務に従事させる）」や「昇進、昇格の人事考課における不利益な評価」については40代で割合が高く、「上司による、解雇その他不利益な取扱いの示唆」、「雇い止め」については20台で割合が高かった。

受けた妊娠・出産・育児休業等ハラスメントの内容（全体、年代別）

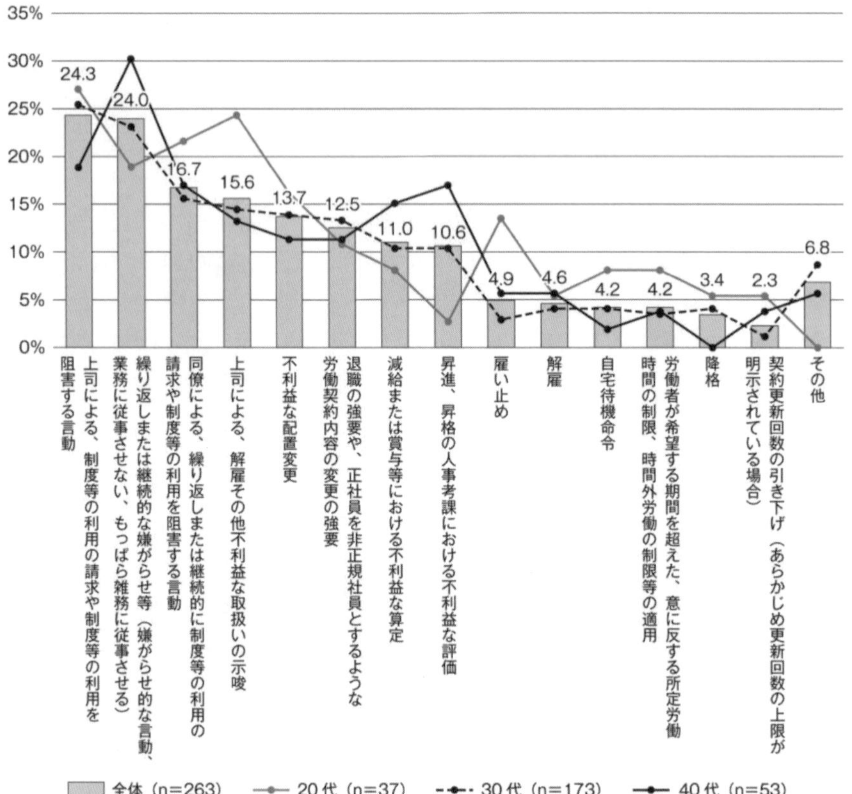


（対象：過去5年間に妊娠・出産・育児休業等ハラスメントを受けた者（n=263））

### （3）ハラスメントを受ける要因となった理由・制度

**ご回答いただいたハラスメントまたは不利益取扱いを受ける要因となった理由、利用した制度または利用しようとした制度として考えられるものをお教えください。**

妊娠・出産・育児休業等ハラスメントの要因となった理由・制度としては、「妊娠・出産したこと」（57.0%）の割合が最も高く、次いで「産前・産後休業」（28.9%）、「妊娠、出産によって労務の提供ができない、労働能率が低下したこと」（25.5%）であった。

**妊娠・出産・育児休業等ハラスメントを受ける要因となった理由・制度**

| 項目 | % |
|---|---|
| 妊娠・出産したこと | 57.0 |
| 産前・産後休業 | 28.9 |
| 妊娠／出産に起因する症状により労務の提供ができないこと／できなかったこと，労働能率が低下したこと | 25.5 |
| 育児休業 | 12.9 |
| その他妊娠・出産・育児のための休暇等制度（育児のために取得する年次有給休暇等を含む） | 12.2 |
| 育児のための所定労働時間の短縮（いわゆる短時間勤務制度），始業時刻変更等の措置 | 11.0 |
| 子の看護休暇 | 9.1 |
| 妊娠中の軽易な業務への転換 | 8.7 |
| 育児のための残業免除，時間外労働の制限，深夜業の制限 | 8.7 |
| 妊産婦の時間外労働，休日労働，深夜業の制限，変形労働時間制での法定労働時間を超える労働時間の制限 | 8.0 |
| 妊娠中および出産後の健康管理に関する措置（母性健康管理措置） | 7.6 |
| 育児時間 | 6.8 |

0%　10%　20%　30%　40%　50%　60%

（対象：過去５年間に妊娠・出産・育児休業等ハラスメントを受けた者（n=263））

妊娠・出産・育児休業等ハラスメントの要因となった理由・制度を雇用形態別にみると、「産前・産後休業」や「育児のための残業免除、時間外労働の制限、深夜業の制限」の回答割合は、正社員の方が正社員以外よりも高かった。一方、「妊娠・出産したこと」等の回答割合は、正社員以外の方が正社員より高かった。

### （4）勤務先によるハラスメントの認定

**あなたの勤務先は、あなたが受けた行為について、ハラスメントまたは不利益取扱いだと認めましたか。複数のハラスメントまたは不利益取扱いを経験している場合は、最も新しいものについてお教えください。**

勤務先による妊娠・出産・育児休業等ハラスメントの認定については、「ハラスメントまたは不利益取扱いがあったともなかったとも判断せずあいまいなままだった」（57.6%）の割合が最も高く、次いで「あなたが受けた行為をハラスメントまたは不利益取扱いと認めなかった」（21.8%）、「あなたが受けた行為をハラスメントまたは不利益取扱いと認めた」（19.5%）であった。

勤務先による妊娠・出産・育児休業等ハラスメントの認定

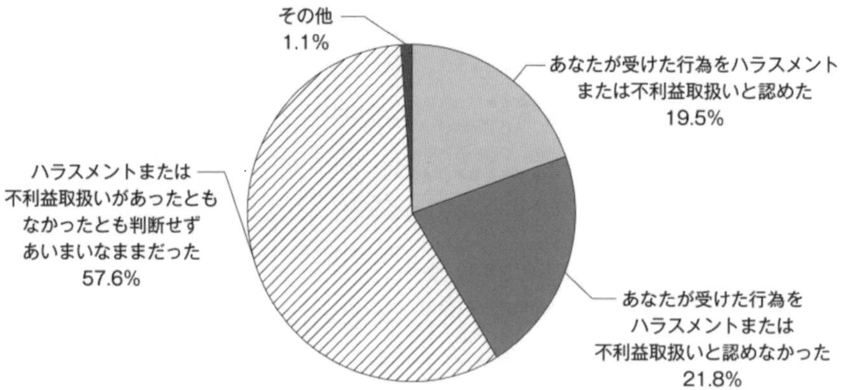


（対象：勤務先が妊娠・出産・育児休業等ハラスメントを認識していたと回答した者（n=87））

## （5）勤務先によるハラスメントの認定

**あなたが働いている職場の特徴として当てはまるものをお教えください。**

現在の勤務先で妊娠・出産・育児休業等ハラスメントを経験した者と、経験しなかった者とで職場の特徴の回答を比較すると、すべての職場の特徴について、ハラスメントを経験した者の方が経験しなかった者よりも回答割合が高かった。

職場の特徴（妊娠・出産・育児休業等ハラスメントの経験有無別）

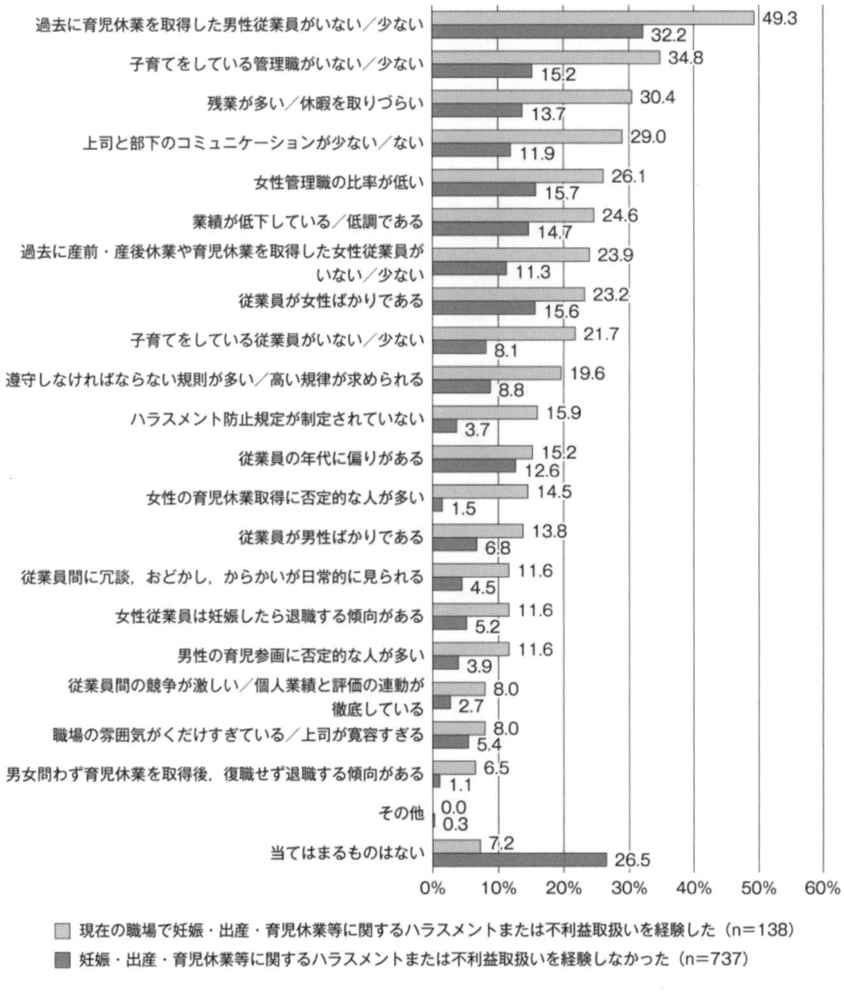

| 職場の特徴 | 現在の職場で妊娠・出産・育児休業等に関するハラスメントまたは不利益取扱いを経験した（n=138） | 妊娠・出産・育児休業等に関するハラスメントまたは不利益取扱いを経験しなかった（n=737） |
|---|---|---|
| 過去に育児休業を取得した男性従業員がいない／少ない | 49.3 | 32.2 |
| 子育てをしている管理職がいない／少ない | 34.8 | 15.2 |
| 残業が多い／休暇を取りづらい | 30.4 | 13.7 |
| 上司と部下のコミュニケーションが少ない／ない | 29.0 | 11.9 |
| 女性管理職の比率が低い | 26.1 | 15.7 |
| 業績が低下している／低調である | 24.6 | 14.7 |
| 過去に産前・産後休業や育児休業を取得した女性従業員がいない／少ない | 23.9 | 11.3 |
| 従業員が女性ばかりである | 23.2 | 15.6 |
| 子育てをしている従業員がいない／少ない | 21.7 | 8.1 |
| 遵守しなければならない規則が多い／高い規律が求められる | 19.6 | 8.8 |
| ハラスメント防止規定が制定されていない | 15.9 | 3.7 |
| 従業員の年代に偏りがある | 15.2 | 12.6 |
| 女性の育児休業取得に否定的な人が多い | 14.5 | 1.5 |
| 従業員が男性ばかりである | 13.8 | 6.8 |
| 従業員間に冗談，おどかし，からかいが日常的に見られる | 11.6 | 4.5 |
| 女性従業員は妊娠したら退職する傾向がある | 11.6 | 5.2 |
| 男性の育児参画に否定的な人が多い | 11.6 | 3.9 |
| 従業員間の競争が激しい／個人業績と評価の連動が徹底している | 8.0 | 2.7 |
| 職場の雰囲気がくだけすぎている／上司が寛容すぎる | 8.0 | 5.4 |
| 男女問わず育児休業を取得後，復職せず退職する傾向がある | 6.5 | 1.1 |
| その他 | 0.0 | 0.3 |
| 当てはまるものはない | 7.2 | 26.5 |

0%　10%　20%　30%　40%　50%　60%

■ 現在の職場で妊娠・出産・育児休業等に関するハラスメントまたは不利益取扱いを経験した（n=138）
■ 妊娠・出産・育児休業等に関するハラスメントまたは不利益取扱いを経験しなかった（n=737）

## 【男性の育児休業等ハラスメント】

### (1) 過去5年間に育児休業等ハラスメントを受けた経験

あなたは過去5 年間に、勤務先(現在の勤務先だけでなく、過去5 年間に勤務していた他の勤務先も含む)で、育児休業等に関するハラスメントまたは不利益取扱いを受けたことがありますか。

過去5年間に育児に関わる制度を利用しようとした男性労働者の中で、育児休業等ハラスメントを受けたと回答した者の割合は、26.2%であった。経験頻度としては、「一度だけ経験した」(16.6%)が最も多かった。

勤務先の従業員規模別にみると、育児休業等ハラスメントを受けたと回答した割合は、99人以下の企業で最も高く(31.1%)、1,000人以上の企業で最も低かった(21.7%)。

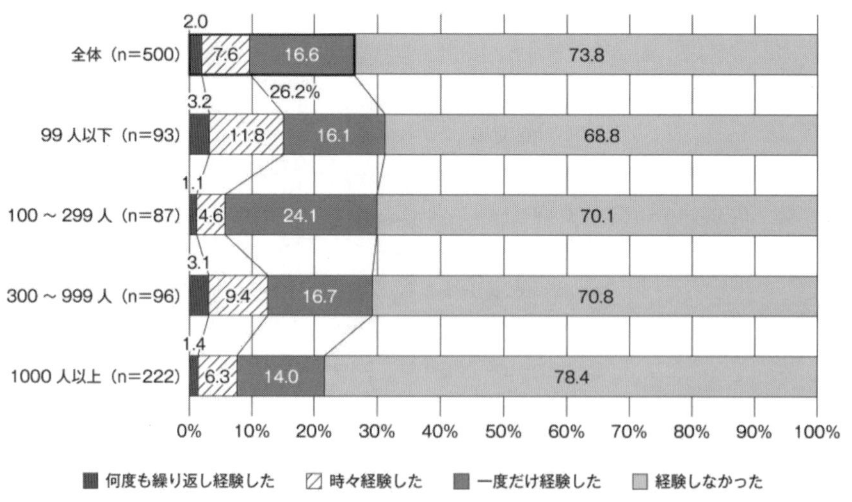

### （2）受けたハラスメントの内容

**あなたが受けた育児休業等に関するハラスメントまたは不利益取扱いはどのようなものがありましたか。具体的な内容として当てはまるものを全てお教えください。**

受けた育児休業等ハラスメントの内容としては、「上司による、制度等の利用の請求や制度等の利用を阻害する言動」（53.4%）の割合が最も高く、次いで「同僚による、繰り返しまたは継続的に制度等の利用の請求や制度等の利用を阻害する言動」（33.6%）、「繰り返しまたは継続的な嫌がらせ等（嫌がらせ的な言動、業務に従事させない、もっぱら雑務に従事させる）」（26.7%）が高かった。

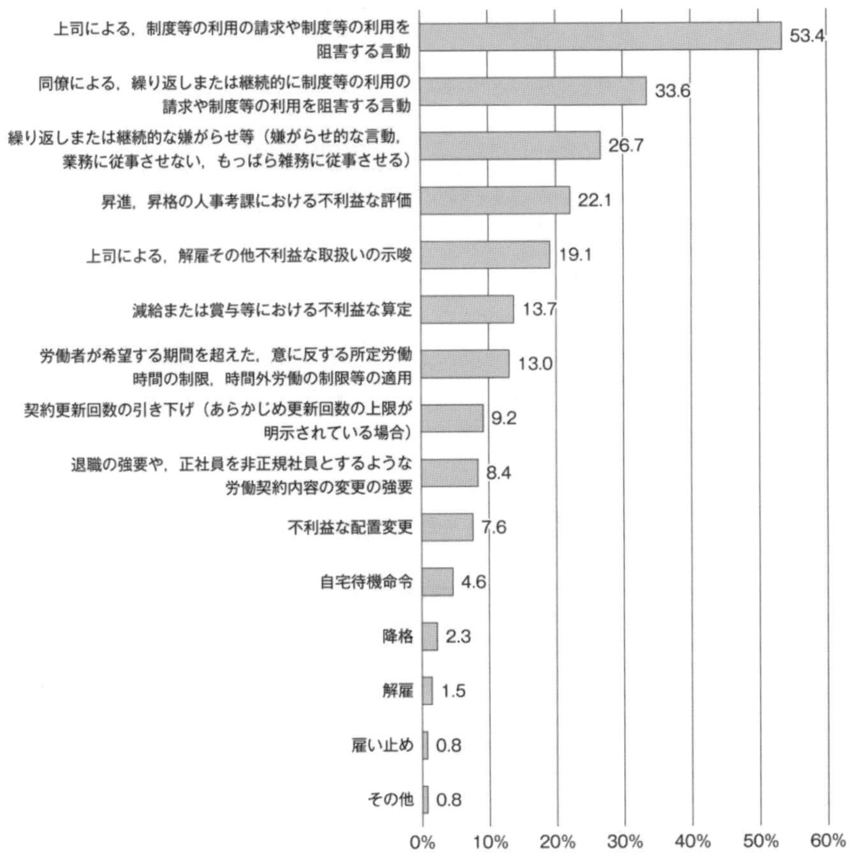


（対象：過去５年間に育児休業等ハラスメントを受けた者（n=131））

## （3）ハラスメントを受ける要因となった理由・制度

**ハラスメントまたは不利益取扱いを受ける要因となった制度（実際に利用したもの、利用しようとしたものを含む）として考えられるものをお教えください。**

育児休業等ハラスメントを受ける要因となった理由や制度としては、「育児休業」（49.6%）の割合が最も高く、次いで「残業免除、時間外労働・深夜業の制限」（38.9%）が高かった。

育児休業等ハラスメントを受ける要因となった理由・制度

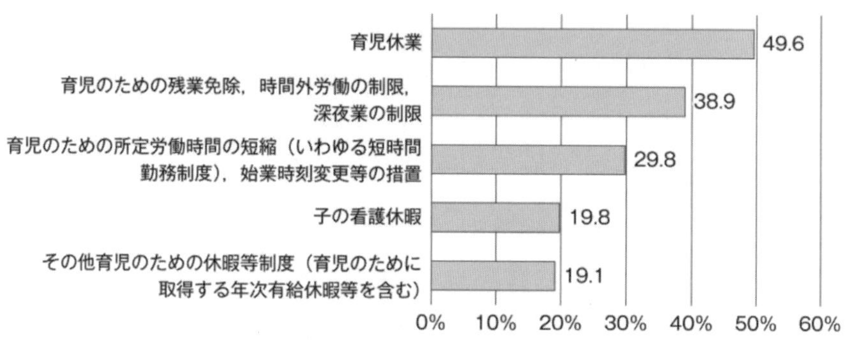


（対象：過去５年間に育児休業等ハラスメントを受けた者（n=131））

## （4）ハラスメントを知った後の勤務先の対応

**あなたの勤務先は、あなたが育児休業等に関するハラスメントまたは不利益取扱いを受けている（または可能性がある）ことを知った後で、どのような対応をしましたか。**

育児休業等ハラスメントを知った後の勤務先の対応としては、「あなたに事実確認のためのヒアリングを行った」（43.3%）が最も多く、次に「あなたの要望を聞いたり、問題を解決するために相談にのってくれた」（40.3%）が続いた。勤務先が「特に何もしなかった」の割合は20.9%であった。

## 【受けた就活等セクハラの内容】

### 受けた就活等セクハラの内容

| どのようなセクハラ行為を受けましたか。 |
|---|

受けた就活等セクハラの内容としては、「性的な冗談やからかい」（40.4%）が最も多く、次いで「食事やデートへの執拗な誘い」（27.5%）、「性的な事実関係に関する質問」（23.6%）の順に多かった。

男女別でみると、「性的な冗談やからかい」や「食事やデートへの執拗な誘い」については女性の方が男性より割合が高く、「性的な内容の情報の流布」や「性的な言動に対して拒否・抵抗したことによる不利益な取扱い（採用差別、内定取消し等）」などについては男性の方が女性より割合が高かった。

受けた就活等セクハラの内容（男女別）

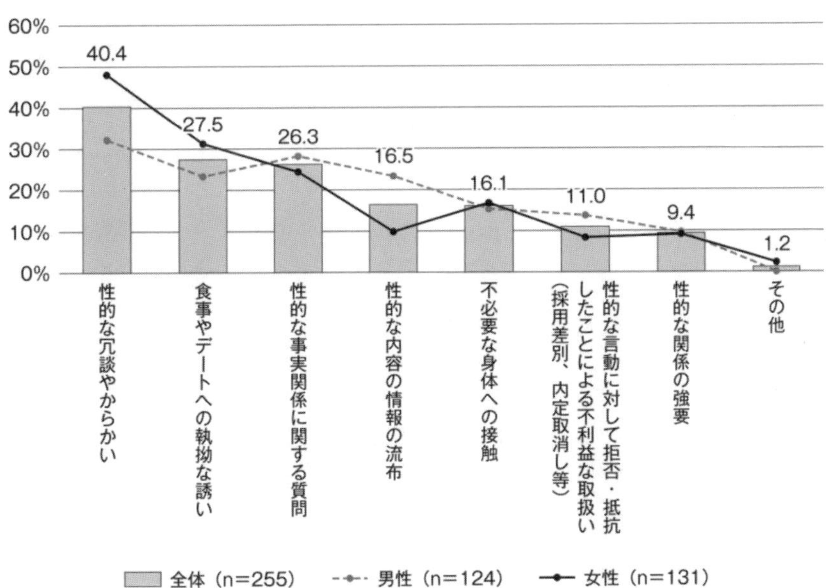


（対象：就活等セクハラを受けた者）

## 16. パワーハラスメント社内相談窓口の設置と運用のポイント（第３版）（抜粋）（厚生労働省）

### 1. 相談窓口の設置

ポイント

- 相談窓口を設置し、できるだけ初期の段階で気軽に相談できるしくみを作りましょう。
- 相談窓口は、内部相談窓口と外部相談窓口があります。
- 相談担当者として、男女共含めた複数の担当者を選任するとよいでしょう。
- 相談窓口を設置するだけでなく、従業員が安心して相談できるようにしましょう。

#### 1.1. 相談窓口の種類

従業員が相談しやすい相談窓口を設置し、できるだけ初期の段階で気軽に相談できるしくみを作りましょう。

相談窓口には、内部相談窓口と外部相談窓口があります。それぞれの窓口がパワーハラスメントを含めたさまざまな相談に対応できると、相談しやすくなります。

《内部相談窓口の設置（例)》

内部の相談窓口として以下を設置する例があります。セクシュアルハラスメントやコンプライアンスの相談窓口と一本化してもよいでしょう。

- 管理職や従業員をパワーハラスメント相談員として選任して相談対応
- 人事労務担当部門
- コンプライアンス担当部門/監査部門/人権（啓発）部門/法務部門
- 社内の診察機関、産業医、カウンセラー
- 労働組合

《外部相談窓口の設置（例)》

外部相談窓口としては、以下のような企業が代行を受け付けています。

- 弁護士や社会保険労務士の事務所
- ハラスメント対策のコンサルティング会社
- メンタルヘルス、健康相談、ハラスメントなど相談窓口の代行を専門的に行っている企業

### 1.2. 安心して相談できる相談窓口の設置

相談窓口の整備は重要ですが、ただ体制を構築するだけでは十分ではありません。従業員が安心して相談できる会社であると感じることが最も大切です。

相談窓口について周知する際に、安心して相談できる環境であることを知らせるとよいでしょう。

《安心して相談できる相談窓口のポイント》

- 相談者のプライバシーが確保できる部屋を準備していること
- 相談内容の秘密が守られること
- 相談者が不利益な取り扱いを受けないこと
- 相談対応の全体の流れがわかりやすいこと（相談窓口の役割や、解決までの流れ、会社のパワーハラスメントに対する方針（パワーハラスメントは許さない等）等の説明）

《安心して相談できると考える従業員はどれくらいいるか》

図表１のグラフでは、平成27年度モデル事業に参加頂いた企業のうち、相談窓口を設置している企業での従業員アンケート結果です。

相談窓口を設置している企業であっても、社内で相談先が明確になっていると考えている従業員の割合は４割に満たない36.2%となっています。単に相談窓口を設置するだけでなく、相談先として従業員が相談窓口を思い浮かべることができるよう、窓口を周知することが重要であることがわかります。

また、右のグラフは、社内の相談先が明確であると考えている従業員に対して、「社内は安心して相談できる状況か」をたずねた結果です。相談先が明確であると考えている従業員であっても、安心して相談できると考える層は半数に満たない41.9%に留まっています。

次に、図表２のグラフでは、図表１の右のグラフで、相談先が明確であると考えている従業員2157名について、「安心して相談できる」層（図表１右のグラフで「そう思う」を選択）と「安心して相談できない」（同「そう思う」以外を選択）層に分けて分析しています。

「安心して相談できる」層は、パワハラを受けた経験、見たり相談を受けた経験のいずれも、「安心して相談できない」層に比べ、割合が低くなっていることがわかります。

図表１　「相談先の明確さ」と「安心して相談できるか」

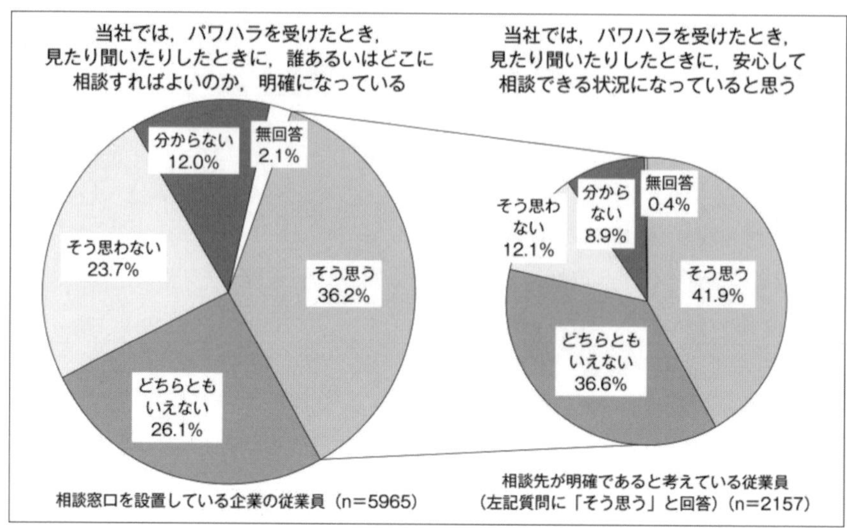


厚生労働省平成27年度委託事業「働きやすい職場環境形成事業」における実態調査
モデル企業17社の従業員計6289名に対してアンケート調査を実施。
図表１結果は、当該企業17社のうち、相談窓口を設置している14社の回答結果。

図表　２「安心して相談できるか」とパワーハラスメントの発生状況

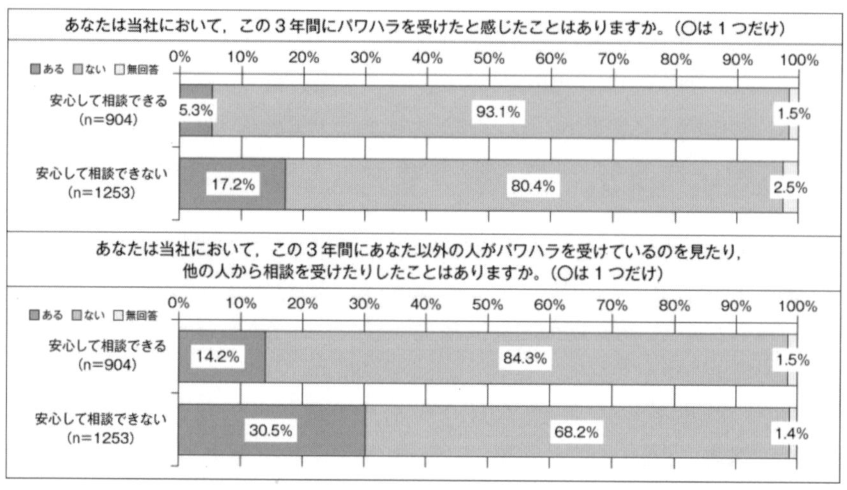


厚生労働省平成27年度委託事業「働きやすい職場環境形成事業」における実態調査

また、図表3のグラフは、「パワハラを受けた」従業員に対して、パワハラを受けてどのような行動をとったかを複数回答で聞いたアンケートです。この結果を見ると、「安心して相談できる」層は、「安心して相談できない」層に比べ、パワハラを受けて「何もしなかった」とする回答が20ポイント以上低く、上司や同僚、担当部署等、会社の誰かに相談ができていることがわかります。

図表３「パワーハラスメントを受けてどのような行動をしたか」

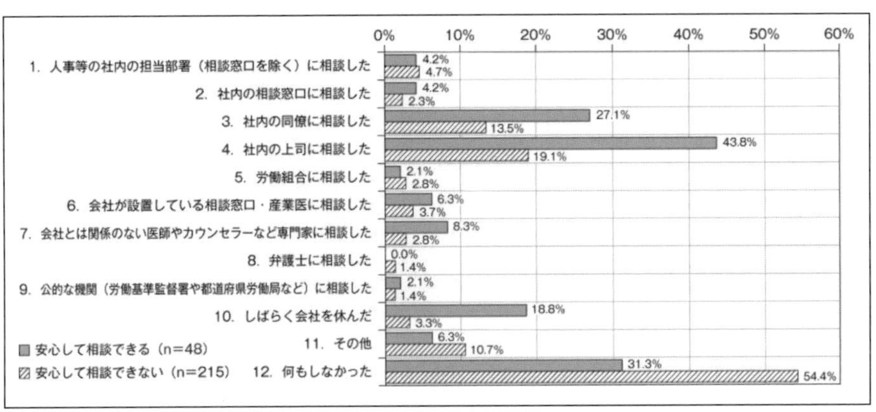


厚生労働省平成27年度委託事業「働きやすい職場環境形成事業」における実態調査

これらのデータからわかるように、ただ相談窓口を設置するだけでなく、窓口を周知するとともに、従業員が相談しやすくするための環境づくりをすることが非常に重要です。

## 1.3. 相談担当者の役割

相談担当者の役割には、相談の受付（一次対応）という役割に限る場合と、相談の受付（一次対応）だけでなく、事実確認なども行う役割がある場合があります。

《相談の受付（一次対応）という役割に限る場合》

事業所の規模が大きく、多くの従業員からの相談を受けるだけでも負担が大きいという場合、或いは、パワーハラスメントだけではなく、セクシュアルハラスメント等を含めて様々な相談に対応する窓口である場合は、相談窓口は一次対応として、相談者からの相談を聞いて、その後の事実関係の調査等は、人事担当部署などに引き継ぐ仕組みとしてもよいでしょう。

セクシュアルハラスメント等に関する既存の相談窓口が設置されている場合、その活用を検討してもよいでしょう。

《相談の受付（一次対応）だけでなく、事実確認なども行う役割がある場合》

事業所規模が小さい場合、あまり相談の数が多くないと想定される場合は、管理職や人事担当部署などのしかるべき従業員をパワーハラスメント相談員として指名し、周知を図ることにより、相談体制を構築する方法も考えられるでしょう。

この場合、人事担当部署の従業員が事後の対応まで一貫して関わることにより、円滑かつ適切な解決につなげられるというメリットが考えられます。

### 1.4. 相談担当者の人選

相談担当者は、ハラスメントや人権問題に対する十分な理解を持つ者を選任します。何よりも中立的な立場で相談を受け、解決に向けて取り組むことができる人材を選出する必要があります。

相談担当者として、男女共含めた複数の担当者を選任するとよいでしょう。

《相談窓口担当者が事実確認まで実施する場合》

相談者の心情に配慮しながら、相談者の主張と事実関係を整理し、中立・公平な立場で事実関係を整理する力量も必要になります。

《複数の担当者を選任できない場合》

小規模事業者等で、複数の担当者を選任できない場合は、予め相談窓口の担当者が連携できる体制（外部機関等）整備しておくことも大切です。

### 1.5. 相談対応手順

相談窓口（一次対応）から再発防止策として、例えば、以下のような流れが考えられます。

図表４ 相談への対応の流れ（例）

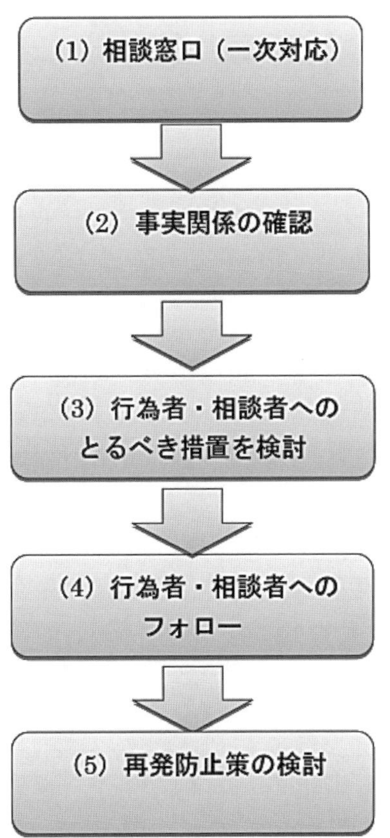


相談者が面談だけを希望する場合は、
一次対応で対応が終了します。

## 2. 相談窓口（一次対応）

ポイント
- 相談者が相談しやすいようにするために、プライバシーが確保できる部屋を準備しましょう。また、秘密が守られることや相談窓口でどのような対応をするか明確にしておきましょう。
- １回の相談時間は長くても50分程度としましょう。

### 2.1.利用しやすい相談窓口にするために

相談窓口を設置しても、実際に従業員からすぐに相談が寄せられない場合があります。従業員にとっては、パワーハラスメントについて相談することは、ハードルが高いため、窓口に相談しやすくするための工夫が必要です。

相談窓口は、被害発生時に相談しやすいよう、相談窓口・担当者を明示し、迅速に対応します。相談方法は、面談に限定せず、電話や手紙・電子メール等でも可能な体制とするとよいでしょう。

また、ポスター、リーフレットや研修資料などを使用し、従業員に対して相談窓口や担当者を周知することも必要です。

相談者が相談しやすいようにするには、相談者が不利益な取扱いを受けないことを明確にします。相談者や相談内容の事実関係の調査に協力した人が不利益な取扱いを受けることがないようにして、その旨を従業員に周知しておくことが必要です。

加えて、プライバシーが確保できる部屋を準備しましょう。秘密が守られることや相談窓口でどのような対応をするか明確にしておきましょう。

相談者が相談していることが、周囲の人に知られてしまわないような相談受付の仕組みを用意する必要があります。相談窓口が守秘義務を負う事は重要ですが、「相談窓口は秘密を厳守する」ことにすると、相談窓口の担当者が必要なときに社内で相談できなくなる場合もあります。「解決のために必要な関係者には、相談者と協議の上で情報を開示することもある。」ことも説明する必要がある場合が考えられます。

人事担当や相談者の上司・カウンセラー等と連携し、適切な対応が取れるよう、あらかじめフォロー体制を整備しておくとともに、相談者のみでなく、第三者、行為者からの相談も受け付けられるようにします。

より一層、相談窓口を身近な存在にするために、相談窓口担当者が、従業員に困っていることや悩んでいることがないかを声をかけながら、社内を歩いてみると、今まで聞こえてこなかったちょっとした悩みごとや今度相談したいことがあると気軽に持ちかけられるという例もあります。相談窓口担当者は、連絡を待っているだけでなく、従業員の職場を定期的に巡回してみることも効果的です。

### 2.2. 相談窓口（一次対応）担当者の心構え

相談者にとっては、会社に相談するのはハードルが高いことであることを理解しましょう。

相談者の話をゆっくり、時間をかけて聴いて、内容の確認を急ぐあまり、話をせかすようなことはしないようにしましょう。ただし、１回の相談時間は長くても50分程度としましょう。相談が１回で終わらない場合は、次の相談日を設定して切り上げることにより、相談者が気持ちを切り替える時間や冷静な時間をもつことになり、相談の効果を高めます。

そのため、１回の相談時間は50分程度であることを事前に相談者に伝えて、開始するとよいでしょう。

相談者のプライバシーを守ること、相談によって社内で不利益な取扱いを受けないことを説明しましょう。

中立的な立場で相談を受けるようにして、相談者の心情に配慮しながら、相談しやすい対応を心がけましょう。

自分の価値観や偏見を持つことは厳禁です。あくまで、相談者が主張する事実を正確に把握することが目的ですので、意見を言うことは原則として控えます。

相談者の気持ちを慮って、言葉や態度で傷つけないように配慮しましょう。

《窓口担当者が言ってはいけない言葉や態度》

(1)「パワハラを受けるなんて、あなたの行動にも問題（落ち度）があったのではないか」と相談者を責める
(2)「どうして、もっと早く相談しなかったか」と責める
(3)「それは、パワハラですね/それは、パワハラとは言えません」と断定する
(4)「これくらいは当たり前、それはあなたの考え過ぎではないか」と説得する
(5)「そんなことはたいしたことではないから、我慢した方がよい」と説得する
(6)「(行為者は）決して悪い人ではないから、問題にしない方がいい」と説得する
(7)「そんなことでくよくよせずに、やられたらやり返せばいい」とアドバイスをする
(8)「個人的な問題だから、相手と二人でじっくりと話し合えばいい」とアドバイスをする
(9)「そんなことは無視すればいい」とアドバイスをする
(10)「気にしても仕方がない。忘れて仕事に集中した方がよい」とアドバイスをする

### 2.3. 相談内容の整理

相談者とともに相談内容を確認し、パワーハラスメント相談記録票に記入しましょう。

その上で、人事担当部署などに相談内容を伝え、事実関係を確認することや対応案を検討することについて同意を得ましょう。

《パワーハラスメント相談記録票の項目（例)》

・ いつ（年 月 日 時間）/ 頻度や期間
・ 誰から
・ どのような（場所、状況、具体的な言動など）
・ 他の同席者や目撃者の有無／所属や名前など
・ 他にも同様の被害を受けている者はいるか
・ このような行為に至る想定される理由（背景）

### 2.4. 相談窓口（一次対応）担当者のスキルアップ

相談窓口担当者に対しても、まずは、他の従業員と同様にパワーハラスメントについての研修を行い、パワーハラスメントの定義やその具体的な事例について理解することが重要です。本マニュアルの研修資料を活用して、研修を行いましょう。その上で、「相談窓口（一次対応）担当者のためのチェックリスト」を活用し、相談窓口担当者に、対応の流れや対応の心構えなどを説明しましょう。

また、例えば、セクシュアルハラスメントとパワーハラスメントが同時に発生する場合や、一見パワーハラスメントと考えられる事案にセクシュアルハラスメントとしての要素が含まれていることなどもあることから、相談窓口担当者は自分のパワーハラスメントのイメージにとらわれないようにしましょう。

相談窓口担当者が人事異動などにより交代する場合は、引き継ぎ（相談対応の状況や留意点）を行うようにしましょう。加えて、相談窓口担当者が、パワーハラスメント、メンタルヘルス、人権問題、コンプライアンス、ダイバーシティ等の理解やカウンセリングマインドが醸成できるようにしましょう。

年１回程度、知識やスキルのブラッシュアップのため、他の研修（労務管理についての研修や、コンプライアンスの研修）の機会を活用して、相談窓口担当者への研修を行うことも有効です。

社内で研修の開催が難しい場合は、社外の類似の研修を受講してもよいでしょう。

### 2.5. その他の留意点

軽微と思われる内容であっても、深刻な問題が潜んでいる場合や、この段階での対応次第で、相談者の不信感を生み、問題解決に支障が出るばかりか、会社に対する不信感が生じる可能性があります。加えて、相談窓口担当者は、相談者の話を傾聴する姿勢が大切であることを認識し、詰問にならないように注意する必要があります。

相談者から「死にたい」などと自殺を暗示する言動があった場合には、産業医などの医療専門家等へのルートを確立しておくことも大切です。

また、相談担当者が深刻な問題などを無理に解決しようとしないように注意し、相談の範囲を予め決めておきましょう。

相談担当者が人事・労務部門以外の場合は、人事・労務部門に迅速に照会します。相談者の心身の状況によっては、適切な紹介（医療専門機関などへ紹介）ができるように、会社として連携しておくとよいでしょう。

相談対応のうまくいかなかった例（1）
～相談窓口担当者が勝手に判断してしまった例～

ある日、ハラスメント相談窓口に男性従業員より匿名で相談の電話がありました。
当該従業員は、女性上司が子どもの学校の成績、共働きの妻の年収、休日の過ごし方などのプライベートについて、根ほり葉ほり聞いてくることが苦痛であるということでした。そのため、女性上司に悪気はなく、業務を指示するにあたり；部下のプライベートな事情や生活状況等を考慮することを目的で聞いているのだから、パワハラにはあたらないと話したところ、相談者は怒った様子で「じゃあ、もういいです。」と告げて、電話が切られてしまいました。

相談対応のうまくいかなかった例（2）
～相談者に了解を得ずに事実確認をしてしまった例～

ハラスメント相談窓口に、管理職の男性が青い顔をして訪ねてきました。
当該男性管理職は、部下３人が業務時間中にひそひそと自分の悪口を話していることを小耳にはさみ、自分が仕事を頼むと「今、必要ですか？今じゃなくてもいいんじゃないですか」と言ったり、舌打ちをしたりもします。外出先から電話をしても、業務が忙しいことを理由に電話口にでないことさえあるということでした。
相談担当者は、急ぎ対応した方が良いと考え、相談者に了解を得ることなく、該当の部下３人に事実確認を行ったところ、あっという間に職場中に当該管理職が相談に行ったことが知られてしまい、問題がこじれてしまいました。

相談対応のうまくいった例
～女性従業員の悩みをうまく聞き出せた例～

ある日、ハラスメント相談窓口に女性従業員より相談の電話がありました。

「どのようなことでお困りでしょうか」と聞いても、言い出し辛いような様子が伺えたため、同性である女性の相談担当者に電話を引き継ぎました。当初、相談者は何から話せば良いのか困った様子で言い淀んでいたので、「間」を大切にしつつ、お互いの信頼関係の形成を意識しながら傾聴していくことで、徐々に警戒心が解かれ、相談内容に入ることができました。

女性従業員は、現在、取引先のお客様先に出向しており、出向にあたり上司から大事な取引先であり、上手くやるようにと念を押されていました。出向先のグループリーダから飲み会の誘いを受けたものの、家庭の用事があったために参加を断ったところ、翌日から当該リーダや数名の従業員に挨拶をしても無視されるようになったほか、書類のコピー等、簡単な作業しか仕事を任されなくなりました。出向元の上司から念を押されていることもあり、事態の解消を自分から言い出すことができずに、3か月経過したところでした。

一通り相談者の状況を確認したところで、すでに1時間を経過していたため、今後の対応については、後日、改めて電話で相談を受けることとしました。後日、相談者は会社としての対応（事実調査など）を希望されるとのことでしたので、今後の会社としての対応プロセスを確認し、改めて担当者から連絡することとしました。相談窓口担当者は、相談内容を相談管理票に記載するとともに、「会社対応の希望ありの事案」として、ハラスメント調査の責任部門にあたる人事部への引き継ぎのため、報告を行いました。

## 3. 事実関係の確認

ポイント

- 相談者の了解を得た上で、行為者や第三者に事実確認を行いましょう。
- 行為者に対して事実確認を行う際には、中立な立場で行為者の話を聴きましょう。また、相談者の認識に誤解があった場合にも、報復などは厳禁であることを伝えましょう。
- 相談者と相手の意見が一致しない場合には、同席者や目撃者もしくは、同様のパワーハラスメントを受けている者に事実関係の調査を行います。
- 第三者に話を聞くことで、当該問題が外部に漏れやすくなるので、第三者にも守秘義務について十分理解してもらい、事実確認を行う人数は、できる限り絞りましょう。
- 相談者、行為者、第三者の意見が一致するとは限りません。それぞれの主張を合理的に判断する情報と考えるようにしましょう。

### 3.1. 事実関係の調査

行為者に対して事実確認を行う際には、中立な立場で行為者の話を聴きましょう。行為者も大切な従業員の一人ですから、最初から犯人扱いをしたり、語気を荒げたりすることなく、事実をしっかり聞き取ることが大切です。

相談者の認識に誤解があった場合にも、相談者が会社に居づらくなったり、報復を受けたりしないように配慮して事実確認を行いましょう。

通常は、相談者と行為者に事実確認を行い、意見が一致しない場合に第三者に事実確認を行います。

ただし、緊急性が高い場合や、証拠隠滅の恐れがある場合は、行為者の前に第三者に事実確認を行う場合もあります。

### 3.2. 第三者への事実関係の調査

相談者と相手の意見が一致しない場合には、第三者に事実確認の調査を行います。同席者や目撃者もしくは、同様のパワーハラスメントを受けている者の中から、行為者や相談者が話を聞いてもらいたいと指名した従業員に事実関係の調査を行います。ただし、第三者に話を聞くことで、当該問題が外部に漏れやすくなるので、事実確認を行う人数は、できる限り絞って行います。第三者にも守秘義務について十分理解してもらうようにしましょう。

相談者にも「●●さんと●●さんだけに話を聞いている」とはっきり伝えるとよいでしょう。

また、事実確認の目的は、相談者、相手、第三者の意見を一致させることではなく、それぞれの主張を合理的に判断する情報と考えるようにしましょう。

《同席者や目撃者もしくは、同様のパワーハラスメントを受けている者への事実関係の調査項目》

- 実際に相談対象となっている行為はあったか
- 相談者との関係
- いつ（年 月 日 時間）／頻度や期間
- どのような（場所、状況、具体的な言動など）
- 他の同席者や目撃者の有無／所属や名前など
- 他にも同様の被害を受けている者はいるか
- このような行為に至る想定される理由（背景）
- パワーハラスメントを受けた相談者の反応や行為者の反応など

第三者への事実確認の実施例
～相談者と行為者の主張が一致しない場合～

上司が「相談者の作った資料を丸めて投げつけてくる」、「シャープペンの芯で頭をつついてくる」等の行為を行うという相談が窓口にありました。

相談者と面談を行ったところ、日常的に行為を受けているとのことであり、日々身体的苦痛を感じている様子でした。相談者の了解の下、相談担当者と人事部の担当部長の２名で行為者に事実確認を行うこととしました。

行為者は、コミュニケーションの一環として、日頃からボディランゲージ（身体的な接触）を行った事実は認めたものの、相談があった「資料を投げつける」等の行動はしていないと主張しました。

また、行為者は、相談者との関係性は良好であると認識していました。また、相談者の作るひどい資料を丁寧に添削してきたとも話しました。

相談者と行為者との間の事実認識が一致しなかったことについて、相談者に改めて説明を行い、相談者と今後の対応を再考した結果、職場の第三者にも事実調査を実施することとしました。

職場への事実調査は、行為者の上司にあたる担当部長Ａ、行為者・相談者と業務上接点がある同じオフィスで働く同僚Ｂ、同僚Ｃの３人に対して事実調査のヒアリングを行いました。３人には、事前に３人にだけ話を聞くことと、守秘義務厳守である旨を伝えて行いました。

まずは担当部長Ａへ事実確認を行ったところ、行為者が日頃から厳しい言葉で指導している状況はある程度認識していたものの、相談者の資料がひどいことは前任の課長からも聞いており、丁寧に指導しているという認識でした。

次に、同僚Ｂに事実確認を行ったところ、行為者が相談者に、「頭を叩く」、「肩を突き飛ばす」等の場面をしばしば目撃していました。行為は、夜遅い時間帯に行われることが多く、「指導」を超えているのではないかと思っていたと話しました。同僚Ｃへの事実確認からも、同僚Ｂと同様の意見が出ました。行為は、担当部長Ａの目に触れない夜間帯で行われていたため、担当部長Ａは把握できていませんでした。

職場への調査結果を受けて、相談者の申告どおり、日頃から身体的な苦痛を受けている状況であると会社が判断しました。

環境改善のため、相談者の要望も踏まえ、業務上、行為者との接触を断つような配置換えを行いました。

## 4. 行為者・相談者へのとるべき措置を検討

ポイント

- 事実確認の結果には、3つのパターンが考えられます。その結果をふまえて、対応案を検討しましょう。
  - パワーハラスメントがあったと判断できる場合
  - パワーハラスメントがあったと判断することはできないが、そのままでは事態が悪化する可能性があり、何らかの対応が必要な場合
  - パワーハラスメントの事実が確認・評価できない場合
- 特に、「パワーハラスメントがあったと判断することはできないが、そのままでは事態が悪化する可能性があり、何らかの対応が必要な場合」については、パワーハラスメントに該当するかを判断しようとするのではなく、行為者の行動や発言にどのような問題があったのかを明確にするようにしましょう。

### 4.1. 対応案の検討

会社としてどのような対応をとるかは、パワーハラスメントの定義や行為類型と照らし合わせて、以下の要素を踏まえて検討を行います。

- 相談者の被害の状況（身体的、精神的な被害の度合い）
- 相談者、行為者、第三者への事実確認の結果
  - 相談者と行為者の人間関係
  - 当該行為の目的や動機
  - 時間や場所
  - 該当行為の程度（質）や頻度（量）
- 相談者及び行為者のそれぞれの行動や発言に問題があったと考えられる点
- パワーハラスメントについての就業規則の規定内容
- パワーハラスメントについての裁判例（どのような場合に企業や行為者の法的な責任が問われているか）

《事実確認及び評価の結果》

事実確認及び評価の結果には、次の3つのパターンが考えられます。

- パワーハラスメントがあったと判断できる場合

・ パワーハラスメントがあったと判断することはできないが、そのままでは事態が悪化する可能性があり、何らかの対応が必要な場合
・ パワーハラスメントの事実が確認・評価できない場合

対応案としては、行為者又は相談者への注意・指導、行為者から相談者への謝罪、人事異動、懲戒処分などが考えられます。

対応案の検討に当たって、判断に迷った場合は顧問弁護士や社会保険労務士、弁護士会の法律相談、都道府県労働局の総合労働相談コーナーに相談することが考えられます。

《パワーハラスメントがあったと判断することはできないが、そのままでは事態が悪化する可能性があり、何らかの対応が必要な場合の留意点》

この場合、対応案の検討にあたって重要なことは、パワーハラスメントに該当するかどうかを判断することではなく、行為者の行動や発言（相談者に問題があった場合はその行動や発言も含みます）にどのような問題があったのか、どうするべきであったのかを明確にすることです。

行動や発言にどのような問題があったのか具体的に明確にし、行為者に改善を促すことで、事態が悪化する前にすみやかに解決につなげるようにしましょう。

行為者への対応例
〜パワーハラスメントがあったと判断できないが、事態が悪化する可能性がある例〜

上司に質問をしても「なぜわからないのか」と言われ、「頭が悪い」、「朝10時に今日はもう帰ってもいい」などの罵声をこの半年毎日のように浴びせられているという相談が相談窓口にありました。

相談にあたっては、外に声が漏れない部屋を用意して、相談担当者男女２名が、落ち着いた気持ちで話してもらえるように配慮しました。

相談者が「会社としての対応」を希望したために、行為者に事実確認を行うこととしました。

事実確認にあたっては、相談担当者１名と管理職への教育などを担当している人事部の副部長の２名で対応することとしました。また、行為者には、秘密厳守であることと報復などがあってはならないことを最初に告げて事実確認を開始しました。

行為者は、大きな声で叱ったり、指導したりした事実は認めたものの、それがパワハラに該当する罵声や罵倒にあたる言動であるという認識は持っていませんでした。そのため、相談者の了解を得た上で、職場の第三者にも事実確認を行いましたが、外勤の多い営業職の従業員がほとんどだったため、事実関係をはっきりと確認できませんでした。

そこで、パワハラがあったと判断できないけれども、このままでは事態が悪化する可能性があるとして、部下に指導する際には、怒鳴ったり、人格を攻撃することは望ましくないこと、部下の仕事の行い方にどのような問題があったのかを具体的に指摘し、改善することが上司の役割であることについて行為者と繰り返し話し合い、理解を促しました。

複数回の話し合いの結果、行為者は次第に言動に変化がみられるようになっていきました。

### 4.2. 懲戒に値すると判断した場合

企業秩序を維持するために必要であると考えられる場合には、懲戒処分を検討します。懲戒処分は、就業規則に基づき以下が考えられます。

- 減給
- 降格
- けん責
- 出勤停止

・ 諭旨解雇
・ 懲戒解雇

特に重大・深刻な場合、相談者が懲戒処分等を希望している場合は、相談の内容によっては（被害が大きいケース、判断に迷うケース等）、手遅れにならないうちに解決方法について弁護士や社会保険労務士に相談することをお薦めします。

また、「パワーハラスメント相談記録票」、事実確認の結果は、訴訟に発展した場合の重要な資料になりますから、プライバシーの保護に注意して保存します。

なお、会社が相談者から民事訴訟を提起される恐れがある場合など、紛争の長期化を避けるため、個別労働紛争解決制度のあっせん手続きや労働審判を活用することも選択肢の一つです。

＊個別労働紛争解決制度のあっせん手続き

あっせんは都道府県労働局に設置されている紛争調整委員会の委員（弁護士、大学教授、社会保険労務士などの労働問題の専門家）が、事業主と労働者の双方の主張の要点を確かめ、紛争当事者間の話合いを促進することにより、紛争の解決を図る制度です。双方から求められた場合には具体的なあっせん案を提示します。当事者であっせん案が合意した場合は、民法上の和解契約の効力を持ちます。利用は無料で全国の総合労働相談コーナーから申請が可能です。

＊その他の裁判外紛争解決手続き

その他、ADR（Alternative Dispute Resolution）裁判外紛争解決手続きとして、以下の全国の機関が行う調停やあっせん等を活用することも考えられます。
（各都道府県の機関によっては手続きを実施していない場合もありますので、ご注意ください。）

・ 弁護士会
・ 司法書士会
・ 日本産業カウンセラー協会
・ 社会保険労務士会

なお、サービス内容、制度の詳細や利用料については各機関・団体に直接お問い合わせください。

＊労働審判

労働審判手続は、労働審判官（裁判官）１人と労働関係に関する専門的な知識と経験を有する労働審判員２人で組織された労働審判委員会が、個別労働紛争を、原則として３回以内の期日で審理し、適宜調停を試み、調停による解決に至らない場合には、事案の実情に即した柔軟な解決を図るための労働審判を行うという紛争解決手続です。労働審判に対して当事者から異議の申立てがあれば、労働審判はその効力を失い、労働審判事件は訴訟に移行します。

懲戒処分の対応例

～行為がエスカレートしていった事例～

作業手順が遅い従業員を先輩従業員が暴言を吐くなどが頻繁にありました。

最初は、作業手順などを丁寧に教えていましたが、なかなか作業を覚えない後輩従業員に対して、「お前は本当にばかだ。早く辞めろ」などの暴言をするようになっていきました。それを見ていた同じ職場の同僚は、上司に相談していましたが、先輩従業員が指導の一貫として行っている行為と見ており、特に対応をしていませんでした。しかし、先輩従業員の行為は次第にエスカレートし、暴言が連日続き、後輩従業員の作業着や備品を蹴飛ばすなどの行為も見られたことから、同じ職場の同僚は心配になり、第三者として相談窓口に通報を行いました。

相談を受けた相談窓口の担当者は、総務部長と相談し、相談窓口担当者と総務部長で後輩従業員本人(被害者)と同じ職場の４～５名に事実確認を行いました。

事実確認を行った結果、１年以上にわたる暴言がなされていたことがわかり、すぐに先輩従業員（行為者）を自宅待機（処分確定ではないので、有給休暇扱い）とし、総務部長が先輩従業員（行為者）との面談を重ねました。

第三者から通報を受けてから１か月程度の間に事実確認を行うとともに、就業規則に基づき、総務部長が指名した懲戒委員会メンバーで処分の検討を行いました。

結果、先輩従業員（行為者）と看過していた上司への懲戒処分ならびに先輩従業員（行為者）を別の支店に異動させました。

再発防止策として、従業員全員に対してパワハラへの理解を深めるための研修を行いました。

## 5. 行為者・相談者へのフォローアップ

ポイント

- 相談者・行為者の双方に対して、会社として取り組んだこと（事実関係についての調査、対応の内容とその考え方）を説明し、理解を得るようにしましょう。
- 行為者の行動や発言にどのような問題があったかを伝えることで、今後同様の問題が起こらないようにしましょう。
- また、相談者にも仕事の行い方などに問題があった場合には、行動や発言にどのような問題があったのかを伝えることで、今後同様の問題が起こらないようにしましょう。

### 5.1. 行為者・相談者の双方への説明

行為者・相談者の双方に対して、会社として取り組んだことを説明し、理解を得るようにしましょう。

- 事実関係についての調査
- 対応の内容とその考え方
- 行為者の行動や発言にどのような問題があったのか、どうするべきであったのか
- 相談者にも仕事の行い方などに問題があった場合には、行動や発言にどのような問題があったのか、どうするべきであったのか

相談者に行為者の具体的な処分の内容を伝えることは個人情報を伝えることにあたるので、一般的には「会社の就業規則に則り、処分する」と伝えるに留めることが望ましいでしょう。

### 5.2. 相談者へのフォローアップ

相談者へのフォローアップを十分に行う必要があります。

それが不十分だと、相談に来た従業員からは、会社は何もやってくれない、相談しても無駄だなどと、逆に不信感を与え事態が悪化してしまうこともあります。そういったことが起こらないように、関係部門と協力し、途中経過のフィードバックなどを相談者に行います。

相談者へのフォローアップ例
～相談者が報復を受ける不安への対応例～

相談者は、先輩従業員から、自身の体型について揶揄され、痩せることを強要される、毎日のように体重の報告を求めてくるなど、業務とは関係のないことを強いられ、出社するのが苦痛であるとの相談が窓口にありました。

相談者の了解の下、行為者に事実確認をした結果、相談者の申告どおり、日常的に業務の範疇を超えた対応を強いられている状況であることが確認できました。

事実調査を担当した相談担当者と総務部の課長の２名より、相談者に調査結果の説明を行いました。行為者へ事実確認の内容を説明し、行為者本人が事実を認めていること、会社は本事案の原因は行為者側にあると判断していること、行為者本人も反省している様子であったことを相談者に伝えました。事実確認の内容については、おおむね納得した様子でした。

一方で、今後の会社としての対応措置を検討するにあたり、相談者の希望を確認したところ、相談者は、行為者の顔をみるとドキドキしてしまうことから、行為者の異動を希望し、異動が不可能であるならば、行為者に対する会社からの処分を望んでいました。

行為者の要望を踏まえて、人事部の部長と課長は、相談者が所属する部署の責任者である本部長と検討を重ね、相談者と行為者が業務上接点を持たない体制変更を行うこととしました。

対応案の決定を受けて、体制変更を行う考えがあることを人事部長から相談者に説明を行い、今後は行為者との接点がなくなることで、相談者の了解を得たものの、相談者は、行為者から報復を受けないどうか不安な様子でしたので、行為者の上長から強く注意・指導を行うとともに、今後半年間は、相談者と相談担当者、人事部の課長の３名で定期的に面談を行うこととしました。

加えて、健康管理の観点で、定期的な産業医との面談を薦めました。

### 5.3. 行為者へのフォローアップ

行為者へのフォローアップは、時間をかけてじっくり行う必要があります。
例えば、部下を教育していると考えているなど、行為者は正しいことをしていると認識している場合があります。その場合に、十分な説明もなく行為者を処分すると、納得感を持たれないばかりか、行為者自身も心身の健康に不調を来す可能性があります。処分をする場合は、行為者にその理由を説明し、理解してもらうことが重要です。

再発防止のために継続的なフォローアップを行うことも重要です。

同じことを繰り返す行為者の上長は、行為者の言動に目を配り、タイムリーに適切なアドバイスを行うとともに、定期的な面談が必要です。

たとえば、人事管理上フラグを立てる等により、継続的なモニタリングを行い、フォローすることも考えられます。

加えて、行為者が、効果的な指導方法やコミュニケーションの手法を継続的に学んでもらうことも必要です。たとえば、以下の外部研修に出席することも有効です。

- 効果的な指導方法のためのワークショップ（ほめ方や叱り方を知る）
- アサーション研修（自分と相手を大切にする表現技法を知る）
- アンガーマネジメント研修（「怒り」をうまくコントロールすることで、エネルギーやモチベーションに変える）
- リーダーシップ研修（チームの作り方など）

行為者へのフォローアップ例

～同じことを繰り返す行為者への対応例～

課長Ａが、部下を個室に呼び出して長時間怒鳴りつけることが日常的に行われており、職場に来られなくなった部下が出てきてしまっているとの通報が窓口にありました。

匿名による通報であったため、被害者本人による通報か、第三者による通報か確認できなかったものの、相談窓口担当者と人事部との間で対応を検討し、状況を把握するために、行為者の上司へ事実確認を行うこととしました。

事実確認は、人権啓発室の室長と行為者の上司にあたる部長Ｂの２人の間で行われました。部長Ｂは、状況をある程度把握していましたが、業務上必要な指導の範囲と認識。しかし、行為者は課長に昇格して日が浅いこともあり、普段から行き過ぎた言動が見受けられ、部下への配慮が欠けているとの意見が伺えたため、部長Ｂを通じて注意・指導を行うこととしました。

課長Ａへの注意・指導は、周りに話が漏れないよう会議室を準備し、部長Ｂと課長Ａの２人で行いました。部長Ｂが、怒鳴りつけることは業務上の指示・指導に必要なものではないことを伝え、今後は慎むよう注意を行いました。課長Ａは、大声で叱った事実は認めたものの、業務遂行上必要な処置であり、部下の業務の進め方では、納期に間に合わないとし、人格や尊厳を損なう言動はないと認識しており、当初は注意を受けていることに不服な様子が伺えました。

しかし、部下に直接指示を行う立場にある課長として、相手の置かれた状況や心情、心身の調子に十分な配慮が必要であることを丁寧に伝えていくことで、次第に通報内容を真摯に受け止め、今後は言動を改めることを約束するに至りました。

課長Ａには、管理職としてのスキル向上のためのリーダーシップ研修、アンガーマネジメント研修、アサーション研修などの受講を指示するとともに、部長Ｂが日常的に納期に遅れる部下に対する指導方法を課長Ａと検討することとしました。

### 5.4. 行為者が経営者や役員の場合

行為者が経営者や役員の場合であっても、パワハラを放置することは、企業や経営者自身が法的な責任を問われる可能性があります。

※裁判例は、「パラーハラスメント対策導入マニュアル」の「パワハラ放置に基づく会社の損害賠償責任（東京地裁判決平成22年1月29日）」や「経営者によるパワハラ（東京地裁判決平成27年1月15日）」を参照してください。

行為者となった経営者や役員に、厳しく叱責された従業員は、モチベーションが低下し、職場の雰囲気も悪くなり、職場の生産性も低下することをしっかり理解してもらい、会社からパワハラをなくすために、まず、経営者や役員の方がパワハラ行為を行わないことが重要であることを伝えていきましょう。

経営者や役員のパワハラがあったと相談窓口に相談があっても、社内で解決することが難しい場合があります。その際には、都道府県労働局の総合労働相談コーナーや都道府県庁の労働相談などの行政機関を利用することや、労働組合やユニオンとの交渉の場を活用することも検討してみましょう。

## 6. 再発防止策の検討

ポイント

- 再発防止策は予防策と表裏一体です。予防策に継続的に取り組むことが再発防止につながります。
- 取組内容の定期的検証・見直しを行うことで、より効果的な再発防止策の策定、実施に取り組みましょう。

### 6.1. 再発防止への考え方

再発防止策は、予防策と表裏一体の取組です。予防策を着実に実施していくことが、再発防止にもつながるといえます。

パワーハラスメント問題が解決した後も同様の問題が発生することを防ぐため、重要なことは、取組を継続し、従業員の理解を深め再発防止につなげることです。定期的な見直しや改善を行い継続的に取り組むことも一つの方法です。加えて、プライバシーに配慮しつつ、同様の問題が発生しないように、社内の主要な会議で情報共有することも大切です。

また解決に当たって、行為者を処分するだけでは、最悪の場合、同じことが再び繰り返されるという可能性が残ります。これを防ぐためには、次のような視点を持って解決を図っていくことが大切です。

- その後の職場が相談者にとって、安全で快適な環境となっているか
- 行為者が同様の問題を起こすおそれはないか
- 新たな行為者が発生する環境となっていないか

### 6.2. 再発防止策

再発防止策としては、以下のようなものが考えられます。

《行為者に対する再発防止研修の実施》

パワーハラスメント行為の再発を防ぐために研修を実施します。本人の立場も配慮し行うことが必要です。社内で対象者を集めての研修は、お互い顔を合わせることになるので、できれば避けた方がよいでしょう。社内にこだわることなく、社外セミナーなどに参加してもらい、レポート提出などをさせるのも一つの方法です。

《事例発生時のメッセージ発信》

事例発生時には、可能であれば何らかのメッセージ・情報の発信をするとよいでしょう。職場を預かる管理職に注意喚起をするだけでも効果が見込まれます。

《事例の活用》

事例ごとに検証し、新たな防止策を検討し、毎年のトップメッセージや会社ルール、研修などの見直し・改善に役立てることが望まれます。またプライバシーに配慮しつつ、同様の問題が発生しないように、社内の主要な会議で情報共有することも大切です。

《管理職登用の条件》

例えば、管理職登用にあたり、部下とのコミュニケーションの取り方や部下への適正な指導や育成にあたれる人材かどうかを昇格の条件とすることも考えられます。

《職場環境の改善のための取組》

パワーハラスメント行為の防止に当たり、職場環境の改善のための取組を行います。パワーハラスメントが起きてしまう要因には、例えば職場内のコミュニケーションや人間関係の希薄化、長時間労働の恒久化が考えられます。コミュニケーション不足により、異質なものを排除する風土が生まれ、また長時間労働による疲弊がパワーハラスメントへとつながっていく可能性があります。

このような状況が考えられる場合は、職場内のコミュニケーションの強化や長時間労働対策を行うなど、職場環境を改善することがパワーハラスメントの予防にもつながります。

再発防止策例

～時間外勤務や労働時間管理についての改善も行った例～

先輩従業員より、休日の前日になって突然、とても１日ではこなし切れない大量の仕事を命じられ、休日明けまでに作業完了するよう求められることが続き、そのため休日を返上しての作業を毎週のように、この半年強いられているとの相談が窓口にありました。

相談担当者が相談者と面談し、職場への事実調査を行った結果、相談にあったように休日対応が当たり前の状態になっていることが確認できました。加えて、会社として承認した休日勤務ではなかったため、休日対応した場合も手当が支給されず、無給での労働を強いられている状況であることが判明しました。

事態の再発を防止するために、人事部長主導の下、再発防止策の検討とともに、今回の事態を招いた原因として、「①残業の指示を一般従業員が行っていたこと」、「②行為者のパワハラへの理解が不足していたこと」、「③職場で労働時間の実態管理が何もされていなかったこと」の３点の問題が明らかになりました。

そのため再発防止策として、「①休日出勤を含む時間外勤務は管理職の承認を必要とすることを職場に通達」、「②行為者を含む現場のリーダクラスを対象にパワハラへの理解を深めるための研修を開催」、「③労働時間の実態管理のため、タイムカードによる勤怠管理を職場に導入」を決め、職場環境を改善することとしました。

## 17. パワーハラスメント対策導入マニュアル（第４版）（抜粋）（厚生労働省）

### 1．はじめに（省略）

### 2．職場のパワーハラスメント対策の導入に当たって

#### ■2.1. 職場のパワーハラスメントに関する経営トップと事務局の理解（省略）

#### ■2.2. パワーハラスメント対策の基本的枠組みの構築手順

個々の企業において、パワーハラスメント対策の基本的な枠組みを構築するためには、「職場のパワーハラスメント対策ハンドブック」4、「職場のいじめ・嫌がらせ問題に関する円卓会議ワーキング・グループ報告」等で示されている以下の7 つの取組について、実施するとよいでしょう。

予防するために

① トップのメッセージ
- ✓ 組織のトップが、職場のパワーハラスメントは職場からなくすべきであることを明確に示す

② ルールを決める
- ✓ 就業規則に関係規定を設ける、労使協定を締結する
- ✓ 予防・解決についての方針やガイドラインを作成する

③ 実態を把握する
- ✓ 従業員アンケートを実施する

④ 教育する
- ✓研修を実施する

⑤ 周知する
- ✓組織の方針や取組について周知・啓発を実施する

解決するために

⑥ 相談や解決の場を設置する
- ✓企業内・外に相談窓口を設置する、職場の対応責任者を決める
- ✓外部専門家と連携する

⑦ 再発防止のための取組
- ✓行為者に対する再発防止研修等を行う

平成30 年3月にとりまとめられた「職場のパワーハラスメントについての検討会」報告書の中においても、事業主が講ずる対応策として考えられるものとして、以下の内容が示されています。

また、企業において取組が実効性を伴って広まるためには、セクシュアルハラスメントや妊娠・出産・育児休業等に関するハラスメントを防止するための措置と一体的に取り組むことができるようにすることが重要であるとの意見が示されています。

① 事業主の方針等の明確化、周知・啓発
  ⅰ パワーハラスメントの内容・方針の明確化、周知・啓発
  ⅱ 行為者への対処方針・対処内容の就業規則等への規定、周知・啓発

② 相談等に適切に対応するために必要な体制の整備
  ⅰ 相談窓口の設置
  ⅱ 相談窓口の担当者による適切な相談対応の確保
  ⅲ 他のハラスメントと一体的に対応できる体制の整備

③ 事後の迅速・適切な対応
  ⅰ 事実関係の迅速・正確な確認
  ⅱ 被害者に対する配慮のための対応の適正な実施
  ⅲ 行為者に対する対応の適正な実施
  ⅳ 再発防止に向けた対応の実施

④ ①から③までの対応と併せて行う対応
  ⅰ 相談者・行為者等のプライバシーを保護するために必要な対応、周知
  ⅱ パワーハラスメントの相談・事実確認への協力等を理由とした不利益取扱いの禁止、周知・啓発

□ 総合的なハラスメント対策の重要性について

・職場では、さまざまなハラスメントが発生するおそれがあります。パワーハラスメントだけでなく、セクシュアルハラスメントや、妊娠・出産、育児休業等に関するハラスメント、性的指向・性自認に関するハラスメント等で職場環境を害されるようなこともあってはなりません。

・また、例えば、セクシュアルハラスメントとパワーハラスメントが同時に発生することや、一見パワーハラスメントと考えられる事案にセクシュアルハラスメントと

しての要素が含まれていることもあります。

・このようなことを踏まえて、あらゆるハラスメントのない働きやすい職場づくりに向けて、企業として総合的にハラスメント対策を講じるよう心がけましょう。

□ (参考) 職場におけるセクシュアルハラスメント及び妊娠・出産・育児休業等に関するハラスメント防止対策について

・職場におけるセクシュアルハラスメント及び妊娠・出産・育児休暇等に関するハラスメント防止対策として、以下の11 項目 (セクシャルハラスメントについては10項目) がすべての事業主に義務づけられています (男女雇用機会均等法第11 条・第11 条の２、育児・介護休業法第25 条)。各職場で、「セクシュアルハラスメント及び妊娠・出産・育児休業等に関するハラスメント防止規定」等の社内規定を設ける、「セクシュアルハラスメントや妊娠・出産・育児休業等に関するハラスメントは許しません！」といった文書を掲示する等の対応をしている場合、パワーハラスメントについても併せて盛り込み、総合的に対応することが効果的でしょう。

1 事業主の方針の明確化及びその周知・啓発

（1）①職場におけるセクシュアルハラスメントの内容・セクシュアルハラスメントがあってはならない旨の方針を明確化し、管理・監督者を含む労働者に周知・啓発すること。

②妊娠・出産・育児休業等に関するハラスメントの内容、妊娠・出産等に関する否定的な言動が職場における妊娠・出産・育児休業等に関するハラスメントの発生の原因や背景になり得ること、ハラスメントがあってはならない旨の方針、制度等が利用できることを明確化し、管理・監督者を含む労働者に周知・啓発すること。

（2）セクシュアルハラスメントの行為者、妊娠・出産・育児休業等に関するハラスメントに係る言動を行った者については、厳正に対処する旨の方針・対処の内容を就業規則等の文書に規定し、管理・監督者を含む労働者に周知・啓発すること。

2 相談（苦情を含む）に応じ、適切に対応するために必要な体制の整備

（3）相談窓口をあらかじめ定めること。

（4）相談窓口担当者が、内容や状況に応じ適切に対応できるようにすること。また、広く相談に対応すること。

3 職場におけるハラスメントに係る事後の迅速かつ適切な対応

（5）事実関係を迅速かつ正確に確認すること。

（6）事実確認ができた場合には、速やかに被害者に対する配慮の措置を適正に行うこと。

（7）事実確認ができた場合には、行為者に対する措置を適正に行うこと。・

（8）再発防止に向けた措置を講ずること。（事実が確認できなかった場合も同様）

4 職場における妊娠・出産・育児休業に関するハラスメントの原因や背景となる要因を解消するための措置

（※妊娠・出産・育児休業等に関するハラスメントについてのみ規定）

（9）業務体制の整備など、事業主や妊娠した労働者その他の労働者の実情に応じ、必要な措置を講じること。

5 1から4までの措置と併せて講ずべき措置

（10）相談者・行為者等のプライバシーを保護するために必要な措置を講じ、周知すること。

（11）相談したこと、事実関係の確認に協力したこと等を理由として不利益な取扱いを行ってはならない旨を定め、労働者に周知・啓発すること。

前述の7 つの項目に取り組んで、企業としての基本的枠組みを6 か月で構築するためのスケジュール例は、下記取組スケジュール例1 のとおりです。また、一部の取組を既に実施しており、4か月でさらに活動を広げていく場合のスケジュール例は、下記取組スケジュール例2 のとおりです。
このスケジュール例を参考に、企業の特性に合わせて取り組みましょう。

・取組スケジュール例１：７ つの項目すべてを実施するケース

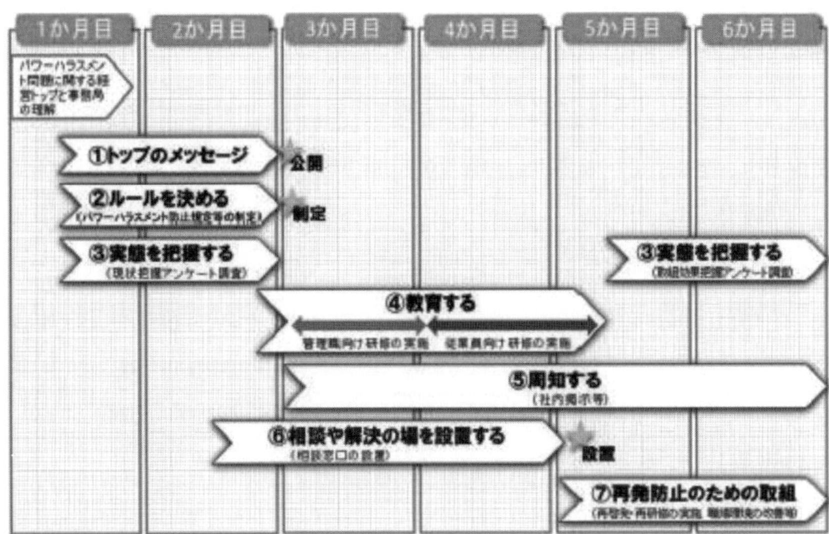


・取組スケジュール例２：一部の取組を既に実施しており、さらに活動を広げていこうとするケース

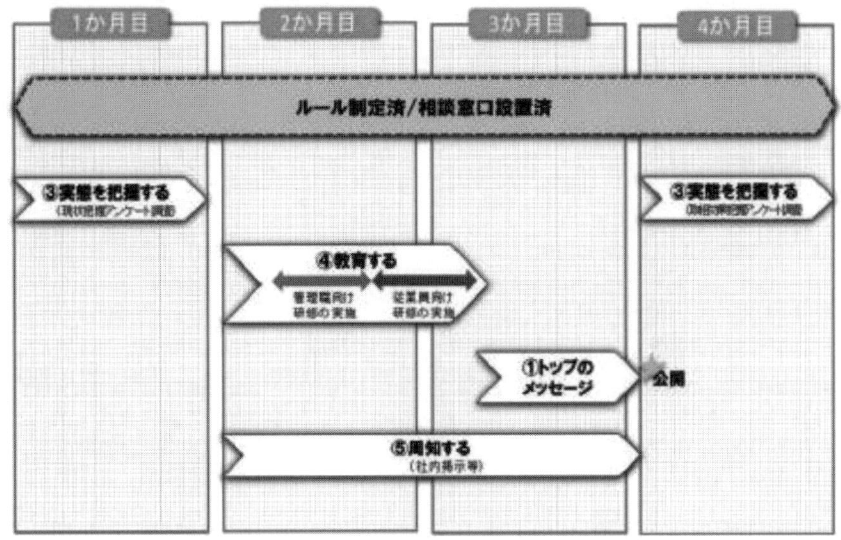

## 3. 本マニュアルを活用した取組の実施

### ■3.1. トップのメッセージ

ポイント

✓ パワーハラスメントは、企業のトップから全従業員が取り組む重要な会社の課題であることを明確に発信しましょう。

✓ パワーハラスメントの防止がなぜ重要なのか、その理由についても明確に伝えましょう。

✓ メッセージの発信とともに、具体的活動が早期に実施できるよう、準備をしておきましょう。

□ トップのメッセージの効果

企業として「職場のパワーハラスメントはなくすべきものである」という方針をトップのメッセージの形で明確に打ち出すことが望まれます。トップのメッセージは、方針やガイドライン、規程等と厳格に分ける必要はなく、それらをまたがるような位置付けであっても問題ないでしょう。

組織として、そのような方針が明確になることにより、相手の人格を認め、尊重し合いながら仕事を進める意識が育まれます。

組織の方針が明確になれば、パワーハラスメントを受けた従業員やその周囲の従業員も、問題点の指摘や解消に関して発言がしやすくなり、その結果、取組の効果がより期待できます。

□ トップのメッセージに含まれる要素

トップのメッセージに含め方がよいと考えられる要素には、次のようなものがあります。

✓パワーハラスメントは重要な問題である
✓パワーハラスメント行為は許さない
✓パワーハラスメント行為は見過ごさない
✓パワーハラスメント行為をしない
✓パワーハラスメント行為をさせない／放置しない
✓会社として、パワーハラスメント対策に取り組む
✓トップ自らパワーハラスメント対策に取り組む
✓今年度、重点的にパワーハラスメント対策に取り組む
✓従業員の意識向上を求める
✓パワーハラスメントがあったら相談を
✓相談者等に不利益な取扱いをしない
✓相談者等のプライバシーは守る
✓人権等の尊重

□ トップのメッセージの例

トップのメッセージには、次のようなものがあります。パワーハラスメントだけにとらわれず、他のハラスメントについてもあわせてメッセージを発信するとよいでしょう。

✓ハラスメント行為は人権にかかわる問題であり、従業員の尊厳を傷つけ職場環境の悪化を招く、ゆゆしき問題です。
✓当社は、ハラスメント行為は断じて許さず、すべての従業員が互いに尊重し合える、安全で快適な職場環境づくりに取り組んでいきます。
✓このため、管理職を始めとする全従業員は、研修などにより、ハラスメントに関する知識や対応能力を向上させ、そのような行為を発生させない、許さない企業風土づくりを心掛けてください。

## ■3.2. ルールを決める

ポイント

✓労使一体で取組を進めるために、労働協約や労使協定などでルールを明確化することが効果的です。

□ 罰則規定の適用条件や処分内容、また、相談者の不利益な取扱いの禁止などを明確に定めましょう。

□ ルールは、従業員にとって分かりやすく、できる限り具体的な内容としましょう。

□ 就業規則などにルールを盛り込む場合には、労働組合や労働者の代表などの意見を聴くことが求められています。就業規則の変更の目的や意義を十分伝え、意見交換した上でルールを決めましょう。

□ 就業規則を変更した場合は、その内容の周知が義務付けられています。従業員への説明会や文書の配布なども忘れず実施しましょう。

□ ルールの種類

就業規則その他の職場の服務規律等を定めた文書で、パワーハラスメント行為を行っていた者については、懲戒規定等に基づき厳正に対処する旨を定めます。このとき、パワーハラスメント防止についてより詳細な規定を定めたい場合は、就業規則に委任の根拠規定を設けて、パワーハラスメント防止規程を定めることも有効です。

また、職場のパワーハラスメント防止について、「労使協定」を締結し、労使で協力して取り組んでいる例もあります。

□ ルールの例

就業規則、労使協定の例を、次に掲載しますので参考にしてください。

【就業規則本文中に、パワーハラスメントの禁止規定を定め、懲戒規定と連動させる例】

(職場のパワーハラスメントの禁止)
第○○条 職務上の地位や人間関係などの職場内の優越的な関係に基づいて、業務の適正な範囲を超える言動により、他の労働者に精神的・身体的な苦痛を与えたり、就業環境を害するようなことをしてはならない。
(懲戒の種類)
第○△条 会社は、従業員が次条のいずれかに該当する場合は、その情状に応じ、次の区分により懲戒を行う。

(略)

(懲戒の事由)
第□□条 従業員が、次のいずれかに該当するときは、情状に応じ、けん責、減給又は出勤停止とする。

(略)

⑥ 第○○条に違反したとき
2 従業員が次のいずれかに該当するときは、懲戒解雇とする。ただし、平素の服務態度その他情状によっては、第○△条に定める普通解雇、前条に定める減給又は出勤停止とすることがある。

(略)

⑩ 第○○条に違反し、その情状が悪質と認められるとき

【就業規則に委任規定を設けた上で、詳細を別規程に定める例】

就業規則本体に委任の根拠規定を定め、これに基づいた別規程を定めます。この場合、別規程も就業規則に含まれます。

【就業規則】

(パワーハラスメントの禁止)
第□□条 パワーハラスメントについては、第○○条(服務規律)及び第△△条(懲戒)のほか、詳細は「パワーハラスメントの防止に関する規程」により別に定める。

## パワーハラスメントの防止に関する規程

(目 的)

第１条 この規程は、就業規則第□□条に基づき、職場におけるパワーハラスメントを防止するために従業員が順守すべき事項及び雇用管理上の措置について定める。

(定 義)

第２条 パワーハラスメントとは、同じ職場で働く者に対して、職務上の地位や人間関係などの職場内の優位性を背景に、業務の適正な範囲を超えて、精神的・身体的苦痛を与える又は職場環境を悪化させる行為をいう。

２　前項の「職務上の地位や人間関係などの職場内の優位性を背景に」とは、直属の上司はもちろんのこと、直属の上司以外であっても、先輩後輩関係などの人間関係により、相手に対して実質的に影響力を持つ場合のほか、キャリアや技能に差のある同僚や部下が実質的に影響力を持つ場合を含むものとする。

３　第１項の「職場」とは、勤務部署のみならず、従業員が業務を遂行するすべての場所をいい、また、就業時間内に限らず実質的に職場の延長とみなされる就業時間外を含むものとする。

４　この規程の適用を受ける従業員には、正社員のみならず、パートタイム労働者、契約社員等名称のいかんを問わず会社に雇用されているすべての労働者及び派遣労働者を含むものとする。

(禁止行為)

第３条 前条第1 項の規定に該当する行為を禁止する。

２　上司は、部下である社員がパワーハラスメントを受けている事実を認めながら、これを黙認する行為をしてはならない。

(懲 戒)

第４条 前条に定める禁止行為に該当する事実が認められた場合は、就業規則第○○条及び第△△条に基づき懲戒処分の対象とする。

(相談及び苦情への対応)

第５条 パワーハラスメントに関する相談及び苦情の相談窓口は本社及び各事業場で設けることとし、その責任者は人事部長とする。人事部長は、窓口担当者の名前を人事異動等の変更の都度、周知するとともに、担当者に対する対応マニュアルの作成及び対応に必要な研修を行うものとする。

２　パワーハラスメントの被害者に限らず、すべての従業員はパワーハラスメントに関する相談及び苦情を窓口担当者に申し出ることができる。

3　相談窓口担当者は、前項の申し出を受けたときは、対応マニュアルに沿い、相談者からの事実確認の後、本社においては人事部長へ、各事業場においては所属長へ報告する。人事部長又は所属長は、報告に基づき、相談者のプライバシーに配慮した上で、必要に応じて行為者、被害者、上司並びに他の従業員等に事実関係を聴取する。

4　前項の聴取を求められた従業員は、正当な理由なくこれを拒むことはできない。

5　所属長は、対応マニュアルに基づき人事部長に事実関係を報告し、人事部長は、問題解決のための措置として、前条による懲戒のほか、行為者の異動等被害者の労働条件及び就業環境を改善するために必要な措置を講じる。

6　相談及び苦情への対応に当たっては、関係者のプライバシーは保護されるとともに、相談をしたこと、又は事実関係の確認に協力したこと等を理由として不利益な取扱いは行わない。

(再発防止の義務)

第6条 人事部長は、パワーハラスメントが生じたときは、職場におけるパワーハラスメントがあってはならない旨の方針及びその行為者については厳正に対処する旨の方針について、再度周知徹底を図るとともに、事案発生の原因の分析、研修の実施等、適切な再発防止策を講じなければならない。

附則 ○年○月○日より実施

出典：「職場のパワーハラスメント対策ハンドブック」

【労使協約等の労使協定の例】

企業と労働組合（労働組合がない場合は、労働者の過半数を代表する者）との間で、パワーハラスメントの防止に関する協定を締結します。労使で協力して取り組むことは、職場のパワーハラスメントを防止する上で大きな効果が期待できます。

パワーハラスメント防止に関する協定書

株式会社○○(以下「会社」という。）と○○労働組合(以下「組合」という。）は、パワーハラスメントの防止に関し、下記のとおり協定する。

(目的)

第１条 会社及び組合は、パワーハラスメントの問題を認識し、労使協力してその行為を防止し、パワーハラスメントのない快適な職場環境の実現に努力する。

(定義)

第２条 この協定において、職場のパワーハラスメントとは、同じ職場で働く者に対して、職務上の地位や人間関係などの職場内の優位性を背景に、業務の適正な範囲を超えて、精神的・身体的苦痛を与える又は職場環境を悪化させる行為をいい、会社及び組合は、その防止に努めるものとする。

(パワーハラスメントの禁止)

第３条 従業員は、いかなる場合においても、以下に掲げる事項に該当するパワーハラスメント行為を行ってはならない。

① 暴行・傷害等身体的な攻撃を行うこと
② 脅迫・名誉棄損・侮辱・ひどい暴言等精神的な攻撃を行うこと
③ 隔離・仲間外し・無視等人間関係からの切り離しを行うこと
④ 業務上明らかに不要なことや遂行不可能なことの強制、仕事の妨害等を行うこと
⑤ 業務上の合理性なく、能力や経験とかけ離れた程度の低い仕事を命じることや仕事を与えないこと
⑥ 私的なことに過度に立ち入ること
⑦ その他前条に該当する行動を行うこと

(方針の明確化及びその周知・啓発)

第４条 会社は、職場におけるパワーハラスメントに関する方針を明確にし、全従

業員に対してその周知・啓発を行う。

(相談・苦情の対応)

第5条 会社は、パワーハラスメントを受けた従業員からの相談・苦情に対応する相談窓口を社内又は社外に設置し、相談窓口の設置について従業員に周知を図る。また、会社は、相談・苦情に対し、その内容や状況に応じ迅速かつ適切に対応する。

(相談・苦情の申立て)

第6条 パワーハラスメントを受けていると思う者、又はその発生のおそれがあると思う者は、相談窓口、苦情処理委員会、相談ホットラインを利用して書面又は口頭で申し出ることができる。また、申し出は被害を受けている者だけではなく、他の者がその者に代わって申し出ることもできる。

(苦情の処理)

第7条 苦情の申立てを受けたときは、関係者から事情聴取を行うなど適切に調査を行い、迅速に問題の解決に努めなければならない。

苦情処理に当たっては、当事者双方のプライベートに配慮し、原則として非公開で行う。

(不利益取扱いの禁止)

第8条 会社は、職場におけるパワーハラスメントに関して相談をし、又は苦情を申し出たこと等を理由として、その者が不利益を被るような対応をしてはならない。

△△年△△月△△日

○○株式会社

代表取締役社長 ○○○○

○○労働組合

中央執行委員長 ○○○○

出典：「職場のパワーハラスメント対策ハンドブック」

## ■3.3. 実態を把握する

ポイント

✓アンケートでの実態把握は、対象者が偏ることがないようにしましょう。

✓より正確な実態把握や回収率向上のために、匿名での実施が効果的です。

✓従業員向けの相談窓口を設置している場合は、アンケートと合わせて必ず相談窓口を紹介しましょう。

✓アンケート以外の方法として、安全管理者や産業医へヒアリングしたり、評価面接など個人面談の際に自己申告項目に入れるなど、複数の方法で行うことも有効です。

□ 実態把握の方法とタイミング

職場のパワーハラスメント防止対策を効果的に進められるように、職場の実態を把握するためのアンケート調査を早い段階で実施します。アンケート調査は、パワーハラスメントの有無や従業員の意識の把握に加え、パワーハラスメントについて職場で話題にしたり、働きやすい職場環境づくりについて考える貴重な機会にもなります。

調査手法としては、紙や電子ファイルでの実施に加え、インターネット上で実施する仕組みもあります。インターネット上では、無料又は低額のアプリケーションサービスプロバイダーを利用し、簡便にアンケートを作成・実施することができます。

本マニュアルに沿って、パワーハラスメント防止対策の枠組みを構築した場合は、構築後に再度アンケート調査を実施することで、効果を検証するとよいでしょう。

□ 実態把握アンケートの項目例

実態把握のための事前調査の項目例を以下に示します。また、取組の効果を把握するために適した事後調査の項目例を次ページに示します。

**取組実施前の実態把握のための質問項目（事前調査）**

回答者の属性に関する質問（回答者名を記載しない）

Q1.　勤続年数

Q2-1.　役職

Q2-2.　管理している従業員数

職場の人間関係に関する質問

Q3.　職場の人間関係の評価

パワーハラスメントに関する経験

Q4.　(Q1)過去3 年間にパワーハラスメントを受けたと感じた経験

Q5.　(Q2)パワーハラスメントのタイプ（6 類型）

Q6.　(Q3)パワーハラスメントの具体的な内容

Q7.　(Q4)行為者とあなたの関係

Q8.　(Q5)パワーハラスメントを受けた後の行動

Q9.　(Q6)過去3 年間にパワーハラスメントを見たり、相談を受けた経験

Q10.　(Q7)見たり相談を受けたパワーハラスメントのタイプ（6類型）

Q11.　(Q8)見たり相談を受けたパワーハラスメントの具体的な内容

Q12.　(Q9)見たり相談を受けたパワーハラスメントの行為者と被行為者の関係

Q13.　パワーハラスメントを見たり、相談を受けた後の行動

Q14.　過去3 年間にパワーハラスメントをしたと感じた経験

管理職の意識、行動

Q15.　過去3 年間に部下にしたことのある行為

Q16.　パワーハラスメントに関して普段から気を付けていること

会社のパワーハラスメントに対する取組 ※Q17-Q19-2 は企業の取組状況に応じて適宜修正

Q17.　会社のパワーハラスメントへの取組状況（個別評価）

- ・パワーハラスメントをしてはいけない行為とし、働きやすい職場環境づくりに努めているか
- ・パワーハラスメントに関する相談先を知っているか
- ・パワーハラスメントに関して、安心して相談できる状況になっているか
- ・パワーハラスメントに関する相談を受けた後、相談窓口はパワーハラスメントの有無についての調査を行っているか
- ・パワーハラスメント行為を確認した際に、行為者に対し適正に対処していると思うか
- ・パワーハラスメント行為を確認した際に、被害者に対し適正に対処していると思うか
- ・経営者・管理職は、パワーハラスメントに該当する行為をしないよう意

識しているか

・同僚は、パワーハラスメントに対する理解、認識がしっかりしているか

Q18. 会社のパワーハラスメントへの取組状況（全体評価）

Q19-1. 会社のパワーハラスメント対策の各種取組に対する認知

Q19-2. パワーハラスメント対策の取組の効果

Q20. 会社がパワーハラスメント対策に取り組むことの必要性

Q21. Q20の回答理由

Q22. 会社が実施した方がよいと思うパワーハラスメント対策の取組

Q23. (Q10)会社への要望

※ ( )内の項目番号は、回答者の負担を軽減し、最低限の実態把握を行いたい場合（簡易版）の項目です。

**取組実施後に効果を把握するための質問項目（事後調査）**

回答者の属性に関する質問（回答者名を記載しない）

Q1. 勤続年数

Q2. 役職

Q3. 管理している従業員数

Q4. (Q1)過去3 年間にパワーハラスメントを受けたり、見たり、相談を受けた経験

会社のパワーハラスメントに対する取組の評価 ※Q5-Q14、Q17-Q19 は企業の取組状況に応じて適宜修正

Q5. 会社のパワーハラスメント対策の各種取組に対する認知

Q6. トップメッセージを読んだか

Q7. パワーハラスメントに関するルールに対する評価

Q8. パワーハラスメントに関する実態調査（事前）への回答状況

Q9. パワーハラスメントに関する研修への参加状況

Q10. パワーハラスメントに関する研修の評価

Q11. パワーハラスメント防止・予防に関するポスターなどを見たか

Q12. パワーハラスメントに関する相談窓口の認知と利用状況

Q13.　(Q2)パワーハラスメントの予防・解決のために実施している各種取組の効果

Q14.　(Q3)パワーハラスメントの予防・解決のために実施している取組の中で最も役に立つと思う取組

Q15.　(Q4)会社のパワーハラスメントへの取組状況（全体評価）

Q16.　会社がパワーハラスメントの予防・解決の取組を続けることに対する評価

Q17.　会社のパワーハラスメント対策の取組の中で、特に見直した方がよい取組

Q18.　Q17で挙げた取組の改善すべき点

Q19.　パワーハラスメントの予防・解決のために、会社が継続的に取り組んだ方がよい取組

Q23.　今後新たに実施した方がよいと思う取組

会社のパワーハラスメントに対する取組を進めたことによる職場等の変化

Q20.　(Q5) 会社がパワーハラスメントの予防・解決の取組を進めたことで、自分自身や職場に変化が出てきたと感じるか

Q21.　(Q6) 会社がパワーハラスメントの予防・解決の取組を進めたことで、自分自身や上司が気を付けるようになったり、気にするようになったりしたことはあるか

Q22.　(Q7) 会社に今後新たに取り組んでほしい施策

※ ( )内の項目番号は、回答者の負担を軽減し、最低限の実態把握を行いたい場合（簡易版）の項目です。

□ 実態把握アンケート結果の利用

アンケート調査を実施しておきながら、その後のアクションがなければ従業員に不信感を抱かせることになります。アンケート結果を公表して従業員の意識を高めることに利用したり、分析結果に応じた取組を始めるなど、アンケート実施後の対応が必要です。

アンケート調査により、職場においてパワーハラスメントが多く発生しているということが判明した場合は、原因を究明し、後述の「3.7. 再発防止のための取組」に記載の「職場環境の改善」のための取組を検討しましょう。

前述の実態把握アンケートの例では、パワーハラスメントを受けたり見たりした経験を聞いています。ある行為がパワーハラスメントであるかどうかは、回答者によって認識が異なるものですので、結果の分析の際には留意する必要があります。

## ■3.4. 教育する

ポイント

✓教育のための研修は、可能な限り全員が受講し、かつ定期的に実施することが重要です。中途入社の従業員にも入社時に研修や説明を行うなど、漏れなく、全員が受講できるようにしましょう。
✓管理監督者と一般従業員に分けた階層別研修の実施が効果的です。ただし、企業規模が小さいなどの場合は、管理監督者と一般従業員が一緒に研修を受講してもよいでしょう。
✓研修内容には、トップのメッセージ内容を含めるとともに、会社のルールの内容、取組の内容や具体的な事例を加えると効果的です。

□ 教育のための研修の内容

- 予防対策で最も一般的で効果が大きいと考えられる方法が、教育のための研修の実施です。研修は、可能な限り対象者全員に受講させ、定期的に、繰り返して実施するとより効果があります。
- 研修は以下のように、管理監督者向けと一般従業員向けに分けて実施すると効果的です。ただし、企業規模が小さいなどの状況によっては、区分けせずに行うことも考えられます。

◆ 管理監督者向け研修

◇ パワーハラスメントとは何か（定義・行為類型）を確認する
◇ パワーハラスメントの社会的な現状を様々なデータを基に認識する
◇ パワーハラスメントの行為者、会社の責任について確認する
◇ パワーハラスメントの具体事例を確認し、パワーハラスメントと業務上の指導との違いを認識する
◇ パワーハラスメントの予防方法を認識する

◇ パワーハラスメントに関係する自社のルール（規定、相談窓口など）を確認する

◇ トップメッセージ

など

◆ 一般従業員向け研修

◇ パワーハラスメントとは何か（定義・行為類型）を認識する

◇ パワーハラスメントが与える影響について認識する

◇ パワーハラスメントの行為者、会社の責任について認識する

◇ パワーハラスメントの具体事例を確認し、パワーハラスメントと業務上の指導との違いを認識する

◇ パワーハラスメントの予防方法を認識する

◇ パワーハラスメントに関係する自社のルール（規定、相談窓口など）を確認する

◇ トップメッセージ

など

□ 研修の実施方法

・各研修は、下記に示した取組ツールを活用すれば、従業員を講師として実施することが可能です。

・また、「あかるい職場応援団」（https://www.no-harassment.mhlw.go.jp/）の動画やオンライン研修講座などを利用してもよいでしょう。

・職場の状況によっては、集合研修が難しい場合があります。その場合は下記に示した取組ツールを利用し、資料を対象者に渡し、自習形式で行うという方法があります。

・社会保険労務士等の専門家に、講師を依頼することも考えられます。

・企業によっては、パートタイム労働者などに対して研修の時間がとれない場合があります。その場合は、入社時に相談窓口の説明をする、ポスター等による周知活動を強化するなど、研修以外の取組にも力を入れるとよいでしょう。

## ■3.5. 周知する

ポイント

✓組織の方針、ルールや相談窓口などについて、積極的に、周知に取り組みましょう。

✓周知と具体的な取組が一体となったものとなるようにしましょう。

✓計画的かつ継続した周知を実施していきましょう。

□ 周知の目的

・パワーハラスメントの防止に向け、組織の方針、ルールなどとともに、相談窓口やその他の取組について周知することが必要です。この周知は、単にポスターなどで伝えるだけではなく、会社が本気で取り組んでいることや、その取組内容を理解してもらえるものでなければなりません。就業規則のように従業員の給料や休暇など待遇にかかわるものであれば、掲示やパソコンなどにデータとして開示し、自らが必要に応じ見ることができるようにする方法もありますが、パワーハラスメントの防止のためには、より積極的、能動的な周知が必要です。

・周知を確実なものにするためには、各種取組を目に見える形で実施し、従業員に、会社が真剣に取り組んでいることを実感してもらうことが必要です。そのためにも、トップのメッセージやルール、パワーハラスメント防止対策の取組意義などを従業員にしっかり伝え、理解してもらうことが重要です。また、周知を確実なものにするための手段として、「3.4.教育する」で示した研修などの教育も効果的と言えます。

□ 周知の手段

・周知の手段としては以下のようなものが考えられます。

◆ トップ自らが、取組方針を周知

トップの関与が重要であることは言うまでもなく、

・トップ自らが取り組む重要課題であること

・組織一体として取り組む課題であること

を明確に示すことが必要です。

また、役員、部長クラスなど経営に近い立場にいる者は、自らも、「パワーハラスメント防止対策・撲滅など」の発信を行うことが効果的です。頻度としては、年2 回（半年に1 回）程度、定期的にメッセージを発信するとよいでしょう。

◆人事部門や組織長による具体的取組内容の説明会の実施

トップのメッセージ発信に伴い、具体的な会社の取組を、人事部門や組織長から説明を行うことが望まれます。その際には、効果を高めるための工夫が必要です。具体的には以下のような工夫があります。

・パワーハラスメントの定義、具体的な例などを盛り込む

・取組の意義、目的を明確に伝える

－人権の尊重、働きやすい職場づくり、組織の活性化、人材の維持/定着率の向上など

・パワーハラスメントが発生することによるデメリットを伝える

－組織の停滞、従業員相互間の不信感の増大、人材の流出、業績への影響など

・（過去の）社内又は外部のパワーハラスメントの具体例を紹介する

・就業規則に罰則規定があれば、その具体的な内容を説明する

◆相談窓口の案内

相談窓口に関して、どのように利用できるかや、相談者が守られ安心して相談できる窓口であることを、ポスターなどの掲示で周知します。さらに、従業員の意識を高め、窓口の存在や取組を知ってもらうために、従業員に名刺大の携帯用カードを配布している例もあります。

◆ポスターの掲示

同じポスターを掲示し続けるのではなく、年に1 回程度作り替え、張り替えると周知効果が高まります。

パワーハラスメントのみのポスターに加えて、働きやすい職場づくりに関連する他のポスター（セクシュアルハラスメント、健康相談など）があれば、それにも併記し、周知の機会を増やすことも考えられます。ポスターには、相談窓口の連絡先は必ず記載するようにしましょう。

◆その他の周知

労使での協力ができれば、労働組合などの冊子を活用することも一案です。また、評価面接・個人面談などで上司から伝えるようにすることで、会社としての取組の中での周知であることを示すことができます。

## ■3.6. 相談や解決の場を提供する

ポイント

✓従業員が相談できるように相談窓口を設置しましょう。

✓相談しやすくするために、相談者の秘密が守られることや不利益な取り扱いを受けないこと、相談窓口でどのような対応をするかを明確にしておきましょう。

✓相談対応は以下の流れで行いましょう。

1）相談窓口（一次対応）
2）事実関係の確認
3）とるべき措置の検討
4）行為者・相談者へのフォロー
5）再発防止策の検討

□ 相談窓口の設置

資料集「パワーハラスメント社内相談窓口の設置と運用ポイント（第３版）を参照

## ■3.7. 再発防止のための取組

ポイント

✓再発防止策は予防策と表裏一体です。予防策に継続的に取り組むことが再発防止につながります。

✓取組内容の定期的検証・見直しを行うことで、より効果的な再発防止策の策定、実施に取り組みましょう。

□ 再発防止への考え方

・再発防止策は、予防策と表裏一体の取組です。予防策を着実に実施していくことが、再発防止にもつながるといえます。

・パワーハラスメント問題が解決した後も同様の問題が発生することを防ぐため、重要なことは、取組を継続し、従業員の理解を深め再発防止につなげることです。定期的な見直しや改善を行い継続的に取り組むことも一つの方法です。

・また解決に当たって、行為者を処分するだけでは、最悪の場合、同じことが再び繰り返されるという可能性が残ります。これを防ぐためには、次のような視点を持って解決を図っていくことが大切です。

◆その後の職場が相談者にとって、安全で快適な環境となっているか

◆行為者が同様の問題を起こすおそれはないか

◆新たな行為者が発生する環境となっていないか

□ 再発防止策

・取組内容の定期的検証・見直しを行うことで、より効果的な再発防止策の策定、実施に取り組みましょう。

・再発防止策としては、以下のようなものが考えられます。

《行為者に対する再発防止研修の実施》

◆パワーハラスメント行為の再発を防ぐために研修を実施します。本人の立場も配慮し行うことが必要です。社内で対象者を集めての研修は、お互い顔を合わせることになるので、できれば避けた方がよいでしょう。社内にこだわることなく、社外セミナーなどに参加してもらい、レポート提出などをさせるのも一つの方法です。

《事例発生時のメッセージ発信》

◆事例発生時には、可能であれば何らかのメッセージ・情報の発信をするとよいでしょう。職場を預かる管理職に注意喚起をするだけでも効果が見込まれます。

《事例の活用》

◆社内事例ごとに検証し、新たな防止策を検討し、毎年のトップメッセージや会社ルール、研修などの見直し・改善に役立てることが望まれます。またプライバシーに配慮しつつ、同様の問題が発生しないように、社内の主要な会議で情報共有することも大切です。

《管理職登用の条件》

◆例えば、管理職登用にあたり、部下とのコミュニケーションの取り方や部下への適正な指導や育成にあたれる人材かどうかを昇格の条件とすることも考えられます。

《職場環境の改善のための取組》

◆パワーハラスメント行為の防止に当たり、職場環境の改善のための取組を行いま

す。パワーハラスメントが起きてしまう要因には、例えば職場内のコミュニケーションや人間関係の希薄化、長時間労働の恒久化が考えられます。コミュニケーション不足により、異質なものを排除する風土が生まれ、また長時間労働による疲弊がパワーハラスメントへとつながっていく可能性があります。このような状況が考えられる場合は、職場内のコミュニケーションの強化や長時間労働対策を行うなど、職場環境を改善することがパワーハラスメントの予防にもつながります。

再発防止策例

～時間外勤務や労働時間管理についての改善も行った例～

先輩従業員より、休日の前日になって突然、とても1 日ではこなし切れない大量の仕事を命じられ、休日明けまでに作業完了するよう求められることが続き、そのため休日を返上しての作業を毎週のように、この半年強いられているとの相談が窓口にありました。

相談担当者が相談者と面談し、職場への事実調査を行った結果、相談にあったように休日対応が当たり前の状態になっていることが確認できました。加えて、会社として承認した休日勤務ではなかったため、休日対応した場合も手当が支給されず、無給での労働を強いられている状況であることが判明しました。

事態の再発を防止するために、人事部長主導の下、再発防止策の検討とともに、今回の事態を招いた原因として、「①残業の指示を一般従業員が行っていたこと」、「②行為者のパワハラへの理解が不足していたこと」、「③職場で労働時間の実態管理が何もされていなかったこと」の3 点の問題が明らかになりました。

そのため再発防止策として、「①休日出勤を含む時間外勤務は管理職の承認を必要とすることを職場に通達」、「②行為者を含む現場のリーダクラスを対象にパワハラへの理解を深めるための研修を開催」、「③労働時間の実態管理のため、タイムカードによる勤怠管理を職場に導入」を決め、職場環境を改善することとしました。

# 4. パワーハラスメント対策の取組の継続

## ■4.1. 持続した取組にしていくために

ポイント

✓取組は一過性ではなく、継続的に実施していきましょう

✓毎年のスケジュールを立てて、取組を進めましょう

✓年に1 回程度、取組内容を見直しましょう

□ パワーハラスメント対策の基本的な枠組みを構築した後も、取組を継続的に実施していく必要があります。

・取組を実施することで、パワーハラスメントに関する職場環境も従業員の意識も向上することが期待できます（図12、13 参照）。

図 12 パワーハラスメント対策の取組実施前後の職場環境の変化

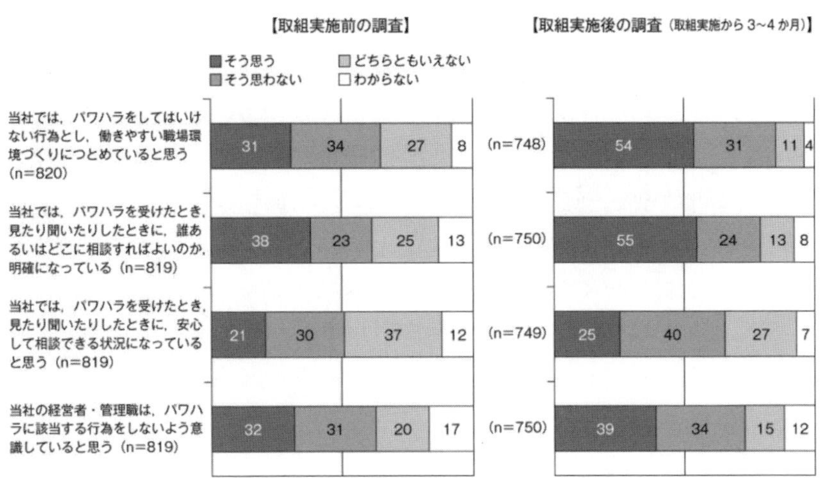


厚生労働省 平成26 年度委託事業「働きやすい職場環境形成事業」における実態調査

図 13 パワーハラスメントの予防・解決の取組を進めたことによる自身の変化

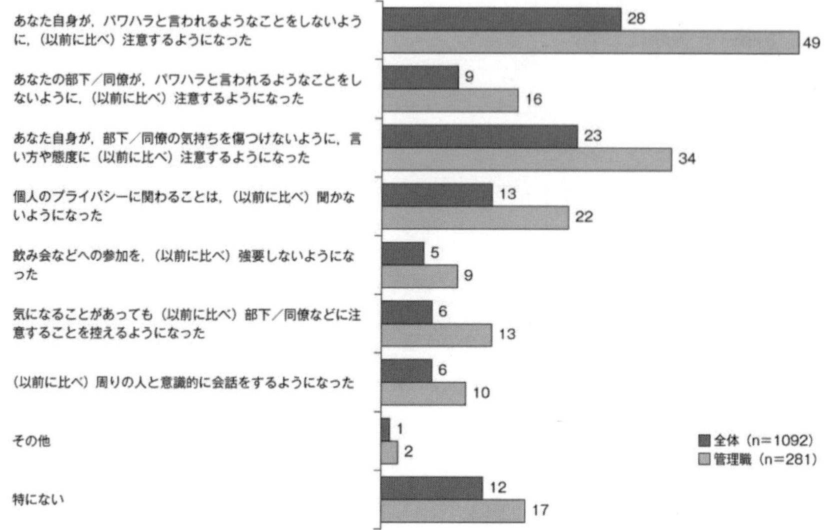


厚生労働省 平成26 年度委託事業「働きやすい職場環境形成事業」における実態調査

□ しかし、取組が一過性に終わってしまうと、やがてパワーハラスメント対策の重要性が忘れられ、パワーハラスメントを許さないという会社風土が根付かないままとなってしまいます。また、自分ではそれと意識せずにパワーハラスメント行為を行う従業員も見られるようになります。繰り返し教育や周知を行っていかなければよい変化は持続しないばかりか、元に戻ってしまうおそれもあります。

・パワーハラスメント対策の取組を継続して実施すると、取組の実施期間が長いほど、その効果は大きくなる傾向があります（図14 参照）。取組を継続して実施し、パワーハラスメントのない職場を目指しましょう。

図 14（企業調査）パワーハラスメントの予防・解決の取組を進めた結果、予防・解決以外に得られた効果（取組実施期間別）

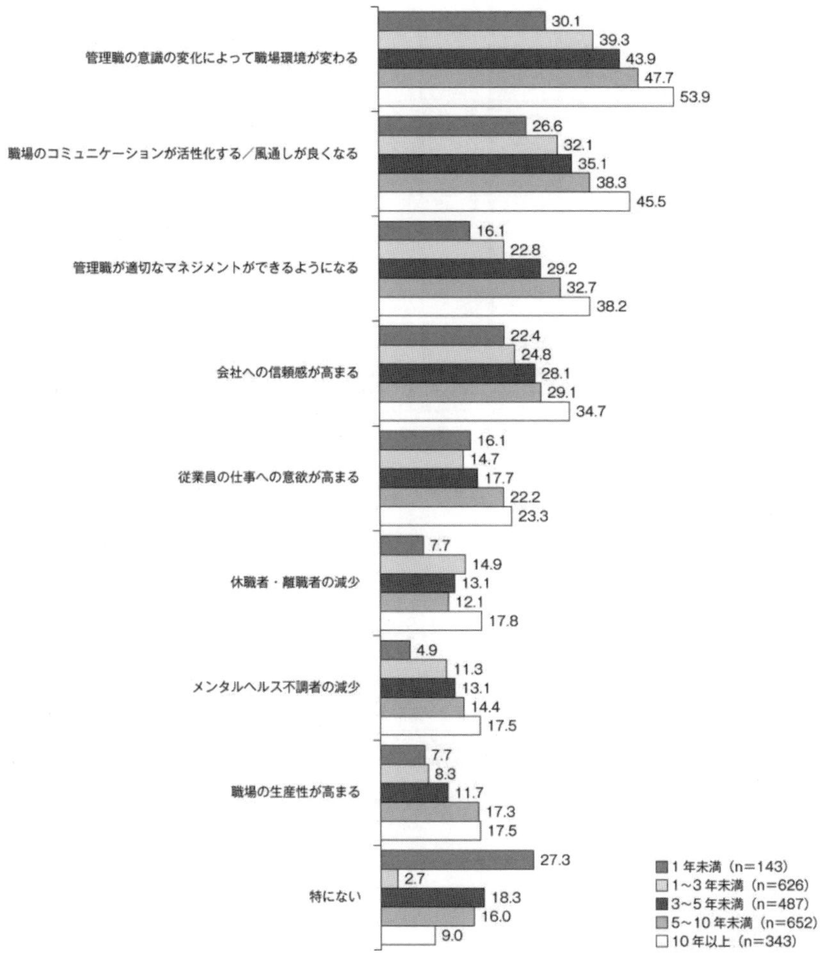


「職場のパワーハラスメントに関する実態調査」（厚生労働省 平成28 年度）

□ 継続的に実施していくために、毎年のスケジュールを立てて計画的に取組を進めましょう

・ 継続的に毎年実施する取組のスケジュール例は以下のとおりです。企業の特性に合わせて、適宜修正して実施しましょう。

スケジュール例 継続的に毎年実施する場合

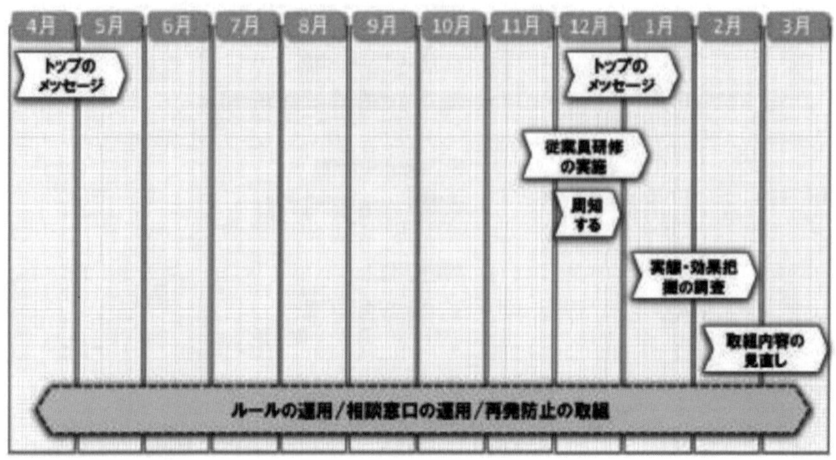


・実態・効果把握の調査を、毎年あるいは数年に1度実施して、傾向の変化を見ることが取組の適正な見直しにつながります。アンケート票は「3.3 実態を把握する」で使用したものを修正して使用するとよいでしょう。

□ 取組の見直し

・継続して取組を実施していく中で、取組の効果を高めていくためには、必要に応じて取組内容を見直すことが重要です。実態・効果把握の調査の結果、従業員研修に対する感想、相談窓口への相談件数の推移、内容の変化などを材料にして、年に1回程度、現在の取組の検証を行い、改善点などがあれば見直しをすることをお勧めします。

# 18. 相談窓口（一次対応）担当者のためのチェックリスト（厚生労働省）

| | 基本的な流れ | ポイント |
|---|---|---|
| 1 | 相談者のプライバシーが確保できる部屋を準備しましょう。 | |
| 2 | 相談者が冷静に話ができるよう心がけましょう。 | できる限り、相談者が女性の場合は、女性の相談担当者も同席できるようにしましょう。 |
| 3 | 相談内容の秘密が守られることを説明しましょう。 | 相談者のプライバシーを守ること、相談者の了解なく行為者に話をしないこと、相談によって社内で不利益な取扱いを受けないことを説明しましょう。 |
| 4 | 相談対応の全体の流れを説明しましょう。 | 相談窓口の役割や、解決までの流れ、会社のパワーハラスメントに対する方針（パワーハラスメントは許さない等）等の説明をしましょう。 |
| 5 | 相談者の話をゆっくり、最後まで傾聴しましょう。 | 1回の面談時間は、50分程度が適当です。<br>相談者が主張する事実を正確に把握することが目的ですので、意見を言うことは原則として控えましょう。<br>※相談者に共感を示さない以下のような言葉は、厳禁です。<br>「パワハラを受けるなんて、あなたの行動にも問題（落ち度）があったのではないか 」と相談者を責める。<br>「どうして、もっと早く相談しなかったのか」と責める。<br>「それは、パワハラですね/それは、パワハラとは言えません」と断定する。<br>「これくらいは当たり前、それはあなたの考え過ぎではないか 」と説得する。<br>「そんなことはたいしたことではないから、我慢した方がよい」と説得する。<br>「（行為者は）決して悪い人ではないから、問題にしない方がいい」と説得する。<br>「そんなことでくよくよせずに、やられたらやり返せばいい」とアドバイスをする。<br>「個人的な問題だから、相手と二人でじっくりと話し合えばいい」とアドバイスをする。<br>「そんなことは無視すればいい」とアドバイスをする<br>「気にしても仕方がない。忘れて仕事に集中した方がよい」とアドバイスをする。 |
| 6 | 事実関係を整理し、相談者とともに確認しましょう。 | いつ、誰から、どのような行為を受けたか、目撃者はいたか等を整理し、パワーハラスメント相談記録票に記入しましょう。<br>証拠書類（手帳や業務記録など）があれば、コピーし保存しましょう。 |
| 7 | 人事担当部署などに相談内容を伝え、事実関係を確認することや対応案を検討することについて同意を得ましょう。 | 相談者が行為者や他従業員からの事情聴取を望まない場合は、確認ができなければ、会社としてこれ以上の対応（行為者への指導や処分等）はできないことを説明しましょう。<br>相談者の意向を尊重して対応しましょう。 |
| 8 | 相談者から「死にたい」などと自殺を暗示する言動があった場合には、産業医などの医療専門家等へすみやかに相談しましょう。 | |

## 著者紹介


### 坂東 利国（ばんどう よしくに）

慶應義塾大学法学部法律学科卒業　弁護士（東京弁護士会）
東京エクセル法律事務所パートナー弁護士
日本労働法学会所属
日本 CSR 普及協会所属
一般財団法人日本ハラスメントカウンセラー協会顧問
主な取扱業務は人事・労務、一般取引等の法律顧問・代理人。


【主な著書】
「マイナンバー社内規程集」（日本法令）
「個人情報保護士認定試験公認テキスト」（全日本情報学習振興協会）
「無期転換制度による法的リスク対応と就業規則等の整備のポイント」（DVD・日本法令）
「働き方改革と労働法務（働き方改革検定公式テキスト）」（マイナビ出版）
「人事に役立つハラスメント判例集50」（マイナビ出版）
「管理職用ハラスメント研修の教科書」（マイナビ出版）
「５つの最高裁判決を踏まえたすぐにわかる『同一労働同一賃金』の実務への影響」（DVD・日本法令）
「TAX&LAW グループ会社の経営実務―法務・連結会計・税務―」（共著・第一法規）
ほか

# 【働き方改革検定】 ハラスメントアドバイザー認定試験 公式テキスト

2023年11月20日　初版第1刷発行
2024年 4月23日　　　第2刷発行

著　者　坂東 利国

編　者　一般財団法人 全日本情報学習振興協会

発行者　牧野 常夫

発行所　一般財団法人 全日本情報学習振興協会
〒101-0061　東京都千代田区神田三崎町3-7-12
清話会ビル5F
TEL：03-5276-6665

販売元　株式会社 マイナビ出版
〒101-0003　東京都千代田区一ツ橋2-6-3
一ツ橋ビル2F
TEL：0480-38-6872（注文専用ダイヤル）
03-3556-2731（販売部）
URL：http：//book.mynavi.jp

印刷・製本　大日本法令印刷株式会社



※乱丁・落丁のお問い合わせ
TEL：0480-38-6872（注文専用ダイヤル）
電子メール：sas@mynavi.jp
※定価は、カバーに表示してあります。

ISBNコード　978-4-8399-8547-9　C2034